图书在版编目（CIP）数据

　　闽台创新型人才开发合作研究 / 张向前著 . —北京：
经济日报出版社，2017.12

　　ISBN 978-7-5196-0247-5

　　Ⅰ . ①闽… Ⅱ . ①张… Ⅲ . ①人才资源开发－合作－
研究－福建、台湾 Ⅳ . ① C964.2

　　中国版本图书馆 CIP 数据核字（2017）第 298750 号

闽台创新型人才开发合作研究

作　　　者	张向前
责任编辑	梁沂滨
出版发行	经济日报出版社
地　　　址	北京市西城区白纸坊东街 2 号 A 座综合楼 710
邮政编码	100054
电　　　话	010-63567691（编辑部）　010-63567692（发行部）
网　　　址	www.edpbook.com.cn
E － mail	edpbook@126.com
经　　　销	全国新华书店
印　　　刷	北京市金星印务有限公司
开　　　本	710×1000 mm　1/16
印　　　张	18.75
字　　　数	255 千字
版　　　次	2018 年 5 月第一版
印　　　次	2018 年 5 月第一次印刷
书　　　号	ISBN 978-7-5196-0247-5
定　　　价	64.00 元

华侨大学华商管理研究文库 人文社会科学研究基地文库

福建省自然科学基金项目（2017J01131）

福建省教育科学基金项目

国家社会科学基金项目

中国亚太经合组织合作基金项目

闽台创新型人才开发合作研究

MINTAI CHUANGXINXING RENCAI KAIFA HEZUO YANJIU

张向前 著

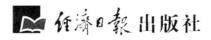

经济日报 出版社

内容摘要

伴随着经济全球化、人才国际化、区域经济一体化的进程，区域人才开发合作日渐受到各级政府及相关组织的重视。闽台两地仅一水之隔，具有独特的"五缘"优势，加强闽台双方在人才领域的合作与交流，推进闽台创新型人才开发合作，不仅是深化闽台经贸合作的必然选择，也是应对国内外激烈的人才竞争的客观要求，因此，加强对闽台创新型人才开发合作研究，具有重大的理论和实践意义。

本研究围绕大三通、ECFA及《福建中长期人才发展规划纲要（2010—2020年）》等背景，以福建和台湾作为有机整体加以考察，研究两地的人才结构和产业结构，以及结构间的作用规律，探索闽台创新型人才合作实现资源和要素优化配置的途径、方式和特点，揭示闽台创新型人才开发合作发展规律的新层次。主要研究工作如下：（1）闽台创新型人才开发现状分析。研究闽台合作开发创新型人才的历程、面临的困境，寻找闽台创新型人才开发合作的关键点和对接点。（2）闽台创新型人才开发体系构建研究。提出以优化人才配置、共享区域资源、创新型人才开发机制、增强人才开发综合实力为目的，不断完善政策法规体系、教育培训体系、人才配置体系和人才服务体系。（3）闽台创新型人才开发合作模式研究。构建全方位、立体式的闽台创新型人才开发合作模式，重点阐述当前闽台官—官、校—校、产学研、介介企、民民企等合作模式。（4）闽台创新型人才培育的协同创新机制与运行机制研究。构建创新型人才培育的协同创新机制，形成政府、社会机构、高校和企业四位一体的长效合作机制，构建高校、政府、企业、中间组织及个人作为闽台创新型人才开发合作运行机制。（5）基于博弈论与生态管理理论闽台创新型人才开发合作研究。构建闽台创新型人才开发合作静态博弈模型和讨价还价模型、内外机制联合确保闽台合作博弈演化。分析影响闽台创新型人才开发的生态因子，构建以闽台创新型人才战略合作内生态和外生态环境共同作用下的创新型人才开发系统。两岸协同构建适应创新驱动需要的科技人才发展机制。（6）借鉴美国创新型人才开发经验，提出闽台政府应发挥在人才开发中的主导作用，重视教育培养人才的作用以及加强区域内人才合作与区域外人才引进等建议。

关键词：中国福建　中国台湾　创新型人才　开发合作

Abstract

With the economic globalization, the internationalization of talents, the process of regional economic integration, regional cooperation of talents development increasingly by governments at all levels and relevant organizations' attention. Just across the border in Fujian and Taiwan has the unique advantage of the " Five Geographical". Strengthen Fujian and Taiwan both in the field of talent exchange and cooperation and promote the development of innovative talents and cooperation between Fujian and Taiwan. Not only is the inevitable choice to deepen the economic and trade cooperation, and it is also the objective requirement to cope with the fierce domestic and international competition for talents. Therefore, strengthen the research on innovative talents development cooperation between Fujian and Taiwan is of great theoretical and practical significance.

The research around the three direct links, ECFA and 《Fujian in the medium and long term talent development plan outline (2010—2020).》 Taking Fujian and Taiwan as an organic whole to study. Study talents structure and industrial structure of the two, and the structure of the interaction between law. Explore the cooperation between Fujian and Taiwan innovative talents for the resources and ways of optimizing configuration, elements and characteristics. Reveal new level of the rules between Fujian and Taiwan innovation talents Development Cooperation and development.

The main research work is as follows: (1) The analysis of current development situation of Fujian and Taiwan innovative talents. Study the development and dilemma about the cooperation between Fujian and Taiwan to develop innovative talents. Hunt for the key point and the docking point for the development of innovative talents cooperation between Fujian and Taiwan. (2) Study on the construction of innovative talents development system between Fujian and Taiwan. Put forward to optimize the allocation of talents, sharing regional resources, innovative talents development mechanism, enhance the comprehensive strength of the aim at talent development. Constantly improve the system of policies and regulations, education and training system, personnel allocation system and talents service system. (3) Study on the cooperation mode of innovation talents development of Fujian and Taiwan. Constructing the development of Fujian and Taiwan cooperation mode of innovative talents of all-around and stereo type. Focuses on the current officer-officer, school-school, research, referral enterprises, private enterprises and other people cooperation mode in Fujian and Taiwan. (4) Study on the innovation mechanism and the operation mechanism of cooperative innovation talents cultivation in Fujian and Taiwan. Construct the cooperative innovation mechanism of innovative talents cultivation. Long term cooperation mechanism of the formation of the government, social institutions, universities and enterprises. Construct the universities, governments, enterprises, intermediary organizations and individuals as the development of Fujian and Taiwan cooperation operation mechanism of the innovative talents. (5) Study on the innovative talents cooperation and development based on game theory and the theory of ecological management in Fujian and Taiwan. Construct the internal and external mechanism of innovation talents development of Fujian and Taiwan cooperation static game model and for a supply of something, ensure cooperation between Fujian and Taiwan joint model of evolution game. Analysis of the influence of ecological factors of innovative talents development between Fujian and Taiwan. To construct the innovation talents development system interaction between Fujian and Taiwan innovative talents strategic cooperation within and outside the ecological environment ecological. (6) Reference American innovation talents development experience. Put forward the Fujian and Taiwan government should play a leading role in the development of human resources. Pay attention to the education of talents cultivation and the role of strengthening regional talent cooperation and regional talents introduction and other suggestions.

Keywords. China's Fujian province; China's Taiwan province; innovative talents; cooperation in development

》| 目 录

≫| CONTENTS

第一章

绪　论

1　研究背景

近些年来，伴随着经济全球化、人才国际化、区域经济一体化的进程，在我国关于树立科学发展观、科学人才观、构建和谐社会、统筹区域发展等重要思想的指导下，区域人才开发合作日渐受到各级政府及相关组织的重视。学者指出："区域经济一体化必然要求人才开发一体化。面对区域经济一体化的形式，如果依然实行地区封锁，必然造成人才资源的浪费，增加用人单位的管理成本，不利于人才发挥潜能，最终也会影响这个地区的人才竞争力。"[1]2003 年 4 月，上海、江苏、浙江三省市及所辖 19 个城市人事部门在上海签署了《长江三角洲人才开发一体化共同宣言》，拉开了区域人才共享合作的序幕。2005 年 3 月，东北三省在哈尔滨联合举办振兴老工业基地东北三省联合人才交流大会，通过人才市场一体化合作协议的签订，逐步形成了统一的人才开发服务体系[2]。2005 年 9 月，中部六省在郑州共同主办了首届"中国·中部崛起人才论坛"，搭起了中部六省人才开发与合作的平台。2008 年 1 月，国务院批准实施《广西北部湾经济区发展规划》，标志着北部湾地区的人才开发合作正式启动。目前，我国学者也逐渐对区域人才开发合作展开了一系列研究。伍梅[3]、蓝全思[4]

等人对广西北部湾经济区的人才开发与合作的现状和机制进行了研究，并提出了相应对策；杨君[5]、李金辉[6]和陈书洁[7]等人则针对京津冀地区的人才开发合作进行了相应探索；王增民[8]和王利军[9]分析了我国中部六省进行人才开发合作的必要性、可行性并提出了相应对策。

闽台两地仅一水之隔，其独特的"五缘"① 优势及源远流长的贸易往来决定了闽台进行人才开发合作的必然性。此外，当今社会正处于知识与信息高速发展的时期，创新的价值日益凸显，具有创新意识、创新精神和创新能力并能取得创新成果的创新型人才也发挥着愈发重要的作用，创新型人才的培养和创新能力的提升决定着一个国家、一个地区能否在全球产业分工和国际竞争中占据一席之地，也决定着区域经济能否实现持续、稳定、快速的发展。目前，国内外区域创新型人才开发的合作呈不断增加趋势，但总体仍较少。笔者曾通过分析中国台湾地区创新型人才开发的历程，对中国台湾地区创新型人才的开发进行了深入研究[10]，同时通过分析福建省创新型人才引进的现状，初步构建了福建省创新型人才引进的逻辑框架，最终提出了福建省创新型人才的引进机制[11]；海峡两岸职业交流合作中心的吴宗斌通过对闽台高校联合培养人才的实施情况、内涵、成效、困难与不足进行分析，提出了深化闽台联合培养人才工作的对策与建议[12]。加强闽台双方在人才领域的合作与交流，推进闽台创新型人才开发合作，不仅是深化闽台经贸合作的必然选择，也是应对国内外激烈的人才竞争的客观要求，更是区域经济发展到一定阶段内生的一种制度安排，这种合作不仅可能，而且必要。因此，加强对闽台创新型人才开发合作研究，具有重大的理论和实践意义。

① "五缘"指闽台之间地缘相近、血缘相亲、文缘相承、商缘相连、法缘相循。

2 研究意义

2.1 理论意义

日本学者川上正光曾说："知识、百科全书是可以被代替的，但是考虑出的新思想、新方案，却是任何东西也替代不了的。"[13]开拓创新和科学发展是当代中国发展的主旋律，传统的人才培养模式越来越难以适应经济社会发展的需求，创新型人才的培养关系到我国现代化建设的全局。目前，我国在开展创新型人才培养方面的水平参差不齐，发展模式也各有所长，同时也存在着各种制约因素抑制着我国创新型人才的培养。本课题将从理论的角度对国内外有关创新型人才内涵及创新型人才培养的文献研究做出认真的梳理和总结，对创新型人才的概念和特征进行界定，全面客观地分析创新型人才在闽台两地经济发展中的重要地位。通过对闽台两地创新型人才现状及创新型人才开发合作现状的分析，探索目前闽台创新型人才开发合作存在的主要问题及面临的实际挑战，研究闽台创新型人才开发合作环境、构建闽台创新型人才开发合作体系、创建闽台创新型人才开发合作模式、探讨闽台创新型人才开发合作机制等为将来我国区域合作培养创新型人才相关理论研究提供借鉴。

2.2 实践意义

目前，我国许多学者都在创新型人才的培养和开发方面进行了有益的探索和实践，也获得了一定的经验。但总体来看，在理论研究方面尚未形成较为完整的理论体系；在实践方面，真正大力实施创新型人才开发和培养的地区还相对较少，尤其是区域间进行创新型人才开发合作的研究更少，无论是创新型人才开发合作的体系还是合作模式等都需进一步进行完善，这些都是创新型人才开发合作研究过程中要面对的问题。因此，分析闽台创新型人才开发合作中的相关问题，采取有效的改进措施，对推进闽台两地创新型人才培养的进程具有非常重要的现实意义，对我国区域创新型人才开发战略的制定也有一定的借鉴作用。

3　国内外研究现状和趋势

3.1　创新型人才研究相关理论

随着人力资源是第一资源的理念不断深入，创新型人才的重要性也得到社会的广泛认可，国内外关于创新型人才的研究不断增多，主要体现在以下几个方面：

3.1.1　创新型人才内涵

对于创新型人才的含义研究，国外学者一般是从心理学的角度出发，对创新型人才的含义解释一般从创造性思维、创造性人格入手，强调人在个性全面发展的同时还要突出创新意识和能力的培养。在国外的相关研究文献中，很少出现"创新人才"或"创新型人才"这一概念，而较常见的同类概念有"creative mind"、"creative personality"、"creative thinking"等[14]。英国心理学家高尔顿（F. Galton）1869 年出版了《遗传与天才》一书，被认为是研究创造性人才的第一部文献[15]。

一般认为，我国最早提出创新型人才概念的是陶行知先生（1919），他在《第一流教育家》中提到，"要培养有创造精神的人"。[16] 目前，我国很多学者都对创新型人才的涵义进行了研究，他们从不同角度进行侧重，主要可归结为以下四类：第一，侧重创新素质。曾红认为，创新人才是那些具有创造性思维，同时又具有完善自我实现目标和被社会与他人接纳的目标的人[17]；张玉蓉（2001）认为创新人才主要是指具有创新精神、创新能力和创新人格三方面素质的人才[18]；此外，平旭[19]、郝敬习（2000）[20] 和付增光（2005）[21] 等人都以创新人才应具备的一些独特素质对创新型人才进行了定义。第二，侧重创新人才贡献。如卢宏明（2000）认为，创新型人才是指具有独创能力，能够提出问题、解决问题、开创事业新局面的人才[22]。张黎认为所谓创新型人才，必须具有独创能力，能够提出问题、解决问题，开创事业新局面的人才，具有超常的健康人格、很好的创造性思维能力以及良好的社会适应性和充沛的精力[23]；周瑛认为，从社会意义上讲，创新人才是指那些以自己的创造性劳动为社会发展和人类进步作出了较大创新贡献的人才，从个体意义上讲，是指那些以探究的态度不断实现自我创新和超越的人才[24]。第三，侧重创新成果与创新素质的结合。刘玉娟等人（2001）认为，创新人才是指具有创新意识、创造性思维能力，掌握创新方法，具备创新人格，能顺利完成创造性活动并富有创造性成果的人才[25]；高宝立（2003）认为创新人才是指具有创新精神和创新能力并习惯于运用创造性思维的人才，在自身的工作和生活中，能积极发现并探求新问题，并能运用独到的方式解决问题、获得新成果[26]。此外，朱洪波（2004）[27]和刘宝存（2006）[28]等人也都从这两方面综合对创新型人才下了定义。

3.1.2 创新型人才特征

从创新型人才开发的角度来看，人才处于潜人才阶段被发现，从而获得进一步培养，是培育人才的一个重要环节，也是人才成长过程中的关键。而对创新型人才的判断和鉴别有很大难度，这就要求发现和推荐者有更高的见识和胆略[29]。现有的国内外企业对创新型人才的识别，主要有两种类型。一种是管理工作者有责任凭直觉或有效的预测方法和手段，在创新性人才还未显露创新能力时对其进行发掘[30]，代表人物有美国学者唐纳德·麦金农；另一种方式则是遵循人才成长规律，建立一套科学的人才识别与遴选机制，随着工作的进行，工作经验的增加，在工作过程中不断对创新型人才进行识别[31]。

国外对创新型人才的素质特征研究是从 20 世纪 50 年代开始的，Roe（1951）在进行创新型人才特点的研究后表明，个人独立发展的要求和能力是创新型人才共同具有的特征[32]。此后，Barron（1958）以不同领域的科学家为研究对象进行研究，发现这些科学家共同具有的人格特质是：不拒绝混乱或不对称，独立判断，容易接受新事物[33]。Cattell（1955，

1958)，Cross 和 Buheter（1967），Stice（1957）采用卡特尔 16 人格因素量表对具有创造能力的学生和普通学生，作家、艺术家与大众进行比较，发现创新型人才在恃强、敏感、怀疑、幻想等特质的得分显著高于普通群体[34]。20 世纪 70 年代，美国心理学家吉尔福特（J. Guilford）的《创造性才能》和《创造力与创新思维新论》两本著作把富有创造性的人的人格特点总结为有高度的自觉性和独立性、有旺盛的求知欲、有强烈的好奇心等 8 个方面[35]。此外，Rooc（1993）[36]、Laurd（1996）[37]、Csikszentmihalyi（1996）[38]、斯坦伯格（1996）[39]等都对创新型人才所具有的的特征发表了自己的看法。进入 21 世纪以来，许多学者又对创新型人才的素质特征进行了更新与补充，其中较有代表性的是美国学者 Jeffrey H. Dyer、Hal B. Gregersen 和 Clayton M. Christensen（2009）在哈佛经济评论发表文章中提到的五种特质，即结合力、质疑精神、观察力、实践经验和交际能力[40]。Stanley H. Kornhauser（2009）也发表了自己的观点，认为创新型人才应该是探索者、艺术家、进攻者等[41]。

　　国内众多专家学者也从不同侧面对创新型人才具备的素质特征进行了一系列研究。著名人才学专家黄楠森（2000）从意识角度对创新型人才特征进行了研究，指出创新型人才应具备的最根本特征素质应该是自觉的创新意识，具有缜密的创新思维和坚强的创新能力[42]。侧重研究创新性人才知识维度的学者王树祥（2006）认为创新型人才就是有着创新知识和技能，具有强烈的创造意识和创造激情，富于探索精神的人才，他除了需要具备宽广深厚的理论基础和渊博的知识，同时还要有开拓性的思维和敏锐的洞察力，甚至是奇异的想象力[43]。侧重研究创新型人才能力方向的学者赵修渝（2003）提出创新性人才的素质特征应该是具备坚实的知识基础和创新的能力才干[44]。王凤科[45]和夏建刚[46]等人则从个性方面认为创新型人才应具备耐力和毅力、自信心、胆魄、求实态度以及务实作风。此外，姚树荣（2001）[47]、付革（2002）[48]、刘智勇（2004）[49]、王立柱（2005）[50]等人都用不同方法对创新型人才所具有的素质特征进行了定性或定量分析。

3.1.3 创新型人才培养

关于创新型人才，国外并没有明确提出这个概念，但是对创新型人才的研究却比较早，英国、德国、美国和日本等这些教育比较发达的国家从基础教育阶段开始就比较重视创新型人才的培养，一直到高等教育阶段培养人才的教育目标中，都体现着对人的创新型或创造力的培养[51]。20世纪90年代以来，随着知识经济的崛起和信息技术的迅猛发展，整个社会进入了以知识为基础的知识经济时代，对人性的假设有了新的进展，德鲁克、哈默、彼德·圣洁等人提出了"创新人"的假设，即在知识经济条件下，人人都有一种想充分发挥自己潜能，实现创新理想并保持持续创新的欲望[52]。这个时期，美国学者West（1990）研究了组织环境与个体创造力的关系；Janssen（2003）的研究也表明，管理者支持对员工创新起到了重要作用；英国学者Bharadwaj也特别强调了组织创新气氛对员工创新的重要作用[53]。1989年全美科学教育理事会的《普及科学——美国2061计划》报告，对于高级创新型人才的培养给予了高度重视。美国的研究型大学以一流的学科建设和软硬件设施、强大的师资队伍、优异的学生群体、多元化的办学理念，为美国和世界培养出了许多杰出的创新型人才，美国涌现的诺贝尔奖获得者是其他国家不能比拟的[54]。1985年德国议会通过的《高等学校总纲要》明确指出，高等学校的任务在于通过研究、教学和学习，以培植和发展科学及艺术，并为大学生从事需要运用科学知识和方法或艺术创造能力的职业做职业准备[55]。

我国对创新型人才的研究从70年代就已经开始得到关注，1979年王通讯在《科学家成功的奥秘》一书中就提到了与创造型人才相关的内容，随后很多学者对创新型人才及培养问题进行了研究。易迎[56]、何曼[57]、王东兴[58]、何桂强[59]、潘铁山[60]、张玉蓉[19]和汪姁[61]等人从高校角度对创新型人才的培养进行了多角度的研究。葛荣晋[62]、李远[63]、张博[64]、邹凤玲[65]、万希[66]等人从企业角度对创新型人才的开发和培养进行了探索。张蓓蓓指出，企业创新型人才是指在企业中，通过自己的创新活动，取得创新成果，而有利于本企业发展的人才[67]。

3.1.4 创新型人才政策

首先，在综述性研究方面，刘波、李萌、刘晓轩（2009）[68]，文玲艺（2009）[69]，方先堃、张晓丽（2009）[70]对改革开放以来我国的科技人才政策进行了分析，其中也包括了创新型人才的有关政策；苗丹国（2009）[71]对我国各地方吸引留学归国人才的政策进行了研究。其次，在国内外某些国家和城市创新型人才政策的借鉴性研究方面，史修礼、汪大海、钟兰芳（2001）对北京、上海、深圳三地的高新技术人才政策进行了比较研究，通过对国内发展较好的城市的研究，从侧面说明了当前我国创新型人才政策制定与实施的不足[72]；于洪璋、李云智（2006）[73]，王春法、潘铁（2007）[74]，王家宏（2007）[75]，江峡（2007）[76]等人对通过对美国创新型人才政策的分析研究，为我国创新型人才政策的制定和实施提出了针对性的对策；贺英明（1999）[77]，包惠（2005）[78]，李绍鉴（2008）[79]等对新加坡的科技人才政策进行了分析与借鉴；张冬梅、罗瑾琏（2008）[80]对上海市的人才政策进行了分析，并提出了构建上海市人才政策体系的有关对策；陈莹莹、黄昱方（2009）[81]分析了美国、韩国、新加坡吸引高端人才的政策，并对我国的科技创新型人才管理提出了对策；曹俐、雷岁江（2010）[82]等人对江苏省引进海内外高层次人才的政策进行了研究，针对我国当前高层次人才制定与实施中的问题提出了有效对策。最后，在针对创新型人才政策的专门研究上，苟厚平（2000）[83]从目标、配置模式、激励、流动、选择、管理和协调关系七个方面，对高层次人才政策的设计进行了研究；吴爱军（2006）[84]通过对高层次人才政策问题的系统化研究，提出了应坚持分类管理、整体规划、改革创新、严明责任，来增强高层次人才政策的适用性、系统性、前瞻性和权威性；李侠（2009）[85]通过对"千人计划"的分析，提出当前我国的人才政策正面临着碎片化的格局，间接说明了当前我国诸多人才政策之间的交叉、重复等问题，这其中较多的是高层次人才政策，包括创新型人才政策；路济平（2009）[86]从人才工作的角度提出应处理好加大存量和盘活增量、数量和素质、市场配置和政策引导的关系，反映了包括创新型人才政策在内的人才政策制定和执行中的诸多问题；陈德权等（2009）[87]系统地对辽宁省的科技创新人才政策的现状、执行模型和路径进行了研究，为改进该省的科技创新人才政策提供了有力的参考；陈颖、朱柳萍（2009）[88]以北部湾地区的人才政策体系为研究对象，其中很多问题都具有较强的代表性，并提出了构建平衡人才体系的对策。

3.2 区域合作相关理论

"合作"一词来源于拉丁文，其最初的本意主要是指为了共同的目的，个人与个人、群体与群体之间相互配合的一种联合行动或方式。根据合作主体的不同，又可分为企业合作、国家合作、个人合作、区域合作等不同种类。[89]关于区域合作，目前学界有多种解释。如马彦琳、郝寿义认为区域合作是以横向经济联系为纽带、在资源的基础上，按照互惠互利、共同发展的原则，区域之间不同行为主体在某些领域突破某种封锁进行联合协作而发生的一种组织行为、经济行为，如区域之间市场一体化制度安排、以企业为主体的跨区域投资等[90]。区域合作是全方位的，可以涉及经济、政治、外交、安全、社会、文化等各个领域。实行区域合作的地区按照发展水平，可分为地区区域、地区复合体、地区社会、地区共同体和地区国家这五个递进层次[91]。目前，我国学者对区域合作的研究较为广泛，袁军就体育资源的区域合作进行了详细研究，并提出了相应的应对措施[92]；周星（2011）[93]、康学良（2011）[94]、侯洪雁（2011）[95]及黄春景（2010）[96]等人对东亚区域合作的合作现状、影响因素等进行了深入探索。但我国研究区域经济的学者主要注重研究区域经济的发展与产业整合，对人力资源等任务方面的整合研究较薄弱，如冯彬对我国长三角地区的人才合作现状进行研究并提出了相关的对策建议[97]。区域经济的整合，应在产业整合的同时，注重人力资源的规划和配置，应着眼未来，以市场规律为依据，充分发挥政府作用，积极推进人才合作，使人才在区域内得到合理的配置与整合。本文将在已有学者的研究成果基础之上，对闽台创新型人才开发合作问题作进一步的探索与研究。

3.3 研究述评

通过对国内外现有文献的整理和分析发现，国内外学者对创新型人才的研究各自存在一定的优势。就国外研究而言，国外学者更注重创新型人才培养的实证研究，并通过举证来辅佐理论，成果具有浓厚的本土气息；而就国内研究来说，国内学者注重的是理论研究，对创新型人才的诠释以及特征描述非常详细、深刻。总的来说，主要体现在以下几个方面：首先，国内在借鉴国外创新型人才培养的举措时已经考虑了中国创新型人才孕育和成长环境，未来相关研究还可进一步分析闽台自身具体情况，使研究能更好接地气；其次，已经进行不少横向研究与比较研究，对闽台相关合作研究有充分借鉴意义；最后，研究已经对深层次问题进行有益探索，也能较全面分析相关问题，提出对策建议具有可操作性和针对性。但对闽台相关政策建议还较少，有待进一步强化。本课题试图在前人研究基础上对闽台创新型人才开发合作进行深入探索。

4 研究方法

本研究采用政策设计与理论研究，定量分析与定性分析，比较和借鉴，实地调研，系统分析，实证研究与规范研究相结合并结合定量分析的研究方法。其中将可能用到的的方法与工具如下：

第一，主要涉及到的理论方法：教育学理论、人才学、新经济增长理论、博弈论、竞争优势理论、协作理论、比较优势理论、创新理论、区域经济学理论、发展经济学理论、制度经济学理论、公共管理等方法。

第二，主要涉及到的分析工具：政策分析、系统分析、博弈分析等技术。

研究思路图如下

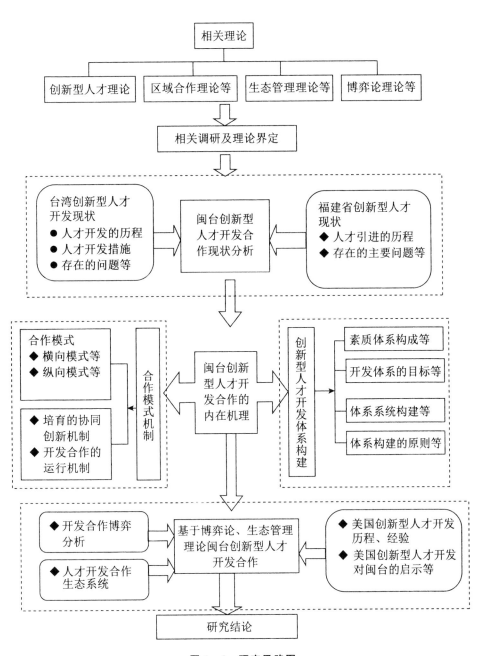

图 1.1　研究思路图

参 考 文 献

[1] 雷鸣. 关于"区域人才合作"的思考 [J]. 人才资源开发, 2005 (10): 70.

[2] 肖鸣政, 金志峰. 当前区域人才开发合作的成果、问题与对策 [J]. 中国人才, 2009 (8): 12-15.

[3] 伍梅. 广西北部湾经济区人才开发合作现状及对策 [J]. 中国经贸导刊, 2011 (12): 50-51.

[4] 蓝全思. 广西北部湾经济区人才开发与合作机制研究 [J]. 人力资源管理, 2012 (4): 97-98.

[5] 杨君. 京津冀区域人才开发合作的制度变迁模式与未来走向探究 [J]. 中国城市经济, 2011 (23): 40-41.

[6] 李金辉, 王亮, 张冰. 京津冀人才开发合作的研究与探索 [J]. 中国人才, 2009 (8): 16-19.

[7] 陈书洁. 京津冀人才资源开发及合作策略 [J]. 北京社会科学, 2011 (4): 56-62.

[8] 王增民. 中部六省社会工作人才合作开发的必要性及建议 [J]. 人才资源开发, 2009 (3).

[9] 王利军. 中部六省先进装备制造业人才开发合作研究 [J]. 地域研究与开发, 2011 (2): 23-26.

[10] 银丽萍, 张向前. 中国台湾地区创新型人才开发研究 [J]. 经济问题探索, 2012 (10): 62-69.

[11] 银丽萍, 张向前. 福建省创新型人才引进机制研究 [J]. 科技管理研究, 2012 (22): 149-153.

[12] 吴宗斌. 闽台高校联合培养人才的实践与思考 [J]. 黎明职业大学学报, 2012 (2): 62-64.

[13] 现代教学方法改革的发展趋势 [EB] 2010-4-7, http://edu.lyd.com.cn/content.asp? id=35.

[14] 廖志豪. 我国高校科技创新型人才培养存在的问题与对策——基于素质的视角 [J]. 泰山学院学报, 2010 (2): 109-114.

[15] 《马克思恩格斯全集》第 234 卷人民出版社.

［16］吴松强. 创新人才培养的文献综述及理论阐释［J］. 现代教育管理，2010
（4）：68-70.

［17］曾红. 创新人才的共性与个性［M］. 教育理论与实践，2000（3）：23.

［18］张玉蓉. 高校培养创新型人才之研究［D］. 四川师范大学，2001.

［19］平旭. 德育视野中的创新人才培养［J］. 江苏高教，2001（2）：52-54.

［20］郝敬习，赵子恺. 知识经济时代呼唤创新人才［J］. 中国计量学院学报，
2000（1）：25-27.

［21］付增光. 试论创新型人才的基本特征及其培养［J］. 陕西师范大学学报：哲
学社会科学版，2005（1）.

［22］卢宏明. 试论创新人才的素质特征［J］. 科技进步与对策，2000（10）：
106-107.

［23］张黎. 创新人才素质浅谈［J］. 高等工程教育研究，2001（3）：95-96.

［24］周瑛. 创新人才培养的误区与体系构建［D］. 西安理工大学，2005.

［25］刘玉娟，韩立娟. 创新人才素质结构与高师课程改革［J］. 中国高教研究，
2001（5）：76-77.

［26］高宝立. 论大学创新精神和创新能力的培养［J］. 高等教育，2003
（8）：79.

［27］朱洪波. 论高等学校创新人才培养的重要性［J］. 贵州大学学报：社会科学
版，2004（2）：112-117.

［28］刘宝存. 什么是创新人才，如何培养创新人才［N］. 中国教育报，2006-10-9.

［29］隋延力. 创新人才的识别与培养［J］. 研究与发展管理，2004（4）：
114-118.

［30］［美］唐纳德·麦金农. 识人才于未显 看创造型人才的本质和教育［J］. 外
国教育资料，1986（2）：15-23.

［31］Prahalad C. K. ，Hamel. G. The Core Competence of the Firm［J］. Harvard
Business Review，1990（66）：79-91.

［32］Rudowicz，Elisabeth，hul. Anna. The creative personality［J］. Hong Kong
perspective：Journal of Social Behavior&Personality；Mar97. vol2. 1lessuel.

［33］BARRONF. The Psychology of Imagination［J］. Scientific，1958，199（3）：

150-170.

[34] ROCOM. Creative personalities about creative personality in science [J]. Revue- Roumainece- Psychology, 1993, 37 (1): 27-36.

[35] J. P. Guilford. Traits of Creativity [M]. New York: Harper&Publisher, 1959: 142-161.

[36] FEIST G. J. The influence of personality on artistic and scientific creativity [A]. Handbook of creativity [C]. In: Sternberg, RJ (Eds) New York: Cambridge Press, 1999, 273-296.

[37] CSIKSZENTMIHALYIM. The creative personality [J]. Psychology Today, 1996, 29 (4): 36.

[38] LAURE A K, Loni MeKee Walker, Shri j Broyles. Creativity and the Five-Factor Model [J]. Creativity research Journal, 1993 (4): 147-148.

[39] R. J. Sternberg, I. T. Lubart Investing in Creativity [J]. American Psychologist, 1996 (7).

[40] Jeffrey H. Dyer, Hal B. Gregersen, Calyton M. Christensen, The Innovator's DNA [J]. Harvard Business Review, 2009 (12).

[41] Stanley H. Kornhauser, What Creative People Have In Common [J]. The Culvert Chronicles,, 2009 (4): 9.

[42] 黄楠森. 创新人才的培养与人学 [J]. 南昌高专学报, 2000 (1): 5-7.

[43] 王树祥. 浅谈高等教育如何培养创新人才 [J]. 中国教育教学杂志（高等教育版）, 2006 (12): 158-159.

[44] 赵修渝. 关于知识创新的人才素质的研究 [J]. 探索, 2003 (2).

[45] 王凤科, 周祖成. 创新人才素质测评 [J]. 经济与管理, 2002 (1): 20-21.

[46] 夏建刚, 邹海燕. 人才概念内涵探析 [J]. 中国人才, 2003 (4).

[47] George Stalk, Philip Evans, Lawrence Shulman, Competing on Capabilities: The New Rules ofCorporate Strategy [J]. Harvard Business Review, March-April, 1992.

[48] 付革. 非智力因素与创造型人才培养 [J]. 清华大学教育研究, 2002 (6).

[49] 刘智勇. 创新型人力资本与经济增长 [D]. 湖南大学硕士学位论文, 2004.

［50］王立柱，赵大宇．用分类与回归术方法进行人才识别［J］.沈阳师范大学学报，2005（1）.

［51］侯丽霞．我国高校创新型人才培养问题研究［D］.沈阳师范大学，2011.

［52］王丹，路燕利．创新人假设及其对管理的启示［J］.内蒙古科技与经济，2008（2）.

［53］徐一旻．企业创新型人才与激励机制初探［J］.交通企业管理，2008（11）.

［54］美国科学教育理事会．普及科学——美国2061计划报告［R］.1989.

［55］赵川平．国内外大学创新教育的实践研究［J］.高等农业教育，2000（7）：45.

［56］易迎．产学研合作教育培养高层次创新型人才的研究［D］.湖南师范大学，2009.

［57］何曼产学研合作培养创新型人才模式研究［D］.长江大学，2011.

［58］王东兴．高等院校艺术教育与高素质创新型人才的培养［D］.河北大学，2010.

［59］何桂强．高校创新型人才培养模式的研究与实践［D］.中南大学，2002.

［60］潘轶山．高校创新型人才培养问题调查与对策研究［D］.合肥工业大学，2009.

［61］汪姁．高校思想政治教育视域中的创新型人才培养［D］.合肥工业大学，2009.

［62］葛荣晋．"企业创新型人才"的哲学思考［J］.理论学刊，2010（2）：71-76.

［63］李远．对培养优秀企业管理人才的思考——借鉴日本企业的人才开发模式［J］.决策探索，2005（9）：72.

［64］张博．对企业打造创新型人才的思考［J］.行政事业资产与财务，2010（10）：36.

［65］邹凤岭．企业创新型人才的开发与培养［J］.苏南科技开发，2007（6）：60-61.

［66］万希．企业创新型人才队伍建设的方法［J］.当代经济管理，2008（2）：81-83.

［67］张蓓蓓．企业创新人才的开发与激励［D］.北京交通大学，2007.

[68] 刘波，李萌，刘晓轩.30 年来我国科技人才政策回顾［J］.人才资源开发，2009，(03)：34-37.

[69] 刘玲艺.改革开放 30 年我国科技人才战略与政策演变［J］.科技进步与对策，2009，(11)：132-139.

[70] 方先堃，张晓丽.改革开放初期我国科技人才政策浅探［J］.产业与科技论坛，2009，(04)：45-46.

[71] 苗丹国.1992 年以来部分地方政府吸引与鼓励留学人员政策文件要目概览［J］.中国人才，2009，(08)：56-58.

[72] 史修礼，汪大海，钟兰芳.京、沪、深三地高新技术人才政策的分析［J］.中国行政管理，2001，(03)：33-34.

[73] 于洪璋，李云智.美国人才政策研究报告［J］.宁波工程学院学报，2006，(09)：6-9.

[74] 王春法，潘铁.美国吸引国外科技人才的政策及其启示［J］.创新科技，2007，(07)：14-19.

[75] 王佳宏.美国人才政策与人才战略简论［J］.中共桂林市委党校学报，2007，(06)：45-48.

[76] 江峡.美国吸引全球高科技人才的政策与战略［J］.国际政治与经济，2007，(02)：92-96.

[77] 贺英明.新加坡的科技人才政策全球科技［J］.经济瞭望，1999，(01)：21-22.

[78] 包惠，杜德斌，祝影.新加坡研发人力资源结构与人才政策初探［J］.西北人口，2005，(03)：18-21.

[79] 李绍鉴.新加坡科教人才政策与中国产业转型升级［J］.河南师范大学学报（哲学社会科学版），2008 (06)：147-148.

[80] 张冬梅，罗瑾琏.上海市人才政策体系改进与设计构想［J］.现代管理科学，2008，(11)：23-24.

[81] 陈莹莹，黄昱方.发达国家吸引高端科技人才政策及启示［J］.中国人才，2009 (3)：74-75.

[82] 曹俐，雷岁江.江苏省延揽海内外高层次人才政策现状与对策探讨［J］.中国人才，2010 (21)：52-54.

[83] 苟厚平. 高科技人才政策设计方略 [J]. 人才开发，2000（12）：42-43.

[84] 吴爱军. 高层次人才政策问题研究 [J]. 潍坊学院学报，2006（1）：133-135.

[85] 李侠. "千人计划"与中国人才政策的碎片化格局 [J]. 发明与创新（综合版），2009（7）：6-7.

[86] 路济平. 正确处理人才工作中的若干关系 [J]. 人才开发，2009（3）：17.

[87] 陈德权，李博，王术光. 推进辽宁科技创新人才政策执行模型研究 [J]. 科技管理研究，2009（12）：480-482.

[88] 陈颖，朱柳萍. 北部湾经济区人才政策体系的平衡观探析 [J]. 市场论坛，2009（4）：14-15.

[89] 冯占民. 城市群低碳发展的区域合作研究 [D]. 华中科技大学，2012.

[90] 马彦琳，郝寿义. 经济全球化背景下区域经济研究的若干趋势 [J]. 华中科技大学学报：社会科学版，2002（4）：75-79.

[91] 赫特，索德伯姆. 地区主义崛起的理论阐释 [J]. 世界经济与政治，2000（1）：66-71.

[92] 袁军. 安阳市殷都区小学学校体育资源整合和区域合作问题的研究 [D]. 西南交通大学，2010.

[93] 周星. 东亚区域合作的影响因素与前景分析 [D]. 苏州大学，2011.

[94] 康学良. 东亚区域合作的制约性因素分析 [D]. 河南大学，2011.

[95] 侯洪雁. 东亚区域合作现状及影响因素研究 [D]. 山东大学，2011.

[96] 黄春景. 东亚区域合作与中日关系的互动研究 [D]. 中南大学，2010.

[97] 冯彬. 长三角人才合作：现状与对策研究 [D]. 华东师范大学，2006.

第二章

台湾创新型人才开发研究

1 引 言

20 世纪 50 年代以来，台湾产业的发展经历了由早期的劳动密集到资本密集，再到 80 年代开始由电子产业领军的技术密集，实现了跨越式转变。人均国民收入由 1952 年的 136 美元跨越至 2012 年的 21035 美元大关，增长近 155 倍，台湾经济的发展进而也由要素驱动走向创新驱动。作为一个资源匮乏、市场狭窄的海岛，是什么支撑了台湾经济的快速崛起？诺贝尔奖得主舒尔茨 1992 年就提出一个著名的观点："经济发展主要取决于人的质量，而不是自然资源的丰瘠或资本存量的多寡。"国内很多学者专家在这方面也进行了深入的研究，如：廖明等也提出人力投资对台湾经济增长的促进作用，台湾通过教育等途径积累人力资本、改善人口素质、增长知识和技能，从而大幅度提高劳动生产力[1]；汪青松等通过对台湾高校实地考察总结出高校精英化的师资队伍、专业化的实习、国际化的交流等是台湾创新型人才培养的有效方式[2]；尤其是高等职业教育为台湾培养了大批高层次技能人才，其采用的产学合作、职业证照制度等培养方式值得大陆借鉴[3]；严正[4]、王福谦[5]等指出台湾的人才开发以产业需求为导向，教育、延揽、培育、职业训练 4 方面措施对台湾人才开发起着举足轻重的作用；台湾企业也积极探索人才开发渠道，建立起灵活聘用、按需激励等适应市场体制的开发机制[6]。由此可见，台湾经济得以迅速发展，与其重视人力资源因素在经济发展中的促进作用，强调人才资源开发尤其是创新型人才开发有着直接的联系。

2 台湾创新型人才开发的历程

二战后台湾的经济经历了"恢复"发展阶段（1952—1963年），"崛起"阶段（1964—1980年），"繁荣"阶段（1981—1999年）[7]。台湾当局根据经济发展需要适时的采取了相应的人力资源开发培养计划，台湾创新型人才开发大致经历以下几个阶段：

人力资源开发的初级阶段（1952—1963）。50年代台湾经济主要采取以进口替代为主、初级产品出口为辅的发展战略，大力发展劳动密集型产业。人力资源开发的重点是使转移出来的农民适应劳动密集型产业发展的要求，台湾当局开始普及中小学教育，发展初等职业技术教育，大力兴建工业职业学校和商业职业学校，开展艺徒训练，进行劳动力就业指导等。从而培养了大批掌握熟练技能的工人及技术人员，使台湾从人口大省迅速变成人力大省，支撑了工业化的发展。

开发高技能人才阶段（1964—1980）。六七十年代台湾开始由内向型经济向外向型经济转化，台湾传统劳动密集型产业开始外移，新兴的电子工业成为主导产业，同时经济自由化也促进了服务业的发展，对人力资源的素质要求提升。台湾于1964年专门成立"劳动力资源委员会"，召开了第一次人力会议，第一次列入"人力资源发展"内容，自此人力资源开发计划成为台湾当局经济和社会发展计划的重要组成部分。60年代中期，台湾工业的发展急需大量的熟练技术技能员工，台湾将职业教育的重心转向中等、高等职业教育，积极推行产学合作和职业证照制度。1968成立了"工业职业训练协会"，为企业提供有关职业培训的技术服务，并开始实行"九年国民教育"制度，普及初中教育。70年代，台湾开始发展资本、技术密集型产业，于是将重点放在高等教育和培训上，对高等职业教育着手进行改造，组建本科职业院校，重视大学教育和研究生教育，理工科学生与文科学生的比例出现了显著变化：从 1971 年的 4：6 提高到 1986 年的5.5：4.5。

重点开发科技人才阶段（1981—1999）。80 年代初，台湾实行"出口导向"战略和"产业升级"战略，将电子工业作为产业发展重点，1988 年服务业产值首次超过工业和农业产值之和，在三大产业中居支配性地位，标志台湾经济进入工业化后期。适应经济转型升级的迫切需求，台湾把科技人才开发放在更加突出的位置。一是大力调整教育结构，加强高等教育特别是工科教育的发展，重点培养本科和研究生层面的专业技术人才。将部分专科学校升格为技术学院，部分技术学院提升为科技大学，并增设一批高科技方面的学科。1980 年台湾有硕士、博士研究生共 6306 人，到2000 年，在学硕士研究生 70039 人，在学博士研究生 13822 人。二是积极实施海外人才引进计划，加大对海外留学生的延揽。1983 年 3 月台湾当局出台了《加强培育及延揽高级人才方案》。80 年代成为台湾留学人员回归的转折点，80 年代初，留学生返台的人数每年仅百人左右，90 年代返台人数开始直线上升。这一时期台湾科技顾问组完成了《科技人才培训及运用方案》，加强岛内企业、研究机构与海外产业专家的联系，以协助引进海外科技人才。三是积极推行产学研合作，1992 年台湾"国科会"推动民间企业与学术界合作；1993 年台湾"科技主管部门"成立了"产学合作委员会"，积极推动兼顾大学与民间企业需求的产学合作研究计划，并推出了"产学合作研究计划实施要点"及"产学合作研究计划申请注意事项"。

全面进入创新型人才开发阶段（2000—至今）。20 世纪 90 年代中后期开始，台湾经济进入后工业化社会，以创新为主的知识经济成为台湾产业发展的重点，台湾当局加大了对创新型人才开发的力度。2009 年 1 月召开"第八次全国科技会议"拟订"国家科学技术发展计划（2009—2012）"，提出"培育科技人力，有效运用人才"等六大策略，以期达到"发展台湾成为培育量足质精的优质人力基地，发展台湾成为亚太地区优秀人才聚集中心"等目标。2009—2010年间,台湾当局为推动科技发展,向包括"中研院""国科会""教育部"等23个机构及下属科研单位投入经费700亿元新台币,117.6亿元用于推动研发的规划、人才培训、研发设施与环境构建等辅助研发计划。目前台湾各类高等学校已达到170余所,2012年高等教育入学率达84.4%,教育经费占GDP比重约为6%,每年大学生毕业20万人,研究生毕业3万~4万人,每万人口高等教育学生数达到588人。2011年台湾的科技人员总数达28.7万,科研经费占GDP的比重为3.02%,每万人口中研究人员74.8人。据《全球人才指数:2015展望》的报告,2015年台湾在全球人才指数排名中位居19,得分为54.5。

3 台湾创新型人才开发措施

创新型人才的开发受诸多因素的共同作用,是一个系统的动态过程。如图2.1所示,台湾创新型人才开发能取得丰硕成果,与政府构建的创新系统密不可分。台湾当局各部门各司其职,开展创新型人才的开发工作。从内部上说教育系统从小学到大学着重培养学生的创新精神与创新能力,

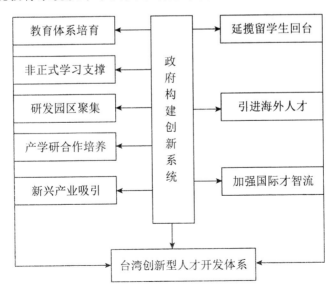

图2.1 台湾创新型人才开发体系

非正式学习则为创新型人才知识更新提供了平台，产学研合作亦不断地培养创新型人才，研发园区和新兴产业的发展有力地聚集了创新型人才；从外部来看，台湾在加大延揽留学生回台的基础上，不断创造各种条件引进岛外的创新型人才，加强国际间的学术交流合作，达到引才引智的目的。以上各部分形成一个有机整体，有力地支撑了台湾创新型人才的开发。

3.1 政府创新体制的有力保障

台湾当局自20世纪50年代起就重视人才培养，加强对人才开发的宏观政策指导。曾任台湾"经济部""财政部"部长的李国鼎先生可以说是台湾人力资源开发的主要倡导者之一。早在1961年，他就旗帜鲜明地提出了人力资源开发的问题，20世纪60年代中期开始，台湾实施了一系列人力资源开发政策和规划[8]。20世纪70年代，在两次"石油危机"的背景下，台湾当局推出一系列鼓励创新的政策，努力构建了官、产、学、研相互支撑、相互带动的创新体系。为弥补台湾创新体制对中小企业造成的不利环境，台湾当局采取了为企业提供租税优惠的政策；为加大大学与研究机构的研究强度，对其提供科技项目补助。目前台湾创新政策是建构在经济发展政策基础上，以经济部为主的政府经济相关部门扮演了关键政策守门人角色：在创新政策的主导机构之下负责创新政策的贯彻执行工作，保证创新工作的顺利进行。台湾创新政策直接相关的部门包括"国科会""经济部技术处""经济部工业局""中小企业处""商业司""科技顾问组"等，其相关职责及功能见表2.1[9]。

表 2.1　台湾当局创新系统相关部门及职责

部　门	职　责	功　能
"国科会""科技顾问组"	国家创新、科技政策	政策系统
"经济部技术处"	创新相关补助计划、产业发展计划	补助系统
"中小企业处""商业司"	中小企业辅导、补助计划	辅导系统
"工业局"	各种奖励措施、补助与辅导机制	辅导系统
"经济部商业司"	商品化相关补助计划	辅导应用系统

3.2　教育体系培育学生创新意识

20 世纪八九十年代，台湾教育开始蓬勃发展，逐渐建立起一套成熟的从小学到大学培养学生创新思维的运行机制：（1）九年一贯制的教学改革有效地培养了中小学生创新精神。台湾当局推动"中小学教师素质提升方案"，强化教师国际教育专业技能；研发国际教育理念融入课程教材，教材的编写也由以前方便老师如何教，改为主要协助学生的认知发展；建置中小学国际教育信息网及数据库；实施中小学多元入学新方案，新方案更强调学生综合能力表现。（2）建立多元技职教育体制。建立业界参与课程规划机制，延聘业界人才担任教师，鼓励业界提供实习场所；针对台湾地区六大新兴产业，提出试办"五专精英班"，主要与企业合作，采用上课与实习交替进行的人才培育模式，系统地培养高级专业人才。（3）台湾高等教育强调课内学习与课外学习结合、显课程和潜课程结合、理论与实践结合、科研与教学结合，通过各类课程、本科生研究计划及其他专门培养计划和课外活动等方式为学生提供自我发展、自我创新的空间。（4）积极推行国际间的教育交流合作。设立岛外学生来台进修的"台湾研究奖助学金"；鼓励高校开设具有国际竞争优势的课程，吸引更多留学生来台湾留学；通过一般公费留学、留学奖学金，选送公费生与留学生赴岛外攻读硕、博士学位，鼓励岛内大学选送学生赴岛外实习等。

3.3　非正式学习有力支持创新型人才开发

正规教育为台湾提供了大量具有创新潜质的人才，但一个人大多数的时间是在校外度过的，因此非正式学习所获得的知识及经验在创新型人才的知识体系中占据举足轻重的地位，对于创新型人才的开发具有无可替代的作用，并且这种作用正随着知识经济的到来和科技的日新月异而越来越明显[10]。从 20 世纪 80 年代起，台湾就开始重视各类非正式学习。首先，台湾当局积极组织各类培训。80 年代为普及计算机知识，台湾制定了一个相应的五年计划，由教育管理部门组织对所有学校的教师进行计算机培训，由政府部门组织对所有公务员进行电脑化操作培训[4]。1991 年始台湾的"经济部工业局"推动了"工业技术人才培训计划"的五年计划。并向该计划投入了 14.5 亿元经费，开展了 230 次培训计划，培训出相当数量的技术人才。针对新兴科技重点产业人才缺乏的状况，"经济部工业局"又推出了"高科技重点产业人才培训计划"，为九大重点高科技产业培养急需人才。这些人才培育工程，为台湾组建起了一支完整的高层次技术创新专家队伍，开发了具有国际竞争力水平的技术[11]。其次，提供各种学习的机会和平台。台湾的空中大学（电视大学）和各种补习班，为成年人提供各种再学习机会，2000 年共有 32 万多人参加学习。终身学习为 21 世纪提高国民素质与提升国家竞争力的战略选择。台湾为加强终身学习的推展，特定 2010 年为"终身学习行动年"，标志着台湾刘终身学习的推展已正式迈入积极行动阶段。其三，积极推动人才培育方案。启动"青年职场体验计划"，提供 18－29 岁高中职以上毕业待业青年在事业单位接受见习训练机会，2005—2008 年累计有 12210 位青年参加见习；推动"青年国际行动 AllinOne"，发展多元化国际参与及志愿服务方案，培养青年处理国际事务能力，协助青年扩展国际视野及履行世界公民责任；推动了"协助事业单位人力资源提升计划"，计划 2012 年补助 1116 家事业单位开展员工训练。

3.4 研发园区聚集创新型人才

20 世纪 80 年代以来，台湾开始规划创建区域研发园区，为岛内外企业提供创新研发平台，以期实现创造研发的群聚效应。措施一：建立科学园区。1980 年台湾兴建了第一个科学园区——"新竹科学园"。园区吸引了大批高层次的创业创新型人才，至 1995 年底，在园区内从业的海外留学人已达 2080 人，占园区从业总人数的 1/3 左右。目前，园区内博士已达到 1360 人，硕士超过 22000 人。新竹科学园创造出了辉煌的业绩，曾荣获 1995 年全球发展最快的十大科学园榜首的荣誉。此后台湾相继建立了台南、苗栗两个科学园区，三个科学园区在全岛形成了三足鼎立的布局。措施二：打造智慧园区。1997 年台湾"经济主管部门"计划未来 10 年内在全岛各地筹建 20～30 个智慧工业园区。这些智慧工业园区涵盖了台湾当时大部分高科技产业及高新技术研究，它们对台湾的高科技及其产业的发展提供了优良的发展环境和载体。措施三：建设创新园区。为了进一步优化创新环境，2004 年台湾当局在台南科技工业区设立了"南台湾创新园区"，专区以法人研究机构精英团队进驻并建构开放实验室以吸引厂商进驻共同研发或转型，以达到整合区域科技研发资源，催生相关产业群聚形成[12]。上述园区在促使台湾高科技产业得以不断发展的同时培养并吸引了大批创新型人才。

3.5　产学研合作培养创新型人才

产学研合作是影响国家和地区竞争力的主要因素之一。台湾"国科会"于 1992 年开始推动民间企业与学术界合作；2001 年台湾"经济主管部门"订立的"推动研究机构开发产业技术办法"，明确规定鼓励研究机构与其他产业、学术或研究机构合作，进行跨领域、跨组织或跨地区的产业技术研究发展。具体措施有：（1）成立"创新育成中心"。近年来台湾成立了 100 多所"创新育成中心"。"创新育成中心"大多设置于大学校园内，有效借用大学的多种资源。它使创业创新与教学研究有机地结合起来，有效地促进了产学合作和创新型人才的开发。（2）建立以"开放实验室""科技专案"等为基本架构的知识流通机制。"开放实验室"成为弥补台湾企业所需研发创新资源缺口的有效机制。企业就特定的研发主题以"租用"方式使用开放实验室的资源，并合作研发项目。以达到互扬双方所长，开发新技术、新产品、新工艺的目的。科技专案以提升台湾科技能力为宗旨，投入巨大，项目广泛，一直被视为台湾科技政策的"缩影"[13]。（3）补助技专院校设置"联合技术发展中心"，并将研发成果导入教学；推动大专院校发展区域产学链接绩效计划，结合地域产业特色，建置产学合作及智慧财产管理机制；成立"整合型产学合作推动计划办公室"，以建立沟通协调平台与整合各部分产学合作相关资源，以扩大产学合作实效。

3.6 发展新兴产业吸引创新型人才

高端新兴产业和现代服务业是吸引创新型人才的重要聚集区，近年来台湾开始大力发展新兴产业，加快了产业布局。（1）发展区块产业：推动"产业有家，家有产业"，依据产业特性、地区优势条件等，促使每个产业至少三处落脚地区，区域核心都市引导发掘区域品牌，发展至少三种主打产业，进而划出台湾未来 10 年产业发展空间分布图，促使全球招商投资更具体落实于区域发展。（2）落实推动六大新兴产业，促进产业结构调整，强化国际竞争力；加速发展四大新兴智能型产业，塑造产业竞争新优势；发展十项重点服务业成为就业增加与经济成长的重要引擎。（3）推动传统产业升级，推动"传统产业增值创新科技关怀计划"，建立产、研价值创新平台；促成传统产业价值创新研发联盟，建立具有差异化的核心竞争力。

3.7 创造优越条件延揽留学生回国

纵观台湾的法令法规，它的一项重要举措就是把发展岛内的高科技产业和吸引海外科技人才回归作为发展经济和科技的基本策论[14]。据统计，从 1950—1993 年，台湾赴美留学的人数，前后达到了 12 万人。然而，学成返回台湾岛服务的留学生却很少，则仅有 2.7 万[15]。定居国外的留学生大都进入了高级的教学科研机构或者大型企业集团，从事着高、新、精、尖科学技术的开发及应用。为做好留学生回归工作，台湾当局做了三个方面努力：一是设立专门工作机构。如台湾的"行政院青年辅导委员会"先后组织海外留学人才与用人企业开展十多次的座谈会；青辅会下的"岛内外硕士以上人才服务中心"，专门从事海内外高级人才的就业辅导。他们按月编印《硕士以上人才通报》，将打算回台服务的留学生名单、简历、工作意向、待遇要求等汇编成册，发行到台湾 2000 多个单位，供用人单位参考。1995 年,该中心协助了 1010 名具有博士学位和 5247 名硕士学位的海外学人回台湾服务。同时专门建立了海外留学人才档案,将他们分为 8 个类别 1269 个专业,到 1995 年已累计建档 14619 人。二是出台一系列的鼓励政策。通过为回台人才提供旅费和零用金、发放研究补助和住房津贴、协助安排眷属就业、享受比岛内同类人员较高的工资等措施鼓励留学生回台服务;对一时还不能回台服务的人才,则采取以"访问学者""客座教授"的名义邀请来台主持或参与研究等形式为台服务[16]。从 1990—1995 年,从国外回到台湾的学者、专家以及新近完成学位的留学生,一共有 30238 人。他们占同一时期台湾岛内所有高等学校毕业的硕士生人数的 44.4%,博士生人数的 55.1%[17]。三是重视发挥民间力量为海外人才回流提供有效的对接服务。台湾的民间组织如"杰出人才基金会""贝尔人俱乐部"等都积极联系并资助了大批海外留学人才回台工作。90 年代留学人员大量回归,使台湾的科技创新能力迅速攀升,为台湾经济发展、产业升级和技术创新提供了重要源泉。

3.8 大力引进海外创新型人才

李国鼎先生曾提出了培育岛内人才与延揽海外人才并重的方针。他认为:为了加强台湾创新能力,促进工业的全面转型升级,必须大力吸收海外创新型人才,以弥补台湾本土培育的不足。台湾当局深切认识到引进和延揽海外创新型人才的重要性和紧迫性。1983 年台湾颁布了《培育和招揽高级科技人才方案》,同时调动各种宣传媒介,介绍台湾的各项优惠政策,鼓动他们来台服务。如:通过台湾侨务系统的报刊和美国的《时报周刊》《亚美时报》《世界日报》等华文报刊,刊登台湾有关人才引进的信息和优惠政策[18];专门建立一个名为"国建会"的机构,用于吸收海外创新型人才赴台担任重职,这些职位包括了科学院长、大学校长、研究所长、企业高级主管等[19]。大陆创新型人才质优价廉一直被台湾各界所青睐。台湾当局不断制定和调整政策以获取大陆创新型人才,他们利用在大陆设立研发中心,采用和大陆学术机构合作、聘用大陆科技人才等方式来达到引进大陆创新型人才的目的。近年来台湾当局制定《吸引全球外籍优秀人才来台方案》，大幅放宽国际专业人士入出限制，对来台的国际重量级人士、高级专业人才及投资企业家，核发"学术及商务旅行卡""就业 VISA 卡""永久居留卡"等，以此建构引进人才的有利条件及环境。

3.9　加强国际交流合作引才引智

台湾积极利用各种渠道加强国际间的人才交流合作以达到引才引智的目的。首先，广泛邀请外国专家到台进行交流。从 1996 年开始美洲中国工程师学会与台湾每两年定期在台湾举办"近代工程技术讨论会"，介绍各项新技术领域的发展趋势；台湾"国家科学协会"经常协助各大专院校及研究机构延聘高深造诣的国外人才及专家赴台进行短期指导、参与研究及传授新兴学科动态，或长期提供教学研究工作。此外还经常邀请海外院士及专家，以接力方式轮流来台主持或参与某一先导性课题及研究计划[20]。同时还不断强化与越南、马来西亚、印度尼西亚等国高阶人才培育合作管道。其次，为提升台湾科技创新水平，并引进外国企业先进管理制度，2002 年台湾当局推出了"鼓励岛外企业在台设立研发中心计划"，采取"主动出击"和"全程服务"以及通过补助经费、协助人才引进等服务策略和租税优惠等措施，鼓励岛外企业到台湾地区设立研发中心。2002 年至 2005 年 3 月，跨国企业已在台设立 25 家研发中心，进行了 280 项合作研究，投入了 196 亿元台币研发资金和 3000 多名研发人力，促成 85 项关键技术转移到台。这不仅提升了台湾产业的技术创新水平，还带动了台湾产业的全球布局。其三，实施国际人才交流计划。台湾积极利用各种渠道派出大量的技术和管理人员到海外接受培训或深造。

4　台湾创新型人才开发存在的问题

4.1　两岸关系的影响

台湾创新型人才的开发依赖一个正常健康的政治环境，其中最重要的是两岸关系。海峡两岸关系的缓和促进人心的稳定，从而吸引大量创新型人才，以实现经济社会的繁荣稳定。在两岸关系僵硬的 20 世纪六七十年代，台湾地区的许多留学人员担心两岸发生武装斗争，回台自身安全没有保障，从而滞留不归。80 年代以后，随着两岸关系的缓和，回归人数也相应增多，特别是 1987 年 11 月台湾当局局部开放台湾民众到大陆探亲，两岸关系取得实质性进展，回台的留学生人数以每年 20％的速度递增[21]。1995 年台湾提出的亚太营运中心计划，就欲以大陆为腹地，希望能将台湾建成亚太地区科技产业发展的重镇，可是由于李登辉的"戒急用忍"两岸经贸政策，两岸关系紧张，导致这个计划只能搁置；在陈水扁当局的八年，政治路线上的"台独"意识形态化，民进党在两岸关系大搞"闭关锁国"，不愿开放两岸经济的合作，违背时代的潮流，以致台湾经济边缘化，民生停滞或倒退。

4.2　自主创新能力不强

知识经济的特征是以智力资源为依托，以高科技产业为支柱，以不断自主创新为灵魂。而台湾的自主创新能力不强，科学研究未形成完整体系，基础研究无重大创新，技术创新缺乏理论支持，自主创新体系不能有效支撑产业发展。这首先要归因于台湾当局历来不重视基础技术研发投入与人才培养，长期依赖从先进国家引进成熟技术再发展，高科技产业的关键技术受控于发达国家，没有自主的研发能力。台湾的学术研究机构大多也是从国外引进先进技术，再包装成本土研发成果，很少在创新方面下功夫。据台湾"智慧财产局"统计，台湾 2010 年海外知识产权支出费用约为 48 亿美元比 2009 年增长了 40％，而海外知识产权收入费用约 4 亿美元，这两者收入与支出的比率（可视为技术输出/输入比率）为 0.08，由此可见台湾虽然拥有大量专利，但是核心技术及重要专利却掌握在他国手中[22]。目前台湾发展的"六大新兴产业"在制造端的准备较为充分，但在技术储备方面依然相当欠缺，而且只有国际相关产业技术取得明显突破及产业达到一定成熟度后才有机会切入。

4.3　高等教育对人才开发的缺失

近年来台湾大专院校的数量增长过快，出现严重的供过于求，导致高校教学质量下降，人才质量不精。一方面，由于大学多，考生少，大学录取率高，2004 年就超过 87％，有三科总分 60 多分的高中生都能上大学，出现"大学高中化""研究所大学化""硕士生满街跑"的现象。另一方面，因为高等教育及研究机构在为争取政府经费补助与绩效评估的压力下，将工作重心主要聚焦在如何成为世界顶尖的研究机构上，对于学生的知识技能提高以及是否符合社会的实际需求并不十分关心[23]。根据台湾"行政院"主计处的最新人力调查报告，2009 年 8 月台湾 20～24 岁族群失业率高达 16.28％，25～29 岁族群失业率达 9.21％，皆远高于 6.13％的全体平均值。高等教育人才高失业率现象暴露了"学非所用"的教育模式与用人单位希望"学以致用"的用人需求之间的严重矛盾。

4.4　创新型人才资源与产业发展失衡

台湾经济增长的成就，有相当部分是靠引进海外人才和扩大外劳来推动的，始终没有建立稳固的产业根基，被形象地称为"浅碟型经济"。台湾一直在探索新的产业升级与转型方向，2009 年台湾当局推出六大新兴产业作为台湾产业调整和发展的新方向。伴随产业转型与升级的需要，创新型人才的数量却增长缓慢，始终与产业发展失衡。据台湾"经济部"调查，2008 年至 2010 年，硕士级人才研发工作缺口有 5000 至 7000 人，其中电子、电机、电控以及物理方面缺口最大，紧缺最严重的职位分别是研发人员、业务代表和工程师。这实际上是台湾长期以来轻基础研究，重应用研究，轻大专院校，重企业界的方针政策导致其创新型人才队伍先天不足。除了整体上数量不足外，质量上也不精，尤其是高层次创新型人才更是凤毛麟角，很难满足台湾经济转型升级的需要。

4.5　两岸人才交流合作有待拓宽

台湾长期从海外引进人才，但在吸引大陆人才方面仍有待进一步拓展。两岸人力资源存在着明显的互补性，两岸产业的升级换代和高新技术发展，迫切需要两岸创新型人才进行密切的交流与合作。但政治因素仍是当前两岸人才交流与合作中面临的最大障碍。在保护主义心态下，现行专业人士赴台主要的工作限制一是必须在境外拥有两年工作经验；二是最低薪资不得低于47971元新台币，令外籍生与侨生很难在台湾有实习工作的机会。中山大学校长杨弘敦表示，许多优秀的大陆学生赴台就读，拿到学位后回家，或前往其他提出更优异条件的国家和地区工作，台湾若再不修改移民政策，根本就留不住人才。然而当前经济全球化和区域经济一体化已成经济发展的突出趋势，人才专家指出：区域经济一体化必然要求人才开发一体化。面对人才开发一体化的形势，如果依然实行地区封锁，必然造成人才资源的浪费，增加用人成本，不利于人才潜能发挥，最终也会影响地区的人才竞争力。

5　台湾创新型人才开发的政策建议

5.1　创造和平稳定的两岸关系

和平稳定的政治环境是创新型人才能够安居乐业的根本。大陆是全球最大的新兴市场，也是台湾科技产业发展的重要腹地，2009年台湾推出的六大新兴产业方案中明确提出对大陆市场的借重。两岸三通、大陆居民赴台旅游、两岸金融合作、陆资进台，大陆方面推动的入岛采购等举措，为台湾经济发展带来了新的动力。两岸关系和平发展创造的互惠双赢日见成效，也得到两岸民众的广泛支持和拥护。大陆方面一直牢牢把握两岸关系和平发展思想，深化两岸产业合作和人才交流，确保两岸关系和平、稳定、深入发展。2008年底，胡锦涛总书记在纪念《告台湾同胞书》发表30周年的座谈会上提出推动两岸关系和平发展的六点意见，就为两岸关系的和平发展指明了方向。而两岸关系的稳定是依靠双方的努力，尤其是台湾当局的立场。始终保持两岸和平稳定的关系，是台湾当局应该长期坚持的基本政策。它既关系着两岸关系发展的前景，更影响着台湾经济社会的持续发展。

5.2 加强创新型人才开发的政策导向

台湾创新型人才的培育已是刻不容缓的大事，制定这方面的方针政策并大力推动已是迫在眉睫。首先，强化创新体系内部的联动性，尤其是产学间的相互联动关系。学界投入研发，较为重视论文发表及专利成就，而业界则重视以市场为主的技术研发及专利运用成果，政府应充分整合双方优势，利用大学强劲的研究开发能力，积极与业界合作，提高创新投入转化为产品的有效率。并且通过市场调研，对下一代技术及产业进行预测及制定计划，降低市场和技术发展的不确定性，提高创新效率。其次，充分发挥企业作为创新主体作用，鼓励企业加大创新投入，组织研发攻关，强化人才培训等；允许企业将用于人才开发、引进的费用列入成本，享受免税待遇。最后，政府应推进两岸产业合作。目前台湾产业转型已严重滞后，服务业虽然占台湾总产值的比重接近70%，但服务业主要是面向岛内市场，服务业国际竞争力并不强。应利用海峡两岸科技产业存在着巨大的互补互利的合作空间，共同研发、共选项目、共合资金、共享市场，以形成对台湾高科技产业发展的推动力。

5.3 革新高等教育人才培养模式

连战曾强调："透过教育改革，赋予高等教育及职业教育更多的弹性，并朝终身学习的方向努力，以应岛内多类科技人才的需要。"高等教育改革，首先要重新定位高等教育发展目标，配合就业市场需求与产业发展趋势设计与制定高等教育体系，缩小人才供需的落差。具体说来一是重视基础教育。学科基础知识是科学研究的动力和源泉，应该大力避免因急功近利而忽视基础知识学习。交大光电研究所教授王淑霞指出："很多技职学校根本不教物理、化学等基础科学，学生没有扎实理论基础的学习过程，就直接要做高科技的研发工作，势必会影响研究成果。"因此很多专家呼吁：在高科技时代，应该一开始就让学生读普通高中，才是台湾科技人才培育的正道。二是明确高等职业教育方向。既要突出"高等性"的特点，又要体现"职业性"的特点。在人才培养上要适应不断发展的行业、企业的需求，要更加注重实践操作技能的训练和综合职业能力的培养，将学、研、产、训有机结合。所以高职人才培养模式实际上是指高职院校和用人单位依据高职教育目标，共同制定人才培养目标的前提下，所采取的课程体系、人才培养方式和师资队伍建设等相应保障机制的总和，并在实践过程中不断调整和改进最终形成的定型化模式[24]。

5.4　加大创新型人才开发资金投入

首先，加大 R&D 投资。增大企业研发经费的比率，鼓励社会资金投入创新研发。可以借鉴美国鼓励企业创新的做法，规定企业和研究机构，如果其从事研发活动的经费同以前相比有所增加的话，则该公司或机构即可获得相当于新增值 20% 的遗税。同时规定无论企业还是非营利机构或个人，如果捐助研究机构、教育机构以及独立的"公益性研究机构"这三种研究机构，都属于公益性慈善捐款，可以获得相应的减税优惠。其次，制定有效人才激励政策，提高薪金及福利待遇，增强台湾的人才吸纳水平。金融危机后，一些国家和地区受经济不景气影响，纷纷裁员，对台湾来说无疑是一次大机遇，因此，除了加强自身的培养之外，还应该采取一系列措施引进世界各地优秀创新型人才。其三，延长高龄高层科技人才的退休年龄，将有助于缓解目前台湾创新型人才短缺的压力。据台湾"行政院"主计处 2007 年调查数据显示：2007 年台湾中高龄职工（55～64 岁）在劳动市场的参与率明显偏低，仅为 43%，远低于日本 67% 以上的参与率。

5.5　加强两岸人才交流合作

两岸签订"经济合作框架协议"后，台湾方面应把握这千载难逢的良机，推动两岸人才交流合作，为台湾经济创造新的发展动能。首先，加大两岸科技产业合作领域。两岸推出的新兴产业具有共通性，若能加强产业合作，实现优势互补，不仅会带来更多的投资和发展空间，提升双方产业的国际竞争力，更将有助于创新型人才的开发。其次，鼓励两岸高校联合办学，培养高科技产业所需要的创新型人才。重启海峡两岸学历互认大门，促进两地联合招生；以平等、互惠的精神，务实的做法加强两岸的教育合作。再次，进一步加强两岸人才交往。互派专家、管理人员到各方所属区域的相关部门学习、培训；联合开展科技合作、考察、交流；合作实施人才培训、培养计划。最后，积极开展闽台人才交流合作。台湾与福建隔海相望，有着"五缘"优势，福建资源丰富，土地、劳动力成本低廉，投资环境优越，加之福建省政府出台了一系列鼓励支持闽台人才交流合作的政策及措施，为闽台人才交流合作创造了良机。

6 本章小结

综上所述，台湾经济的转型与发展有赖于创新型人才的开发。台湾创新型人才的开发是在政府构建的创新体系下，通过教育、非正式学习等途径培养创新型人才；借助创建研发园区、发展新兴产业等渠道聚集创新型人才；同时台湾当局制定了诸多优越条件延揽留学生回台；加强国际间人才交流合作等方式引进创新型人才。但进入 21 世纪，面对知识经济的冲击、愈发激烈的全球化竞争，台湾再次面临着产业结构的升级与转型，而创新型人才资源现状却不能适应产业发展的需求，表现出了总量不足，质量不精等问题。台湾应坚持发展两岸和平稳定的政治关系，通过改革高等教育模式，加强创新型人才开发政策导向，增强企业自主创新能力，加大两岸的人才交流合作等方式达到开发量足质优创新型人才的目的，以适应经济转型以及发展的需要。

参 考 文 献

[1] 廖明. 台湾产业升级中人力资源的运用及启示［J］. 两岸关系. 2004（6）：

27-29.

[2] 汪青松. 台湾创新型人才培养的特点及其启示 [J]. 安庆师范学院学报：社会科学版 . 2007，26（1）：1-5.

[3] 曾建权. 试析台湾职业教育与高技能人才开发 [J]. 台湾研究 . 2008（2）：32-36.

[4] 严正. 对台湾人力资源开发的考察 [J]. 亚太经济 . 2002（4）：28-31.

[5] 王福谦. 台湾人力资源开发面面观 [J]. 人力资源 . 2007（5S）：66-69.

[6] 张永祎. 市场化的台湾人才开发 [J]. 人事管理 . 2003（7）.

[7] 张向前，张克明，张茂法. 台湾现代经济发展探析 [J]. 洛阳师范学院学报 . 2000，（4）：28-31.

[8] 张退之. 台湾人才政策对福建人力资源开发的启示 [J]. 三明高等专科学校学报 . 2002，19（3）：52-57.

[9] 温肇东，陈明辉. 创新价值链：政府创新政策的新思维：以台湾创新政策为例 [J]. 管理评论 . 2007，19（8）：3-9.

[10] 崔祥民，郭春. 非正式学习理论与创新型人才开发 [J]. 武汉工程大学学报 . 2009，31（6）：9-12.

[11] 刘霜桂. 科技创新和科技人才是台湾决胜新世纪的两个关键课题 [J]. 信息窗 . 2000（2）：33-38.

[12] 杨德明. 台湾创新政策及其成效分析 [J]. 亚太经济 2006（5）：99-109.

[13] 福建省科技咨询服务中心课题组. 台湾迈向科技创新的"三个转移"与制度安排 [J]. 发展研究 . 2009（10）：86-88.

[14] 刘权，董英华. 祖国大陆与台湾吸引海外华人人才措施之比较 [J]. 华侨华人历史研究 . 2003（1）：16-23.

[15] 庄国土. 对近20年来华人国际移民活动的几点思考 [J]. 华侨华人历史研究 . 1997（2）.

[16] 白云萍. 台湾人才战略对后发展地区的启示 [N]. 中国人事报 . 2010.11.8：35-38.

[17] 孙震. 留学生的报国与怀乡 [N]. 中央日报 . 1998.9.3.

[18] 王士谷. 海外华文新闻史研究 [M]. 新华出版社 . 1998.55-58.

［19］张向前．台湾现代人力资源开发分析［J］．海峡科技与产业．2002（4）：
    26-27．

［20］曾建权．台湾人才资源开发策略对广东的启示［J］．生产力研究．2006（8）：
    162-164．

［21］王洪兵．台湾地区人才外流与回归成因分析及启示［J］．湖北广播电视大学
    学报．2000（1）：57-61．

［22］张敏．浅析台湾科技创新与全球竞争力的表现［J］．海峡科技与产业．2011
    （3）：49-53．

［23］邹德发．台湾人力资源发展的问题与方向［J］．中国经济问题．2010（1）：
    71-75．

［24］黄明．台湾地区职业技能人才培养模式的启示［J］．福建商业高等专科学校
    学报．2011（1）：63-66．

第三章

福建省创新型人才引进机制分析

1　引　言

创新型人才是经济社会发展的第一资源，是国家和地区的核心竞争力。胡锦涛总书记在十七大报告中曾指出："建设创新型国家，关键在人才，尤其在创新型科技人才。没有一支宏大的创新型科技人才队伍作支撑，要实现建设创新型国家的目标是不可能的。"随着人才竞争的日益激烈，国内外学者对创新型人才的研究氛围也愈加浓厚。创新型人才是指在特定领域内，打破旧有成规，做出突破性创新，拥有大量理论或实践经验，并以自己的创新性思维和创新性劳动为社会做出较大贡献的人才[1]。知识水平、思维能力、智力发展、人格品质和研究动机构成了创新能力的基本要素[2]。创新型人才形成的共同本质基于知识和技术的创新，从类别上说，分为技术型、经营型、信息型创新型人才[3]。2004年福建省提出建设海峡西岸经济区的宏伟蓝图，为福建省迎来了前所未有的发展机遇，但人才问题也成为制约其经济社会发展的一大瓶颈。为此，省内很多学者专家展开了深入研究，如张向前[4]以泉州为例对人力资源管理与经济发展之间的关系进行了实证研究，并指出外来人力资源的流入，可大大增强城市经济的竞争能力；陈玲[5]、张春霞[6]等分别运用状态和谐理论和福建农林大学教学改革为例构建了创新型人才培养体系；王银细[7]、兰启发[8]、黄小芳[9]、项茜[10]、郑文智[11]、李勇[12]、吴娟[13]等对福建地区创新型人才引进工作的现状及问题进行了分析，同时提出了相关对策。本文根据福建省创新型人才引进工作存在的问题，初步构建了福建省创新型人才引进框架，以期对福建省创新型人才引进工作提供借鉴意义。

2　福建省创新型人才引进的历程

福建省历来高度重视人才引进工作，改革开放以来，先后实施了"以智取胜""科教兴省""人才强省"的战略。福建省的人才引进工作大致分为三个阶段：人才引进起步阶段（2000年以前）。1982年福建省就开始省外人才的招聘，1992年出台的《关于进一步做好引进省外人才工作的若干规定》中从职称评定、住房补助、工资待遇等方面对引进人才给予优惠；人才引进发展阶段（2000—2009年）。2000年福建省开始海外人才的招聘，并出台了《关于引进高层次人才和青年专业人才的若干规定》，2004年9月召开了第一次全省人才工作会议，并编制福建省《"十一五"人才队伍建设专项规划》，截止2009年底，全省人才总量已达468.51万人，其中各类专业技术人才170万人，高级专业人才11.2万人，引进海外留学人员2100多人；创新型人才引进阶段（2010—至今）。随着知识经济时代的来临，创新型人才成为了各国争夺的焦点，福建省深刻认识到创新型人才在经济建设中的基础性、决定性和战略性作用，先后出台《福建省关于引进高层次创业创新人才暂行办法》等三个政策文件，从科研经费资助、生活待遇、配偶及子女安置等多方面加大了对创新型人才培养和引进工作力度。

经过二十几年的努力，福建省人才资源开发成效明显：（1）人才资源已初具规模。至2010年末，全省党政人才、企业经营管理人才和专业技术人才资源总量达283.6万人，其中专业技术人才190.9万人。福建省现有86所高等院校，2013年普通高校招生近23万人，在校学生有73万人，培养近 19 万名毕业生；全日制研究生教育招生 1.26 万人，目前在校的有 3.82 万人，当年毕业生有 1.02 万人。每万人口中有研究人员 64 名；每万人口中受过高等教育学生人数达 230 名；每万人口发明专利拥有量约 2.8 件。（2）创新平台逐步建立。2013 年福建省的研究与试验发展（R&D）经费支出约 307 亿元，占全省生产总值的 1.4%；当年全省围绕 10 个科技重大专项，启动实施 23 个专题项目；2013 年全省共有产品检测实验室 705 个，国家产品质量监督检验中心 20 个，法定计量技术机构 67 个。（3）企业逐步走向自主创新。2013 年福建拥有 900 多家国家级、省级创新型（试点）企业；1600 多家高新技术企业。新认定 41 家为省级企业技术中心；新认定国家级企业技术中心 1 家，全省共有 28 家；省级行业技术开发基地共 39 家。福建省人才资源现状已有大幅改观，但人才发展的主要指标与全国平均水平相比有一定差距，与东部发达地区差距更大。存在的问题主要表现在：人才总量不足，结构不尽合理，人才开发投入不足，发展环境不够优化，人才集聚功能还比较弱等。

3　当前福建省创新型人才引进存在的主要问题

3.1　创新型人才引进制度不完善

首先，人才引进的制度不健全。虽然近年来福建省加大了人才引进工作的力度，出台了《福建省引进高层次创业创新人才暂行办法》。但是缺乏创新型人才引进的总体规划，引进工作的计划性和系统性不强，引进范围偏向"硬"指标，引进程序不灵活等，不利于创新型人才队伍建设。其次，引进人才主体机构单一。企业应该成为自主创新最具活力的主体，企业是自主创新的主体，意味着企业是集聚创新型人才并使其释放能量的主要载体。福建创新型人才的引进工作主要以政府行为为主，大多流向机关、事业、高校、科研机构等，没有充分发挥企业对人才引进工作的积极性和主动性。最后，引进的渠道单一，引进的力度不够。对人才引进多限

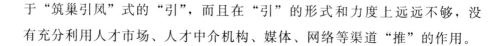

于"筑巢引凤"式的"引",而且在"引"的形式和力度上远远不够,没有充分利用人才市场、人才中介机构、媒体、网络等渠道"推"的作用。

3.2 产业结构发展不均衡

2012 年福建省生产总值 19701 亿元,在全国排名 12 位,与位列第一的广东省 57067 亿的生产总值相比,相差甚远。2013 年福建省三大产业结构比例为 8.9：52.0：39.1,而同期深圳市三大产业结构比例为 0.0：54.4：45.6,与深圳市相比,福建省产业结构整体层次偏低,劳动密集型产业、传统产业比重高,高科技含量、高附加值、高新技术因素所占份额低。从服务业内部结构看,主要工业化国家生产性服务比重超过 50%,而福建省的批发零售、餐饮等传统服务业比重大,生产性服务业仅占 35% 左右。2008 年,福建省第三产业中,信息传输、计算机服务、软件等行业从业人员为 3.41 万人,占比不足 0.1%,金融业为 8.91 万人,占比不足 0.25%,租赁与商务服务业为 10.36 万人,占比不足 0.29%。现代服务业和高端产业是创新型人才的重要聚集区,福建省这两个产业的发展相对滞后,对吸引创新型人才来闽创新创业是一个劣势。据 2013 年《城市竞争力蓝皮书》排名情况,福建省仅厦门市在经济竞争力中排名第 20 位,福建省各城市经济竞争力指数均值 0.092,可持续竞争力指数均值 0.474,区域综合经济实力不强。

3.3 对创新型人才引进的资金投入不够

创新活动不是短期行为,往往需要长期的投入,因此稳定和持续的经费支持,对促进高层次创新型人才的发展和创新具有非常重要的作用[14]。虽然福建省规模以上工业企业用于研究与试验发展(R&D)经费逐年增加,2012 年达到 238 亿元,但还是远低于位列第一的江苏省,同期江苏省规模以上工业企业的研究与试验发展(R&D)经费支出达 1080 亿元。一直以来我国人才流动呈现"趋洋"(人才流向经济发达国家),"趋市"(人才流向经济发达地区),"趋利"(人才流向高收入的单位)特征。根据福建省留学回国人才资源的调查报告：在回国人才工作地选择中,绝大部分留学归国人员选择北京、上海、广州和深圳四地,占全部人数的77.26%[15]。由此可见,如果没有持续充足的资金为创新型人才提供配套的工作环境、稳定的生活环境,势必会降低福建省人才吸纳水平。

3.4 缺乏科学系统的创新型人才管理体系

创新型人才无论从个性特质、成长规律还是工作成果上来说都是有别于常规型人才,而福建省目前的人才管理体系主要是针对常规型人才。首先,在创新型人才的筛选上主要基于岗位职责和任职资格来进行,基于岗位的人才筛选模式所筛选出的人才,最突出的品质是循规蹈矩。因此这种人才筛选模式与基于创新型人才共性化特征衍生的人才筛选标准之间存在本质的冲突。换言之,企业很难将创新型人才筛选标准嵌套在常规型人才的筛选模式下[16]。其次,在创新型人才的分配制度上,主要按照业绩来定报酬,没有充分考虑到创新工作的特殊性、风险性和持续性,而建立相应的保护机制,以降低个人失败风险和创新成本。最后,对于创新型人才的再开发和培养上的措施还不到位,没有建立很好的团队工作氛围和学习交流平台,不利于创新型人才的持续发展。

3.5 引进创新型人才的人文环境欠佳

状态和谐理论显示,只有营造最佳环境才能使人才具有最佳创造的状态。人才和谐环境既包括社会物质环境,也包括社会人文环境,环境是人才的生命[5]。闽南人有浓厚的乡土情结、十分重视对区域的本土认同,注重同族、同乡、同郡凝聚,共同经商;会以大姓为王,凭借血缘、地缘形成集团势力,大融合大整合意识较差[17]。而创新型人才思维异常活跃,善于打破常规,在知识、学术、文化等方面诸多兼容。闽南文化保守的一面与创新型人才兼容并蓄的特征有一定的冲突,对人才的聚集产生不利影响。当代科学技术的重大突破几乎都是科技人员思想碰撞和知识交流的结果,知识的共享和思想的交流成为创新型人才进行创新活动必不可少的环节和因素。创新工作离不开浓厚的学术气氛和由此产生的文化氛围。在这一点上福建省组织的大型学术交流、高水平的论坛、讲座、文化、体育、文艺等活动较少，整个区域没有形成浓郁的文化气氛，创新文化的土壤积淀不厚，不利于创新型人才的成长。

4 福建省创新型人才引进框架图

人才引进工作是项系统性工程，要充分利用现有的各种资源和环境，创造有利条件，用待遇引才、事业激才、文化聚才；充分将福建的发展与引进的创新型人才形成利益共同体、情感共同体、事业共同体，使引进人才的聪明才智得以最大发挥；并不断促进其知识更新，开发更多潜力，保持人才竞争优势，适应福建经济社会不断发展的需要，最终形成"引才""用才""育才""聚才"的良性循环，以吸引更多创新型人才流入。本文根据以上引进创新型人才的思路，结合福建省实际，初步构建了"福建省创新型人才引进框架图"，如图 3.1 所示。从外部上说，创新型人才引进机制的完善需要从人才引进资金投入、创新平台建设、管理机制创新以及

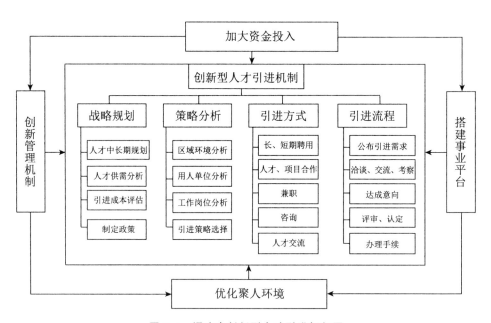

图 3.1 福建省创新型人才引进框架图

聚人环境优化四个方面给予有力支撑。在此基础上，构建创新型人才的引进机制。首先综合分析福建省"长远发展规划""需求状况""引进成本效益"等以此制定引进的战略规划；其次，在具体分析引入环境、单位以及岗位情况的基础上选择引进策略以便采用最佳的引进方式；最后，通过广发引进需求信息，通过洽谈、交流、考察等形式加深双方了解，借助定量与定性分析相结合的评审方式，保证引进人才的效益，最终达成引才引智的目的。

5　福建省创新型人才引进具体措施

5.1　健全人才引进制度

首先，制定人才引进战略规划。根据福建省经济社会发展和重大建设项目对人才需求，结合《福建省中长期人才发展规划纲要（2010—2020年)》与目前国内外创新型人才的供需情况，制定福建省创新型人才引进的战略规划，使人才引进工作分步骤、有重点、按计划开展，保证引进人才的实效性。其次，完善人才引进政策，建立人才引进的"柔性"机制，精简人才引进程序。把"为我所有"和"为我所用"结合起来，充分采用兼职、咨询、讲学、短期培训、短期聘用、项目合作、技术合作、技术入股、合作经营等方式，实现人才资源的最佳配置；开启人才引进的"快车道"，实行人才引进限时办理制度，制定特殊职位人才的引进办法，对于优秀人才实行一人一策，特事特办。再次，拓宽人才引进渠道，加大人才引进宣传力度。福建是全国著名的侨乡，拥有历史悠久的闽台关系和侨乡社会网络，据不完全统计，海外闽籍华人总数超过1000万人。要充分利用侨乡优势，建立海外人才信息库，加强与海外华人华侨社团、留学生团体、专家组织和国际友好城市的联系，积极引进海外人才智力；充分发挥人才中介机构、猎头公司等的作用，获取所需人才；通过制作专题宣传片和手册，凭借网络、电视、报纸等媒体，大力宣传福建省引才政策和良好环境，提升对海内外人才的感召力。最后，充分发挥企业引进人才的动力和能力。政府要鼓励企业加大人才开发投入，把创新型人才的培养和引进纳入企业发展的战略目标，结合企业产品创新和重大研发项目的实施，培养和引进创新型人才。

5.2 加大人才引进资金投入

人才投资是效益最佳的投资，政府应在经常性财政支出中按照一定的比例予以重点扶持，建立政府引导、分级负担、社会参与、多元投入、利益共享的人才资源开发经费保障机制。一是各级政府都要建立人才引进的专项资金，用于创新型人才的引进，保证创新型人才用于创新的办公场所、实验室、科研仪器设备、科技文献及科技基础数据等软硬件设施设备。二是强化用人单位主体作用，鼓励用人单位加大对人才引进的投入，企业及企业化管理的事业单位用于人才引进、培养和奖励等方面的工作经费，可设立独立科目，计入经营成本。三是通过税收等政策杠杆，激励社会力量出资建立公益性创新基金，调动社会力量支持创新，逐步建立多元化、多渠道的资金投入体系，为创新型人才脱颖而出、施展才华创造更好的条件和更多的机会。四是允许在科技项目经费中安排一定比例的专项经费，用于资助创新人才出国进修、学术交流、出版学术专著和发放特殊生活补贴等。

5.3 推进创新平台建设

首先，重点打造以机车、造船、海洋工程、能源和环保装备为核心的先进装备制造业；以电子信息、新材料、新能源为核心的高技术产业和以金融业、科技信息为核心的现代服务业三大高端产业基地，加快产业园区建设，吸引高新要素聚集。其次，加快企业技术中心建设。以服务企业自身的企业技术创新平台为基础，引导企业整合创新资源；支持企业开发和掌握具有市场竞争优势的产品、技术和工艺，形成企业的核心竞争力；帮助有条件的企业建立一批与福建省产业密切相关的博士后工作站、技术创新中心或技术开发机构，或与高等院校、科研机构共建重点实验室、工程技术中心、技术开发中心。最后，利用"海西"的区位优势，加大与港澳台的项目、资金对接，吸引港澳台企业来闽投资，合资创办企业，设立办事机构和研发中心。通过搭建多种平台，为创新型人才提供事业舞台。

5.4　完善人才管理机制

首先创新人才选拔机制。通过组织人才来闽考察、学术访问、交流洽谈等活动，深入了解供需双方的情况；再建立以工作任务为标准，采用定性与定量评价相结合的方式，借助资格审查、专家评议、心理测评等科学的人才评价体系，进行客观全面的考察，确保所选拔的人才发挥最大效能。其次，建立公正科学合理的评价机制。逐步建立以工作业绩、贡献大小为主要依据，把道德、知识、技术、能力、业绩等作为主要评价标准，采用岗位工资和浮动工资相结合的绩效管理体系。对于不同类型的创新型人才，要选择不同的评价方法，充分发挥各类人才的积极性、主动性、创造性。再次，革新收入分配制度。建立以股权、期权等多种形式为内容的分配体系；允许产权激励和生产要素参与分配；完善技术、专利等知识产权入股制度；实行创新成果按收益提取奖励的分配制度。最后，搭建人才开发体系。据有关调查显示无论创新型人才离开原单位的主要原因，还是选择新单位的条件都是把个人的发展和学习放在第一位[18]。因此要搭建人才交流学习的平台，鼓励创新型人才参加国际国内的学术交流；争取国际和国家级会议以及学术研讨会在福建召开；广邀海内外创新型人才来闽讲学、考察、访问等；定期举行高校、科研机构、企业间的交流论坛等。

5.5　创造良好聚人环境

引进人才的环境滞后，势必影响人才引进工作，关系到能不能留住人才的问题。首先，加快对城市环境建设。城市环境是一笔巨大的无形资产，是生产力，也是凝聚力。要加强城市基础配套建设，完善城市综合服务功能，做好城市绿化、亮化、净化、美化工作，提高居民生活质量，把福建省建设成"宜居""乐业"的沃土。其次，营造宽松和谐的氛围，树立以人为本的管理理念。各级领导要理解、关心、爱护人才；各单位的主要负责人要投入大量的时间和精力，主动与创新型人才进行深度沟通，倾听并理解他们的想法，用实际行动支持他们的创新活动。在鼓励探索创新的同时能宽容失败，由于创新工作的高风险性，宽容失败，意味着真正鼓励创新。最后，切实把人才工作摆在福建经济建设的首要位置，牢固树立"人才强省"战略思想。积极在全省宣传本省的人才政策，大力营造"尊重知识""尊重人才""尊重创新"的氛围，使人才有实现自身价值的满足感、有贡献社会的成就感和荣誉感。

6　本章小结

综上所述，福建省创新型人才引进工作从数量和质量上都取得了一定的成效，但是还存在很多不足，如人才引进制度不完善，资金投入不足，人才管理机制不健全，创新氛围不浓厚等诸多问题。在后续的工作中还需要坚持人才资源优先开发、人才投资优先保证、人才制度优先创新，确立人才优先发展的战略思想；坚持以人为本，遵循社会主义市场经济规律和人才成长规律，着力创新体制机制，营造良好环境等，推进人才队伍建设，将创新型人才引进工作扎扎实实落到实处，让福建成为创新型人才的聚集地，让他们竞相涌流到福建来，真正用人才要素驱动福建经济的快速增长以及促进社会进步。

参 考 文 献

[1] 王亚斌，罗瑾琏，李香梅．创新型人才特质与评价维度研究 [J]．科技管理研究，2009 (11)：18-20．

[2] 周昌忠．创造心理学 [M]．北京：中国青年出版社，1983．

[3] 李红霞，席酉民．创新型人力资本及其管理激励 [J]．西南交通大学学报：社会科学版．2002，13 (1)：47-49．

[4] 张向前. 人力资源与城市可持续发展研究 [J]. 中国流通经济. 2005 (5)：31-34.

[5] 陈玲. 论状态和谐与海西经济建设创新型人才成长 [J]. 科技管理研究. 2010 (8)：155-157.

[6] 张春霞. 适应发展需要，构建农科本科创新型人才培养体系 [J]. 福建农林大学学报：哲学社会科学版. 2007，10 (2)：88-91.

[7] 王银细. 对福建人才引进工作于交流工作的若干思考 [J]. 发展研究. 2003 (3)：60-62.

[8] 兰启发，郑瑞玲. 对建设海峡西岸经济区中的福建人才战略的思考 [J]. 经济与社会发展. 2006，4 (1)：97-101.

[9] 黄小芳. 发挥特区优势开创厦门人才引进工作新局面 [J]. 厦门科技. 2007 (2)：44-46.

[10] 项茜，黄小芳. 厦门市人才引进的瓶颈及应对策略 [J]. 宁波工程学院学报：2007，19 (1)：50-53.

[11] 郑文智，张向前. 福建省人才吸纳水平及其影响因子分析 [J]. 集美大学学报，2008 (2)：20-25.

[12] 李勇. "海归"人才引进的经验、问题与对策 [J]. 湘潭师范学院学报：社会科学版. 2008，30 (3)：19-21.

[13] 吴娟. 地方新建本科院校的人才引进及管理 [J]. 宜春学院学报. 2011，33 (1)：82-84.

[14] 创新型科技人才队伍建设研究课题组. 高层次创新型科技人才的内涵及成长规律 [J]. 科技智慧，2008 (10)：52-63.

[15]《适应人才国际化趋势，深度开发留学人才资源研究》课题组. 福建留学回国人才资源的调查 [J]. 发展研究，2004 (9)：69-72.

[16] 徐兆铭，乔云霞. 创新型人才管理的三种重要理念 [J]. 科技创新与生产力. 2011 (3)：24-33.

[17] 林华东. 闽南文化的双重性特征 [N]. 光明日报，2011.4.

[18] 李丽莉，张富国. 当前我国创新型人才流动问题及对策研究 [J]. 人才开发. 2010 (12)：18-22.

第四章

闽台创新型人才开发合作现状分析

1　引　言

随着经济全球化、科技信息技术的发展，人才尤其是创新型人才成为世界各国综合竞争力的核心。2006 年，《国家中长期科学和技术发展规划纲要》（2006—2020 年）明确指出，2020 年实现"进入创新型国家行列，为在本世纪中叶成为世界科技强国奠定基础"的目标。台湾地区是一个资源匮乏、市场狭窄的海岛，而福建省以"八山一水一分田"的地理环境为主，能源缺乏、资源不足。诺贝奖得主舒尔茨 1992 年曾经说过"经济发展主要取决于人的质量，而不是自然资源的丰瘠或资本存量的多寡"，由此可见人才开发特别是创新型人才对闽台经济发展的重要性。同时，《海峡西岸经济区发展规划》对构建海西人才支撑体系提出更高的要求；台湾沦为亚洲四小龙之尾以及所提出的中长期经济发展构想（黄金十年）面临着创新型人才资源的严重不足。据国际权威性报告指出，到 2021 年，台湾将成为全球人才最缺乏的地区[1]。这使闽台加强创新型人才开发合作具有必要性。除闽台两地本身所具有"地缘近、血缘亲、文缘深、商缘广、法缘久"的原因以及在产业、市场、管理、人力等方面互补的优势外，2001 年初海峡两岸"小三通"的实现，2008 年底"大三通"的启动，

48

2010 年初《海峡两岸经济合作框架协议》的正式签订；2010 年 12 月，《福建省中长期人才发展规划纲要》出台，提出"建设两岸人才交流合作区域中心""实施推进闽台人才交流合作先试先行政策""闽台港澳人才交流合作工程"，这都为闽台创新型人才联合开发创造了良好的环境[2]。瞿群臻、刘岩君（2012）认为闽台人力资源合作存在台湾地区对大陆学历质疑、合作缺乏长效机制、证件审批繁琐、领域过窄、缺乏双向交流等问题[3]；银丽萍、张向前（2012）认为台湾地区创新型人才开发经历了四个阶段，形成了以政府体制创新为保障，通过新型的教育体系、非正式学习平台、研发园区、产学研联合渠道以及以新兴产业聚才、以国际交流等方式的联合模式培养创新型人才[4]；林剑、张向前（2013）认为闽台之间具有联合开发创意人才的"五缘"优势和产业互补优势，但面临台湾政治复杂、福建薪酬低、省内发展不均衡等困境[5]；张向前等（2013）认为闽台创新型人才一体化成为新的趋势，并构建了基于生态管理理论的闽台创新型人才开发系统[6]。在此背景下，对闽台联合开发创新型人才进行研究来支撑闽台经济发展具有重要的现实意义。

2　创新型人才及其成长规律

2.1　创新型人才的概念

国内有关创新型人才的概念很多，虽然不尽相同，国外没有与"创新型人才"或"创造型人才"相近的概念，主要以"Creativemind""Creativeman""Criticalthinking"等心理学角度进行探讨。具体而言，从心理学的角度看，如王志明（2011）认为"创新型人才是具有较强创新意识与创新能力，有一定创新型产品的个人或团体"[7]；从创新成果的角度看，如卢光莉（2013）认为创新型人才是"那些具有突出的创新能力，具备创新思维，善于采用创新的理论及方法解决问题，并主要以其创新型成果为社会做出积极贡献的人才"[8]；从所具备的素质特征看，陈军华、李心

（2013）认为创新型人才，"就是具有创新精神和创新能力的人才，通常表现出灵活、开放、好奇的个性，具有精力充沛、坚持不懈、注意力集中、想象力丰富以及富于冒险精神等特征"[9]。总而言之，理解创新型人才概念的界定还需要把握三点，一是创新能力是其核心素质，且包含创新的概念；二是创新型人才是人才中具有创新意识、创新思维、创新知识的特殊人才，并不一定具有高学历、高资历、高地位、高职称；三是对人类社会具有持续性和超常性的贡献。就其特征而言，创新型人才主要表现为：一是专业知识扎实，综合知识完备；二是敢于质疑，突破常规；三是具有独立性，不盲从，不守旧；四是坚韧不拔，敢于挑战；五是注重自我价值实现；六是具有团队协作精神；七是强调自由，拒绝强制；八是好奇心重，开放[10]。

2.2 创新型人才的成长规律

2.2.1 创新型人才成长的内因

自身因素是其成长规律的根本，首先，基础潜质是其成长的第一要素，强调创新意识、品格、智力和能力等综合素养。因此，在早期自我探索期，父母和中小学的作用非常突出，成长环境氛围、广泛的兴趣和爱好以及多样性、挑战性的经历有利于创新型人才自我发现、个体素质形成。其次，优势积累，是指自身优势的不断叠加、沉淀和强化，强调科研氛围的影响；主要有四种途径，一是知识的传承，在水平较高的老师或学术带头人指导和启发下学习研究；二是团队协作，优秀的科研团队有利于队员思想的交流和碰撞，培养良好的团队合作意识和能力；三是处于高水平科研人员集聚区，如中国的中关村科技园、美国硅谷、印度班加罗尔等；四是科研时间效率积累，5－10年的累积是相关领域里科学研究的必然节奏。最后，黄金年龄，是创新型人才思维活跃、容易出结果的关键年龄段，强调个人质疑反思、坚韧不拔、敢于竞争、踏实的精神[11]。据薛风平对诺贝尔奖获得者取得成果的年龄分析显示，创新成果取得的平均年龄是40.16岁，35岁获得成果最多，26~46岁是黄金创造期[12]。

2.2.2　创新型人才成长的外因

外部环境是其成长的重要保障，包括单位环境和社会环境，单位环境由团队依托、自由时空、创新拐杖组成，社会环境由业界认可和跨越国界组成。其中团队依托是核心距离的环境要素，有利于团队成员在知识结构、能力、思维方式、研究经验等方面形成互补，有利于个体和整体科研水平的提升；自由时空指宽松的科研环境、自由的时间支配，能够保证创新型人才自由思考、自主研究。发挥其创造性才能；创新拐杖，是科研的硬件条件，包括科研工作所需的办公场所和实验室、实验与测试条件、科研仪器设备、经费保障等；业界认可，是指相同领域内的专家学者对个人公正、客观、科学的评价，这是创新型人才成长的"助推器"，一方面有利于个人学术或研究地位的提升，从而能够参与更多的学术会议或活动、承担更重要的课题项目、获得更多的科研资源，促进创新型人才螺旋式快速成长；跨越国界，据研究表明，90%的高层次创新型科技人才都有国际化背景，这主要是由现代科学技术趋向于综合性、高精尖方向，需要不同领域、国家、学科的人才共同完成，而且最新、最前沿的科学技术研究分布在不同的发达国家和地区[11]。

3　闽台创新型人才开发合作的阶段及现状

3.1　第一阶段：独立期（1949—1987）

闽台创新型人才开发合作与两岸的关系密切相关，由此划分。由于两蒋时期实行"三不"政策，使两岸隔绝与对峙，这一时期以两地各自开发为主，辅以有关渔业和农业领域的民间的交流与合作，但层次低。1964年，台湾成立"劳动力资源委员会"，由初等职业教育向中高等职业教育转变；1968年成立"工业职业训练协会"，并开始实行"九年国民教育"，普及初中教育；70年代，重点发展高等教育与培训，组建本科职业院校，推动大学教育与研究生教育发展，理工科学生与文科学生的比例由1971

年的 4：6 变为 1986 年的 5.5：4.5[4]。福建人才培训历程比较曲折，经历了社会主义改造、大跃进、十年"文革"、改革开放等，50 年代，福建省大力推行教师培训，成立多个教师进修学校，提高教师学历水平；1956 年举办大专函授教育；1965 年，全省有高等学校 10 所，在校生 1.52 万人；1949—1965 年之间共培养毕业生 3.6 万人，研究生 75 人。1977—1986 年，全省新增高等院校有 28 所，共有 35 所，其中本科高校 11 所，在校生约 5.12 万人，每万人在校生达 18.9 人，居全国第 11 位[13]。1979 年《告台湾同胞书》发表，两岸关系缓和，出现了小范围、小规模的直接贸易，并伴以科技与人员的交流合作，从而为闽台经贸合作奠定了基础。

3.2　第二阶段：互动期（1988—2000）

台湾当局解除戒严，"九二共识"达成、"汪辜会谈"成功、"李六条"标志两岸关系缓和。同时，政策优势、区位优势和互补优势使得这一时期的闽台人才合作由相互了解走向实质，主要以民间、学者之间的交流为主，并依附于闽台之间的贸易和投资，但多集中于劳动力密集型产业，步幅小、层次低，形式单一。改革开放后，福建主要设立海沧、杏林、马尾、集美台商投资区，对台商实行"三来一补"的投资模式，并逐步实施"科教兴省"战略。2000 年，企事业单位各类专业技术人员达 592765 人，从事各类科技活动的人员有 41817 人，在校研究生数 5134 人；1988—2000 年之间，福建省科技活动经费内部累积支出达 110.38 亿元，各类型专利申请达 24394 项，授权达 14754 项。台湾方面，1988 年，台"行政院"通过"转口贸易"、开放大陆探亲、民间团体往来、国际学术文化活动等措施；1992 年，台"立法院"规定，可有条件地开放两岸通讯、投资、贸易、劳务和技术合作等，而台"陆委会"通过放宽中小企业或个人在大陆投资；1996 年，台塑拟投资在漳州兴建电厂，裕隆集团拟在福建兴建东南汽车公司。同时，台湾大力发展工科教育，重点培养本科和研究生层面的专业技术人才，到 2000 年，在学硕士研究生 70039 人，在学博士研究生 13822 人；积极实施海外人才引进计划、推动产学研合作等。在教育上，闽台高等教育交流活动初步呈现双向多元化特征，如校际间师生互访交流、实地考察、经验交流、学术研讨，为闽台人才培养奠定基础。

3.3 第三阶段：稳步发展阶段（2001—至今）

"小三通""大三通"的陆续实现以及《海峡两岸经济合作框架协议》的签订都标志着闽台创新型人才合作开发的兴起。具体表现在以下几个方面，一是校校企联合更为广泛；2007年起，福建省部分高职院校与台湾合作院校签订合作协议，进行师资互访、交换生培养等，并率先实验两岸学分学历相互承认制度；2009年4月，在厦门举办了"海峡两岸高等职业教育展览会"，由台湾地区成功大学、致远学院等59所高校和大陆厦门理工学院、黎明职业大学等48所院校参与，并成功签订2项校企产学合作协议、9项学术交流与合作协议；同年9月，闽台正式开启"闽台高校联合培养人才项目"，主要以两岸高校教学双向合作、师生双向交流为内容，以学分学历互认为重点，主要采取高校"分段对接"（本科"3＋1"方式，专科"2＋1"方式）和"校校企""订单式"两种人才培养模式。项目实施3年来，共有27所福建高校和37所台湾高校以及75家台资企业在电子信息、先进制造业、现代农业、媒体动漫、海洋科技等的97个专业联合培养了1.4万名人才[14]；成立了福建省机械制造类、园林技术类、电子信息类等高职师资培训中心7个，举办高职院校管理干部、专业教师培训班37期，聘请台湾专家110人次，培训校领导、骨干教师2158人；成立数字创意学院、海峡旅游学院等，合作编写50本教材，共建高职博雅教学资源库项目、离子表面实验室与高新光电暨表明工程实训基地项目等；下达118项专项研究课题[15]。二是交流更加深入；截止2012年底，福建省高校累计招收台生5183人，其中有1257人在校生，约占大陆高校台生人数的六分之一；福建省教育系统有2000多批次、近2万人次赴台参与讲学、科研、学术交流等活动，有6272名学生赴台学习；近五年，来闽的台湾教育界人士达2000多批次，累计人数近2万人次[16]。三是平台更多；闽台之间举办了海峡两岸人才交流合作大会、闽台人才职业培训交流工作联席会议制度、台职业技能鉴定、"6.18"闽台技能人才交流成果展示会、海峡两岸大学校长论坛、两岸高校文化与创意论坛举行、两岸百名中小学校长论坛、两岸基础教育交流研讨、海峡两岸教育论坛、两岸政策菁英高阶研习班等，涉及到政界、学界、企业界及传媒界等。其中海峡两岸人才交流合作大会已累计举办7届，累计组织300多家次台湾专业机构及500多名台湾专家来闽对接，促成50多名台湾专才来闽创新创业，达成两岸人力资源机构和相关机构合作项目60多个[17]。四是政策更好；台湾于2010年8月允许大陆学生赴台就读；福建省于2013年秋季设立台湾学生专项奖学金，分为专科生（高职生）4000元、本科生6000元、硕士研究生8000元、博士研究生10000元[16]；《福建省促进闽台职业教育合作条例》、两岸《教育合作框架协议》也在规划中。

4 闽台创新型人才开发的对比分析

4.1 创新型人才存量比较

福建创新型人才的数量和质量都有很大的提高，与台湾具有互补性但又落后于台湾。福建地区人才结构呈"金字塔"型结构，即初级人才充足、中级技能型人才短缺、高级人才缺口相对较大。台湾则是"橄榄球"型结构，即初级人才和高级人才短缺，中级人才过剩。从劳动力情况与教育方面看，福建省劳动力资源以及从幼儿园到中学学校数量与在校生人数都高于台湾，由此可见台湾创新型人才储备不足；但台湾每万人口高等教育学生数是福建省的2.5倍还多，其普通高校及其在校生人数分别是福建省的1.92倍、1.93倍，由此可见福建省在高级人才方面的缺乏。据《福建省2013年度紧缺急需人才引进指导目录》显示，福建紧缺急需人才涉及到电子信息、装备制造、船舶工业等27个重点产业或行业，80个领域、192个岗位和760个专业[18]。台湾岛内2011年失业人数为49.1万，失业率达4.4%；而且台湾教育质量下降，2013高中质优评鉴中整体教师合格比率下降 0.42%，有学校合格率仅为 20.59%。同时，福建省 2012 年三产业之比为 9.0：51.7：39.3，台湾则为 1.75：29.49：68.76（2011 年），与就业结构及台湾情况相比，明显存在不协调，在资本、技术密集型产业缺乏人才。从科技情况看，福建科技人员数比台湾少 3.24 万人，而授权专利数不到台湾的一半，R&D 经费投入虽然比去年提高了 22.3%，但其强度仅为台湾的 47.59%。据《中国区域创新能力报告 2013》显示，福建省居于第十名，较 2011 年提升 4 名次，处于由投资驱动向创新驱动过度的阶段；《2013—2014 年全球竞争力报告》，台湾在 148 个经济体中排名第 12 名，比 2011 年提升了 1 个名次，属于"创新丰富"层面[19]。

表 4.1　闽台劳动力、教育及科技情况对比

对比	主要指标	福建	台湾
劳动力情况	劳动力总计（万人）	2569	2323
	三次产业人员及构成比	25：38.8：36.2	5.1：36.3：58.6
教育情况	普通高校：学校数（所）/在校生数（万人）	86/70.14	165/135.22
	普通中学：学校数（所）/在校生数（万人）	1783/181.09	1233/164.16
	普通小学：学校数（所）/在校生数（万人）	5414/252.73	2659/145.70
	幼儿园：学校数（所）/在校生数（万人）	7183/139.98	3195/18.98
	每万人口高等教育学生数	230	585
	教育支出占 GDP 比重（%）	2.85	4.28
科技情况	科技人员（万人）	23.99	27.23（2010 年）
	授权专利数	30461	8238
	R&D 经费	270.99（亿元）	3949.6（新台币亿元）（2010 年）
	R&D 经费占 GDP 比重（%）	1.38	2.9（2010 年）

注：数据来源于《福建统计年鉴（2013）》与《台湾统计年鉴（2012）》

4.2　创新型人才发展侧重点比较

根据统计资料，2012 年，福建省基础研究、应用研究和试验发展的

R&D 经费支出比例为 1.8：4.5：93.7，R&D 人员折合全时人员的比例分别为 3801 人、8433 人、102258 人，而台湾 2010 年对应的 R&D 经费支出比例为 10.8：29.2：60。由此可见福建省比较侧重于试验发展，原始创新力与应用创新力远落后于台湾地区，自主创新能力落后、科技资源不足都将不利于福建产业的优化升级，限制福建现代产业体系的发展。台湾在应用研究方面比较突出，基础研究虽相对于福建较高，但远落后于发达国家；而且台湾在应用科技、重工业企业、重工业科技方面实施"倾斜政策"，这是由台湾外向型经济发展模式决定的。台湾长期依赖海外发达国家的成熟技术并再发展，这导致自身基础研究不扎实，高科技产业的关键技术受到限制，而且台湾创新型人才培养单一化，忽视除信息硬件产业以外的软件业、生物技术、环保产业等高科技产业的发展，这都将使台湾难以在高新技术尖端领域有所成就。同时，基础研究薄弱，研究环境欠佳，使台湾成为人才"净输出地"，造成台湾高科技人才外流现象突出。据悉，台湾近十年净移出人口约 1 万到 2 万人，大部分是学术精英[20]。

4.3 创新型人才培养方式比较

创新型人才的培养方式大致可以分为四个方面，教育育才、产业聚才、政府引才以及国际交流，闽台采取的方式大同小异，只是侧重点不同。教育上，福建省形成了从幼儿园到高等院校、以公办学校为主、民办学校为辅的比较完善的教学体系，普通高等学校、普通中等学校、普通小学、幼儿园中专任教师与每万人在校学生比分别为 580、670、609、422，每万人口拥有大学在校学生 230 人，研究生在校生 3.6 万人。教育经费支出达 562.3 亿元，高等院校科技人员数为 29778 人，分别是 2008 年的 2.4 倍、2.6 倍。产业聚才方面，企业 R&D 资金达 242.56 亿元，占全部 R&D 的 89.5%；大中型工业企业有 130313 人从事科技活动。同时，福建省新增 70 个省级（企业）工程技术研究中心、21 个省级企业重点实验室，拥有国家级、省级创新型（试点）企业 630 家，高新技术企业数超过 1500 家，国家级、省级企业技术中心分别有 28 家、331 家，省级行业技术开发基地 35 家，新认定国家"2012 年技术创新示范企业"1 家，共有国家、省、市三级企事业知识产权试点示范单位 1234 家；形成以电子信息、石化、机械装备为主导的三大产业集群，共有超千亿产业集群 8 个、超百亿工业企业 32 家。政府引才上，福建省于 2010 年出台《福建省引进高层次创业创新人才暂行办法》。截止 2009 年底，我省先后引进海外留学人员 2100 多人、省外高层次人才 1.2 万多人[21]。据 2013 年《中国区域人才竞争力报告蓝皮书》显示，我省人才资源总量达 356.8 万人，人才综合竞争力居全国第九位[22]。国际交流方面，2004 年以来，福建省每年选派 10 名优秀领导人才出国留学、20 名信息、石化、机械等产业学术技术带头人到发达国家研究等[21]。

　　台湾教育在 20 世纪八九十年开始蓬勃发展，逐渐形成一套从小学到大学的学生创新思维的培养的运行机制，例如实行九年一贯制的教学改革、建立多元技职教育体制、国际间的教育交流合作等。同时，台湾通过"工业技术人才培训计划""高科技重点产业人才培训计划""青年职场体验计划""青年国际行动 AllinOne"等非正式教育推动创新型人才的开发。在产业聚才方面，台湾一方面兴建了新竹科学园、新建台南、苗栗、南台湾创新园区、智慧工业园区等研发园区，另一方面通过成立"创新育成中心""开放实验室"等实行产学研一体化，还有通过发展高端新兴产业和现代服务业来推动传统产业升级吸引创新型人才。政府引才方面，台湾 1983 年颁布了《培育和招揽高级科技人才方案》，并通过《时代周刊》《亚美时报》等华文报刊宣传以及设立成立"国建会"吸引海外创新型人才赴台担任重职，近年来台湾当局又制订《吸引全球外籍优秀人才来台方案》，大幅放宽国际专业人士移民限制，以此优化创新型人才引进环境。国际交流方面，台湾一方面通过举办中国工程师学会、近代工程技术讨论会、协助各大专院校及科研机构延聘国外人才及专家赴台短期交流等，另一方面推出"鼓励岛外企业在台设立研发中心计划"。2002—2005 年 3 月以吸引跨国企业在台设立 25 家研发中心，进行了 280 项合作研究等。同时，台湾还通过设立"行政院青年辅导委员会"及一系列鼓励政策吸引留学生回国等方式培养创新人才[4]。

5 闽台创新型人才开发合作存在的问题

5.1 产业聚才不足

闽台产业合作由最初的劳动密集型到技术密集型,再向高新技术产业发展,也极大带动了闽台人才聚集与合作,但闽台产业合作仍然存在以下问题:一是投资单向格局,长期以来主要是台资入闽,虽然台湾于 2009年出台了"大陆地区人民赴台投资许可办法",但由于台独势力阻挠,仍以"互补但不互惠"为原则,导致台湾对闽开放程度低,闽资入台则受到各方面限制,难以使闽台资源有效整合。二是合作领域受极大限制,闽台产业合作主要集中在第二产业,钢铁、石化、机械、电子等是重点,而且台资企业规模较小,来闽投资或设点的台湾知名企业低于江浙、上海、广东等。同时,闽台合作处于附加价值最低加工制造环节的比重高,如微电子产业、IT 产业、石油化工分别以芯片加工、总机装配、加工为主,"订单加工""贴牌生产"较为常见。三是台资企业技术溢出效应不高,台商在闽投资多以独资为主,技术研发主要在母公司,关键技术掌握在少数台方研发人员上,福建科技人员接受的是已经标准化的技术,两地企业关联度低,科技研发合作主要集中于产品包装、运输及后勤服务等非技术领域或低技术含量环节,制约了闽台研发水平的提升。四是闽台之间缺乏统筹协调结构,运行机制灵活性不足,使得闽台产业政策无法很好的良性互动,导致课税重复,台资企业与福建企业存在产品同构、同质,市场重叠等[23]。

5.2 教育育才受限

教育是闽台创新型人才联合培养的重要手段之一,近些年在职业工种鉴定、高校职业教育合作交流、台湾学生来闽就业等方面取得进展,但仍处于初级阶段，各方面限制还比较多。具体为[15]，一是项目审批时间长，福建学生入台和台湾学生入闽需要报批手续、证件签注，但过程繁琐，时间都在一个月左右，不利于相关教育交流合作项目及学术交流的实施；二是学历、学位互认学校少，目前台湾所承认大陆高校学历的 111 所中，福建仅有厦门大学和福州大学入围，而且其新增采认学历的时间起点为 2010 年 9 月 3 日，在此之前就读大陆高校的台生仍需参加学历甄别考试。同时，大陆目前规定只能采取联合办学方式，台湾方面则不允许在大陆设立分校。三是"三限六不"降低大陆学生吸引力，台湾规定陆生在校期间不能做兼职、不能考职业证照、不得学习医疗专业等，陆生遭遇生活上的客观困难[24]。如福建赴台研修的学生每学分收费标准是台湾学生的 1.5 倍，经费压力大。四是优质教育资源无法有效对接，台湾地区高等教育大多引进欧美国家的模式，实用性和操作性强，大陆则强调教育知识的逻辑性和系统性，这导致闽台双方在专业定位上和课程体系的对接上面临挑战。

5.3　制度化缺失

由于长期的分隔，加上政治的影响、社会体制的不同导致闽台合作受到诸多限制，制度化建设处于初级阶段，导致两地的资源互补性无法有效发挥，具体而言可表现在两个方面，一是政策不完善，经济方面虽然两岸已签署了 ECFA，但台湾方面一直实行"宽进严出"的大陆贸易政策，使得目前为止台湾的 8726 项进口产品中仍有 2000 多项产品未对大陆实施开放[25]，2012 年福建对台湾贸易逆差达 57.85 亿美元，对香港贸易顺差则为 78.35 亿美元。而服务贸易协议虽然于今年 6 月份签订，但由于民进党等在野势力的阻挠仍处于"空摆"之中。高等教育方面，台湾一直将其视为台湾对大陆政策的一部分，而非纯粹的学术、教育交流，未对相关规范签署共同协议，也未对如高校学历学位互认、职业资格认证的对接等基础性问题签署相关文件，已有的闽台高等教育互动政策多为单边政策，无法得到两岸的共同认可，互信程度不足。二是长效机制缺乏，闽台虽然举办了"6.18"闽台技能人才交流成果展示会、海峡两岸教育论坛、两岸政策

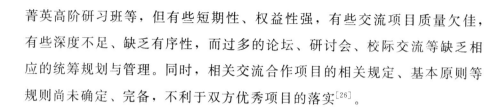

菁英高阶研习班等，但有些短期性、权益性强，有些交流项目质量欠佳，有些深度不足、缺乏有序性，而过多的论坛、研讨会、校际交流等缺乏相应的统筹规划与管理。同时，相关交流合作项目的相关规定、基本原则等规则尚未确定、完备，不利于双方优秀项目的落实[26]。

6　闽台创新型人才开发合作的模式设想

6.1　推动体制机制创新，制度化发展

为促进闽台创新型人才开发合作的可持续性，有必要推动两地人才交流合作的机制体制创新，首先建立由闽台各界相关人士组成的"跨界治理组织"，或松散型或实体型，例如设立"闽台人才交流合作委员会"，通过定期或不定期举行会议，加强沟通、组织、协调、规划，确定人才交流合作的共同目标，制定长期创新型人才联合培养纲要，处理人才互动中的相关事务如人才租赁、教育培训、信息交流等以及各类可能的突发事件或危机，促进相互间互补资源融合，以使人才交流合作更加稳定和规范。其次构建监督机制，为保证论坛、展示会、研习班、交流会的质量，可组织由两地专家、学者等共同监督评估，并引入社会舆论监督机制，实现中介评价与社会评价的有效结合。同时，设立"闽台人才基金会"，对闽台人才交流做出突出贡献的个人、集体和企业进行奖励，或可以资助学生就学、学者研究、专著出版等。最后优化法律环境，除认真执行已签署的《两岸知识产权保护协定》之外，还要对闽台双向投资建厂、联合办学、学生就学就业与创业、科学研究与技术开发等提供法律保障。此外，要积极发挥民间行业协会与人才服务机构的作用，使之成为两地人才交流的有益补充。

6.2　遵循人才成长规律，优化外部环境

创新型人才具有独立性、敢于挑战权威、注重自我价值的实现和团队

精神等特点，而且内外部成长环境对其创新能力的形成与提升具有决定性作用，因此闽台双方要优化创新型人才成长的外部环境。一要营造自由民主的社会环境，搭建闽台创新型人才开发与交流的宣传平台，并借助于新媒体的力量宣传创新文化，积极倡导敢为人先、敢冒风险、勇于竞争和宽容失败的精神，营造"尊重劳动、尊重知识、尊重人才、尊重创造"的浓厚氛围，奠定创新型人才成长的思想基础。二要提供物质支撑，由闽台政府、企业、民间机构共同出资设立闽台创新型人才合作开发基金，大力扶持闽台高新技术合作项目和引智专项计划，大力支持闽台青年科技人才开展进修培训等，为闽台联合展开科技研究解决经费、实验设备等。三要改善人才交流环境，尤其闽台人才流动机制、用人机制和人才评价机制等的改善，台湾需对闽开放更多高校的学分、学历互认，对大陆人才通行、居留、就业、创业等方面放松管制。同时，闽台可以构建人才信息网络系统，加快实现两岸人才市场、劳动力市场、就业市场的衔接，促进人力资源信息的互通和共享。

6.3 加快产业升级转型，深化闽台对接

以产业为载体成为闽台联合开发创新型人才最有效的方式之一，首先应推动闽台产业结构的升级，尤其是福建方面，要提高自身自主创新能力，一方面鼓励大中型企业设立技术研发中心，强化研发与设计，并积极培育自有品牌，逐渐摆脱"订单加工""贴牌生产"等低端加工制造环节，向"技术密集型"现代产业体系发展。另一方面可以借助国家级重点实验室、工程技术研究中心、企业技术中心、企业博士后站点等载体，推动相关技术研发，并将其转化成实际生产力。其次深化闽台产业对接，一方面推进以石化、机械、电子等为主导的产业的对接，鼓励在大型软件、关键元器件、节能环保技术等关键技术方面展开合作，另一方面加强以现代金融业、现代物流、电子商务、科技咨询等服务业的对接，实现现代服务业的深入合作。最后加强战略性新兴产业的合作，闽台可以以科技园区为载体，如推进厦门火炬高科技园和台湾新竹科技园的互动合作，就新能源、

生物医药、海洋开发、新材料技术、环保产业技术进行联合研究，并以技术带动产业发展，以产业带动人才专业与管理技能的提升。

6.4 构建多层次教育体系，改善育人环境

在教育方面，首先从幼儿园到高等院校展开合作，幼儿园、小学、初中方法可以实行教师、校长、管理人员的双向交流任教，高中、高校可以展开学术交流，进行教师、校长、管理人员的联合培养，促进思维碰撞，提高教学水平和管理水平。同时，继续推行高校"分段对接"和"校校企""订单式"两种人才培养模式，可以调整"分段对接"时间，本科可以改为"2＋2"方式，提高学生知识的积累。二是联合办学，所涉及的学科专业可以侧重于工科、休闲、医护或者文化创意等领域，主要以本科和研究生为主，可以吸收台湾品牌学科和特色专业，要注重培养交叉、边缘学科和新兴学科的人才。三是加强职业培训，以台湾职业教育体制为依托，围绕闽台产业集群发展中等职业教育，展开两地职业技能竞赛、职业技能鉴定、职业培训交流与合作，并增加本科、硕士职业教育，根据产业发展趋势、人才需求状况来设置学科及专业方向，形成两地证书互认、师资共享的区域性职业培训体系。四是促进在陆求学的台生在大陆就业，并吸引台湾高校毕业生来闽就业，对在闽创业的大学生给予融资、税收、培训等方面的政策优惠和扶持。最后在政策方面给予保障，如出台有关闽台教育交流与合作协议、互认高等学校学历学位及文凭证书、合作办学、台生来闽就业等相关保护协议及争端解决协议等，解决学历学位互认、"三限六不"以及避免审批程序烦琐、周期过长等问题。

6.5 加强多方会商，促进产学研联合

人才、科技、产业之间的结合是创新型人才培养的有效体系，但其人事体制是阻碍创新型人才开发模式有效运转的壁垒。为解决这一问题，首先闽台双方政府方面要以科技、人才、经济三方面政策的结合为核心，理顺政府各职能部门的关系，避免政出多门、垂直管理，为创新型人才的培

养提供切实高效的服务体系。同时，双方政府要就重点行业、高端领域和优势产业的人才开发合作，坚持有所为有所不为。其次，构建闽台双方政府、高校、科研机构、企业等多方面的会商机制，加强协调、沟通、规划，打破产学研之间的藩篱，发挥政府的引导和支持作用，以高校、科研机构的科技基础、研究能力为研发主体，以闽台企业的雄厚资金和产业化能力为转化平台，实现多方联盟，加强相互间的联系，促进优势互补、资源共享，共享研究成果。再次，实行"人才＋项目"的有机交融，推动闽台在科技含量高、产业关联度大、发展前景广阔的高端项目的合作，如新能源、新材料、生物医药、海洋工程、绿色制造等，以项目为载体进行创新型人才的培养。最后，推动闽台高科技园区建设，在政府优惠政策和良好的软硬件环境下，依托于闽台原有的科技园区、科研机构、高等院校成立高科技园区，集聚闽台高科技企业，进行人才开发。

7　本章小结

创新型人才已经成为当今时代经济和社会发展的核心资源，为了推动海峡西岸经济区的发展，解决台湾即将面临的人才危机以及加快两地战略性新兴产业的发展，闽台双方需要推动机制体制创新，设立"跨界治理组织"，提供法律保障，优化人才成长的社会、物质、交流环境，推进闽台产业升级转型并深化产业对接，从师生交流、联合办学、职业培训、政策保障构建多层次教育体系，并加强产业、高校、研究机构以及政府等等多方主体，共同进行创新型人才开发，以此促进闽台创新型人才的数量与质量的提升，实现闽台经济的快速发展。

参 考 文 献

［1］一项国际报告称：8 年后台湾将现人才危机［EB/OL］. http：//www. chinanews. com/tw/2013/11-04/5460606. shtml，2013-11-04.

［2］福建省中长期人才发展规划纲要（2010—2020 年）［N］. 福建日报，2010

（005）．

［3］瞿群臻，刘岩君．闽台人力资源合作开发和运行机制研究［J］．物流工程与管理，2012（10），99-100.

［4］银丽萍，张向前．中国台湾地区创新型人才开发研究［J］．经济问题探索，2012（10），62-69.

［5］林剑，张向前．闽台创意人才开发合作研究［J］．地域研究与开发，2013（04），39-43.

［6］张向前等．海峡西岸经济区产业发展的人才研究［M］．广东：世界图书出版社，2013.

［7］王志明．创新型人才成长的生态环境刍议［J］．前沿，2011（08），198-200.

［8］卢光莉．创新型人才成长的生态环境与发展实践［J］．前沿，2012（13），163-164.

［9］陈军华，李心．创新型人才主体特质及培养环境设计［J］．科学管理研究，2013（04），101-104.

［10］邹美美，罗瑾琏．创新型人才国内外研究进展［J］．人才开发，2009（08），11-14.

［11］创新型科技人才队伍建设研究课题组．高层次创新型科技人才的内涵及成长规律［J］．科技智囊，2008（10），52-63.

［12］薛风平．物理学、化学、医学、经济学诺贝尔奖获奖者取得成果年龄分布模型［J］．哈尔滨工业大学学报（社会科学版），2006（01），11-14.

［13］龚森．改革开放以来福建高等职业教育的改革与发展研究（1979-2011）［D］．福建师范大学博士论文，2013.

［14］闽台联合培养人才办学规模扩大［EB/OL］．http：//news.xinhuanet.com/politics/2011-05/14/c_121415200.htm，2011-05-14.

［15］陈金建．闽台"校校企"联合培养人才项目的实施与思考［J］．厦门城市职业学院学报，2013（01），1-4.

［16］福建设立台生专项奖学金 促进两岸教育交流［EB/OL］．http：//www.chinanews.com/tw/2013/11-04/5459558.shtml，2013-11-04.

［17］两岸人才交流合作大会 30 余台专才项目有望对接［EB/OL］．dlhttp：//

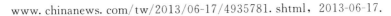

www. chinanews. com/tw/2013/06-17/4935781. shtml，2013-06-17.

[18] 福建省发布 2013 年度紧缺急需人才引进指导目录［EB/OL］. http：//
www. gov. cn/gzdt/2013-04/11/content_2375253. htm，2013-04-11.

[19] 2013—2014 年全球竞争力报告：中国排名 29 位［EB/OL］. http：//
news. 0898. net/n/2013/0904/c231185-19463392. html，2013-09-04.

[20] 张向前等. 海峡西岸经济区产业发展的人才研究［M］. 广东：世界图书出
版公司，2013（04），235-251.

[21] 福建省引才育才用才聚才推动海西发展［EB/OL］. http：//district. ce. cn/
zg/201009/10/t20100910_21808897. shtml，2010-09-10.

[22] 福建省人才综合竞争力居全国第九位［EB/OL］. http：//fjnews. fjsen. com/
2013-10-27/content_12844443. htm，2013-10-27.

[23] 单玉丽. 后 ECFA 时代两岸产业合作的推动策略-兼论福建与南台湾的产业
合作［J］. 福建论坛，2010（11），130-134.

[24] 台湾承认 111 所大陆高校学历［EB/OL］. http：//news. hexun. com/2013-
03-15/152106957. html，2013-03-15.

[25] 商务部回应两岸贸易逆差增大 希望台湾放宽限制［EB/OL］. http：//
www. chinanews. com/tw/2013/12-23/5652106. shtml，2013-12-23.

[26] 张宝蓉. 新时期闽台高等教育交流合作问题探究［J］. 台湾研究集刊，2011
（02），86-94.

第五章

闽台合作培育创新型人才
共促产业发展研究

1 引　言

　　创新型人才的培育不论是在国家、产业还是企业层面都起着关键性作用。胡锦涛总书记在党的十七大报告中指出，发展现代产业体系，提升高新技术产业，发展现代服务业，加强基础产业基础设施建设。产业结构的优化升级离不开人力资源的支撑和保障。人力资本存量、知识结构和人力资本的空间分布影响产业升级、产业创新、产业转移和扩散，进而影响产业整体结构的调整升级[1]。区域产业结构的调整要求区域人才结构的优化与之协同匹配。2011年3月，国务院批准了《海峡西岸经济区发展规划》，明确提出海峡西岸经济区的四大战略定位，这对构建海西人才支撑体系、提升闽台区域人才竞争力提出了更高的要求。在闽台区域经济蓬勃发展和产业结构优化的大背景下，区域合作培育人才将成为不可避免的趋势。除了农业特色、工业基础、区位优势和资源禀赋的支持外，实现海西可持续发展的根本动力在于科技和人才，而创新型人才恰好是科技和人才的最佳载体。闽台人才交流与合作是福建省的特色、优势和责任所在，从闽台区域合作和海西建设的现状和未来预测，研究闽台合作培育创新型人才共促产业发展意义重大而深远。

2　国内外相关研究综述

国外关于区域合作人才培育与产业优化发展的研究文献较少，其中最著名的是配第—克拉克定律[2]。克拉克（Clark）[3]（1940）指出，随着经济和人均国民收入的增长，国民收入和劳动力在第一产业的相对比重逐渐下降，在第二、第三产业中的相对比重逐渐上升。产业集群的有关研究学者认为，通过集群内部企业之间的联系，创业者能够直接观察与接触到竞争对手[4]，同时学习更多知识溢出（KnowledgeSpillover），开展集体学习（CollectiveStudy）[5-7]。英国库克（Cook）提出区域创新体系的概念，认为区域创新体系本质上是一个创新人才集聚的网络系统[8]。集群式创新网络内部人才和产业的多样性及其特色正是区域创新体系的活力所在[9]。波特（Poter）[10]的"钻石体系"框架表现为人才集聚刺激产业集群、牵引需求、相关产业或企业、政府服务等不同元素进行网络化集结，驱动区域整体创新和发展方式转型。国内学者有关区域合作人才培育的研究主要集中在区域人才结构的研究，如赵光辉[11]（2006）和吴中伦[12]（2009）对区域人才结构进行了分类，潘晨光[13]（2005）和毛瑞福[14]（2006）在区域人才结构评价和优化方面的研究值得借鉴，李瑜芳[15]（2010）以闽台区域信息产业人才合作培育为例，提出人才培育的区域合作完善模式，认为人才培育要从自我完善走向区域合作完善。在区域产业结构理论研究方面，孔令丞[16]（2003）和张萍[17]等（2009）认为各区域产业结构升级具有两个导向维度，即为区域产业结构高级化和区域产业结构协调化，李悦等[18]（2002）界定了区域产业结构高级化的功能内容。另外，如菊莲[19]（2007）和罗文标[20]（2004）等对区域人才结构优化与区域产业结构升级进行了互动性研究。

3 闽台合作培育创新型人才共促产业发展的必要性和现实性分析

3.1 闽台人才资源开发现状及存在的问题

3.1.1 从人才资源存量的角度分析

人才资源存量的大小可以通过普通高等教育的发展概况来反映。如表5.1所示，在普通高等教育方面，2005—2010年福建在学校数、专任教师数、学生数、毕业生数四项指标上均呈现出增长趋势，但都远落后于台湾，比如2009年，福建在四项指标上仅约等于台湾的1/2、2/3、1/2、1/2。这直接反映出福建省普通高等教育资源的严重匮乏，这是导致福建省整体上人才资源存量不足，素质不高，创新型人才紧缺的原因，进而又影响到产业结构的优化升级。台湾在学校数方面趋于相对稳定，但在专任教师数、学生数、毕业生数三个指标上从2008年开始呈现出不增反减的势头，这表明未来台湾将可能出现人才资源存量下降、人才短缺的危机。另外由于"少子化"现象带来的生源不足、教育资源过剩等问题造成教育质量和生源质量的下降，也使得台湾相对较大的人才资源存量面临质的缺陷。创新型人才资源存量的不足是闽台产业优化升级中共同面临的瓶颈。

表5.1 福建、台湾普通高等教育基本概况比较

年份 \ 项目	学校数（所）		专任教师数（人）		学生数（万人）		毕业生数（万人）	
	福建	台湾	福建	台湾	福建	台湾	福建	台湾
2005	66	162	24919	49601	40.70	129.66	6.48	32.51
2006	67	163	28724	50338	46.13	131.40	9.50	32.53
2007	74	164	31444	51128	50.95	132.60	11.41	32.35
2008	83	162	33637	51501	56.26	133.75	13.04	31.72
2009	86	164	35841	50658	60.63	133.66	14.28	31.16
2010	84	164	37733	49885	64.78	133.37	15.34	30.58

注：福建省数据由《2011年福建统计年鉴》整理而得；台湾数据由"《中华民国统计

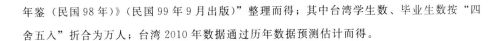

年鉴（民国98年）》（民国99年9月出版）"整理而得；其中台湾学生数、毕业生数按"四舍五入"折合为万人；台湾2010年数据通过历年数据预测估计而得。

3.1.2 从人才资源结构的角度分析

人才资源结构可以通过研究和实验发展人员（R&D人员）活动的主要指标分析。从表5.2来看，截止2010年，福建省R&D人员总数为76737人，从人员配置数量分布上看，从高到低依次为实验发展（65218人）、应用研究（8090人）和基础研究（3435人），分别占85%、10.5%和4.5%，三项比值为18.99：2.36：1。从表5.3来看，截至2008年，台湾R&D人员总数为240867人，相当于2010年福建省R&D人员总数的3.14倍，其中研究人员接近六成（143862/240876），在每百万人口R&D人员数指标上达到63.4人。与台湾等其他发达地区相比，福建省从事基础研究和应用研究的R&D人员比例偏低，这会严重扼制原始创新的产出，而原始创新是实现产业优化升级的不竭动力所在。但必须指出的是，福建省R&D人员年增长率远高于台湾，增长势头强劲，潜力巨大，而台湾R&D人员年增长速度相对迟缓，未来可能出现人才不足的状况，难以满足科技、经济的进一步发展。因此，从双方现实需求考虑，加强闽台合作培育创新型人才刻不容缓。

表5.2 2005—2010年福建省研究和实验发展（R&D）人员概况

指标 \ 年份	2005	2007	2008	2009	2010
R&D人员折合全时人员	35815	47642	59557	63269	76737
基础研究	1452	1910	2393	3336	3435
应用研究	7005	6424	6087	7549	8090
实验发展	27358	39308	51077	52385	65218

注：统计数据来源于《福建统计年鉴2011》

表 5.3　2004—2008 年台湾研究和实验发展（R&D）人员概况

| 年　份 | 研发（R&D）人力（人） | | | | 每万人口 |
	总计	研究人员	技术人员	支援人员	研究人员数（人）
2004	187001	108891	60425	17684	48.0
2005	195721	115954	62298	17469	50.9
2006	212483	126168	67715	18600	55.2
2007	228551	135918	72709	19924	59.2
2008	240876	143862	77117	19897	62.4

注：统计数据来源于《中华民国统计年鉴（民国98年）》（民国99年9月出版）；年份折算为公历纪年

3.2　合作培育创新型人才是闽台产业优化升级的需要

从目前产业结构来分析，福建省存在较大的滞后性，表现在第三产业（39%）比重较小，第一产业（12%）、第二产业（49%）比重偏大，第三产业增长效率较低，整体产业竞争力不强，尚处于工业化进程阶段中，具有以工业为主导的特征，这严重影响产业的高端化和合理化效应（数据来源于《福建统计年鉴2011》）。福建产业化结构升级迫在眉睫，省"十二五"规划已经明确提出要发展壮大主导产业、加快培育发展战略性新型产业、广泛应用高新技术和先进适用技术提升传统优势产业和扶持发展大企业大集群。从2015年2020年，福建后工业化稳步推进，知识和创新驱动作用突显，知识密集形产业迅速发展。这一期末，高新技术产业增加值将占全省GDP的50%以上，经济总量与台湾大致相当。福建省在产业结构升级的过程中必将加大对创新型人才的需求。与福建相比，台湾产业结构较为优化，农业（2%）比重小，工业（27%）比重适中，服务业（71%）占据主导地位，处于后工业化阶段（数据来源于《中国统计年鉴2011》）。但台湾在进一步优化产业结构，实现新的经济转型的过程中创新型人才总量不足、结构不合理等问题也日益显现。据台"经济部"调查，2008年至2010年，硕士人才研发工作缺口有5000至7000人，其中电子、电机、电控以及物理方面口最大。台湾长期从海外引进人才，但在与大陆合作培育人才方面有待进一步拓展。目前创新型人才的紧缺已逐渐成为制约台湾科技进步、经济发展的瓶颈，产业结构的进一步优化升级迫切需要闽台两地进行高层次人才的交流与合作。通过闽台优势互补，合作培育产业优化升级中所需的创新型人才，对海峡两岸科技、经济和社会发展的作用不可低估。

3.3　区域经济合作必然带来闽台人才培育的区域合作

从闽台区域经济发展的现状来看，"十一五"期间，福建累计吸收台资项目 2037 项，累计合同利用台资 57.4 亿美元，是"十五"时期的 9.2 倍，累计实际利用台资（不含第三地转投）78.03 亿美元，是"十五"时期的 1.84 倍。2010 年，在刚刚落幕的第十二届海峡两岸经贸交易会上，仅仅福州一市与台湾企业共签约项目就达 56 项，利用台资逾 10 亿美元，比上届增长 3.4 倍[21]。从闽台进出口总额变动来看，截至 2010 年，福建对台贸易总额首次突破 100 亿美元，比 2005 年翻了一番，其中出口比增 39.61%，进口比增 53.18%[22]。两岸贸易依存度逐年提高，两岸经贸关系日益密切，台湾已成为福建省第二大外贸来源地、第三大贸易伙伴和第一大进口市场。在闽台区域经济合作深度发展和海西建设加快的大背景下，实现闽台产业优化升级、产业对接和区域合作利益的最大化迫切呼吁闽台人才培育的区域化合作。在台湾产业西移过程中由于忽视人才西移，导致台资企业人才匮乏的状况。面对经济全球化的趋势，台湾本土人才的优势正在弱化，福建省基础研究能力不断提升，加之大陆本地化人才培育的低成本考虑，闽台携手利用双方资源形成人才培育合力，着力培育能够促进闽台区域经济发展的创新型人才将成为历史必然。

4　基于闽台产业优化升级的创新型人才需求分析

产业结构的优化调整和升级实际上是资源配置关系的调整。产业结构的优化调整对人才提出了更高的要求，反之，人才的数量、素质（知识、技能、能力）和结构又制约着产业结构的优化调整。从长远来看，海峡西岸经济区的建设将推动闽台双方产业的对接、优化调整和升级，产业结构的高度化、柔性化、技术化发展趋势将逐步凸显，人才需求的结构、层次、类型也必然要随之改变。如图 5.1。

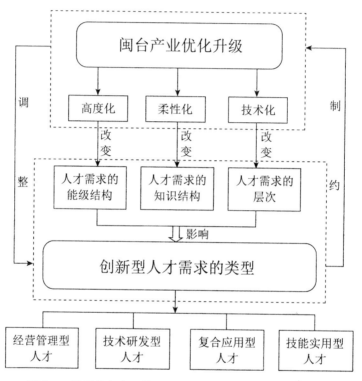

图 5.1　基于闽台产业优化升级的创新型人才需求分析路径

4.1　闽台产业结构的高度化改变了人才需求的能级结构

产业结构的高度化要求更高的人才能级结构与之相适应。闽台产业的相似性和互补性特点使得两岸区域经济合作前景广阔。由于新的经济转型的需要，台湾对闽产业转移由最初的农业、传统制造业逐步向高科技产业、现代服务业倾斜，这不仅直接促进了台湾产业结构向高度化发展，同时也间接带动了福建产业结构的调整和升级。在高新技术产业方面，台湾对闽投资起步相对较晚，福建省仅遇上台湾光电产业转移的合作时机，与台湾 IT、IC 领域产业转移的合作机遇擦肩而过。但基于闽台"五缘"优势和海西建设的不断推进，福建省已把发展现代服务业作为产业结构优化的重点和主要经济增长点，闽台在高新技术产业和现代服务业合作方面必将出现新的高潮，闽台产业结构高度化的趋势不可逆转，这对人才需求的能级结构在质的转变上提出更高要求。

4.2 产业结构的柔性化改变了人才需求的知识结构

产业结构的柔性化要求更多的知识、科技和脑力劳动的投入。目前，台湾已成为福建吸引境外投资的第二大资金来源，其中福建农业实际利用台资位居大陆各省份之首。相关部门资料显示，台湾在闽投资产业从起初的劳动密集型逐步向技术密集型、资金密集型转变，闽台在农业、机械制造、石油化工、电子信息、金融等产业领域的合作深度得到进一步拓展，合作形式呈现出多样化的趋势，合作项目进一步丰富。例如福建积极开展对台招商活动、促进闽台产业对接，促成台塑、台玻、友达光电、东元电机、国泰人寿等一批台湾知名大企业来闽投资，特别是吸引台湾石化、钢铁、机械等重化工业项目和信息、生物制药、环保等新兴产业及生产性服务业、金融服务业等来闽投资，着力推动一批闽台产业合作重大项目落地。与此相适应，技术密集型产业取代劳动密集型产业，闽台产业结构柔性化的趋势不断对人才需求的知识结构提出新的要求，人才需求的知识结构有待向综合化、复合化、创新化方面延伸。

4.3 产业结构的技术化改变了人才需求的层次

产业结构的优化升级离不开技术的支撑。目前闽台产业结构的技术化趋势明显，合作产业链向知识密集、技术密集方向发展。一是闽台农业合作由单纯引种、零星单项逐渐向科技化、综合化、配套化、一体化方向发展。二是以电子信息、石油化工、机械装配、汽车等为代表的先进制造业形成了较强的配套能力的聚集效应。三是以物流业和金融业为主的现代服务业也向多层次、宽领域拓展。比如在农业方面，不同规格、类型的闽台农业合作实验区不断落成，台糖、农友、天福等台湾农业知名企业纷纷落户福建，成为福建农业产业化的龙头和样板。另外，台塑、统一、东南汽车、翔鹭等大型台资企业也已成为福建相关产业的龙头。知识、技术密集产业链的发展需要顶尖化、信息化、集成化的技术来支撑，产业结构的技术化要求新的人才需求的层次与之相协调。

综上，闽台产业结构的高度化、柔性化、技术化改变了人才需求的结构和层次，也关系到闽台合作培育创新型人才的类型。目前福建省人才主要面临"三缺""一低"的状况，即各种技能型人才、高新技术人才、高级管理人才短缺，人才知识结构的国际化程度低[23]。与福建相比，台湾在应用技能型人才、企业经营管理型人才方面占有优势，但专业技术研发型人才、复合型人才仍比较紧缺。为适应人才需求结构和层次的改变，推进区域经济的深度合作，闽台应加快创新型人才合作培育的步伐，重点培育以下四类创新型人才：国际化经营管理型人才；高端化技术研发型人才；综合化复合应用型人才；专业化技能实用型人才。

5 政策建议

5.1 构建闽台区域经济合作中创新型人才培育的可持续发展模式

如图5.2。闽台区域经济合作中创新型人才培育的可持续发展模式应从以下三个方面着手构建：一是按照闽台产业优化升级和现代产业体系建设的需要，加快调整人才培养方向和结构，抓紧培育区域内重点领域急需紧缺的各类创新型人才，扩大高层次创新型人才及其后备人才的培养规模，从人才资源的存量和结构上优化区域内人才配置。二是借鉴发达国家创新型人才培养的经验，整合闽台双方教育教学资源，优势互补，全面系统推进闽台教育体系、体制的综合配套改革，切实以创新素质培养为重点加快建设适应于培育创新型人才所需的高素质师资队伍，逐步形成闽台合作培育创新型人才的教育体系和机制。三是着力推动区域内产学研合作及闽台教育科技交流与合作，引进和利用两岸优质科教资源，健全闽台创新型人才合作培育的保障机制，促进人才合作培育的可持续发展。同时积极推进闽台人才资源的资本化进程，实现人才资本和产业资本的有机结合，加速创新产出，为产业持续优化提供强有力的支撑。

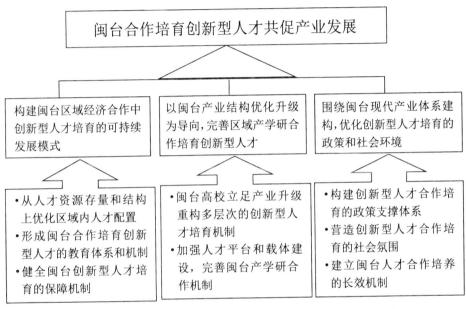

图5.2 基于闽台产业结构优化升级的创新型人才合作培育政策体系

5.2 以闽台产业结构优化升级为导向，完善区域产学研合作培育创新型人才

实践证明，产学研合作教育既贯彻了教育与生产劳动相结合的方针，集素质教育、创业教育和专业教育为一体，又培养了适合社会需求的高素质人才，加速了科技成果转化的进程，是服务社会经济发展的重要举措[24]，是实现校企合作发展[25]的合理形式。闽台区域内的人才产学研合作教育和培养有一定的基础，目前福建省共有87所高等院校、各类科研机构1200个、高新技术企业867家、创新型（试点）企业181家，5100多家企业与高校、科研单位建立形式多样的产研合作关系，创新能力持续增强[26]。但是在闽台产业优化升级的过程中，创新型人才合作培育是一项

长期艰巨的系统工程，必须发挥协同效应，加强人才载体建设，完善区域产学研合作。产学研合作下的创新型人才培育属于开放模式，强调培养过程与各种社会资源的共享合作机制。总体而言，为适应闽台产业优化升级对创新型人才的需求，产学研合作需要进一步整合区域资源，拓展领域，突出重点，提升层次，创新机制。（1）闽台高校立足产业升级重构多层次的创新型人才培育机制。首先，在办学模式上，倡导闽台高校联合办学，广泛开展闽台教育合作交流，包括高校学科间的学术交流和科研项目合作等，有计划、有重点地培育两岸产业优化升级中所需的各类创新型人才，推动区域科技创新和进步，以创新机制优化产业结构。闽台高校教育各有专长，福建地区较重视基础研究，对人才理论研究能力的培养较有经验；台湾地区较重视培养应用型、技术型人才，对人才的应用研究能力的培育较有经验。因此，为协助闽台产业结构优化，聚集两岸优势教育资源合作办学将从长远上解决闽台创新型人才不足的矛盾。其次，在教学计划和课程设置上，根据闽台产业升级对人才知识、能力和素质的要求，调整教学计划，重组课程结构。按照课程体系、结构和内容的整体最优原则及厚基础、宽知识、强能力、高素质的教学改革方向，闽台高校可以相互引进双方的优势专业和特色课程，共同研发课程，合作编写教材，通过优化课程组合来修订创新型人才合作培养方案。最后，在教学实践上，开展产学研合作，闽台高校通过与政府、企业和科研院所之间的共建、共享等方式，建立应用型实习基地和设计型实习基地，锻炼学生的实践能力和科研能力，保障教育教学中实践环节的有效落实。（2）加强人才平台和载体建设，完善闽台产学研合作机制。大力推进人才平台和载体的建设和发展，既符合闽台构建现代产业体系需要，又符合创新型人才合作培育的需要，应坚持在闽台互利互惠的条件下，双向参与，优势互补，完善产学研合作机制。第一，闽台政府、高校、企业和科研院所应加强合作，集中力量建设一批国内国际一流人才载体，形成重点工程技术中心、示范性实训基地、实验室等载体建设与创新型人才和团队培育统筹推进、相互促进的机制，逐步形成产学研合作网状格局。第二，以产业优化和市场需求为导向，加强闽台高校与科研院所联合办学，并与闽台高新技术企业、行业联合组成产学研联盟，推动设立创新型人才合作培育委员会，负责人才培养计划、人才发展规划的研究和制定，形成人才培育的合力。第三，优化闽台高新技术开发区、创新创业园区、联合研究中心等创新平台的硬件和软件基础设施，重点支持科技创新人才和民营企业独立或联合创建研发机构。另外，围绕闽台重点优势产业，依托高新技术园区、科技企业孵化器、大学科技园等创新平台，合作培育高层次创新型人才和团队，打造人才建设高地。

5.3　围绕闽台现代产业体系建构，优化创新型人才培育的政策和社会环境

　　良好的政策和社会环境是闽台合作培育创新型人才的基本保障。首先，闽台官方有关管理部门要在对现有区域内产业体系和人才队伍进行深入调研的基础上，明确人才合作培育的总体思路、指导方针、政策导向和任务要求，抓紧研究制定人才培养的相关政策措施，加快构建完善的创新型人才合作培育的政策支撑体系，为推动闽台人才资源开发的区域性衔接与合作提供政策支持。同时加快建立官方指导和联络协调机制，对闽台人才资源开发中共同面临的政策法规、资源配置、教育科研等重大问题提供合理的制度性安排。其次，全社会应共同努力营造良好的环境氛围，可以借助大众传媒积极宣传有关人才合作培育的政策制度和人才创新文化，让社会各界了解和认识创新型人才培育的重要性，动员和促进社会各方支持闽台创新型人才的合作培育，例如可以通过创建环海峡人才特刊搭建闽台人才资源开发与交流的宣传平台，全面优化其社会环境。最后，探索建立闽台人才合作培养的长效机制，创造宽松的人才流动环境。一是设立闽台创新型人才合作培育和交流基金，扩大规模，增加投入，重点扶持闽台高新技术合作项目和引智专项计划，以闽台青年科技人才为重点交流对象，以进修、培训、学术研讨会等为主要交流形式，定期或不定期举办海峡科技论坛，促进两岸科技、文化与人才的交流。二是政府要采取有效措施推

动两岸学历、学分的互认机制，在人才评价、学籍管理、资格认定等人才政策上互通互容，为深度拓展闽台教育合作和交流做好政策性铺垫。三是加强两岸人才中介机构的合作，建立闽台双向选择的人才流动机制。例如建立闽台现代人力资源信息网络和数据库，加快实现两岸人才市场、劳动力市场和就业市场的衔接，实现人力资源信息的互通和共享。

6 本章小结

本文在对国内外有关区域人才合作与产业结构优化研究理论梳理的基础上，分析了闽台合作培育创新型人才共促产业发展的必要性和现实性，通过人才需求分析指出闽台产业优化升级中所需共同培育的创新型人才类型，并基于闽台产业结构优化升级提出创新型人才合作培育的政策建议，包括构建创新型人才培育的可持续发展模式；完善区域产学研合作培育创新型人才；优化创新型人才培育的政策和社会环境。

参 考 文 献

［1］袁红谱．论人力资本对武汉产业结构调整升级的协同关系［J］．新疆石油教育学院学报，2009（6）：196-197.

［2］威廉·配第．政治算术［M］．北京：商务印书馆，1981：22-23.

［3］Colin，M A Clark. The Conditions of Economic Progress［M］. London：Macmillan Co. Ltd，1940：395-396.

［4］BURT R S. Soeial contagion and innovation：cohesion versus structural equivalence［J］. American Journal of Sociology，1987，92（3）：1287-1335.

［5］DOSI G. Sources，procedures，and microeconomic effects of innovation［J］. Journal of Economic Literature，1988，26（9）：1120-1171.

［6］MARSHALL A. Principles of Economic［M］. London：Macmillan，1920：213-232.

［7］Rosenthal S S，W C Strange. Evidence on the Nature and Sources of Agglomeration Economies ［M］//J V Henderson，J F Thisse. Handbook of regional and urban economics Vol. IV：cities and geography. Elsevier：Amsterdam etc，2004：2120-2167.

［8］王锐兰，刘思峰. 发达地区创新人才集聚的驱动机制 ［J］. 江苏农村经济，2006（3）：49-50.

［9］盖文启. 创新网络——区域经济发展新思维 ［M］. 北京：北京大学出版社，2002：124.

［10］迈克尔·波特. 国家竞争优势 ［M］. 北京：中信出版社，2007.

［11］赵光辉. 人才结构与产业结构互动机理及相关政策研究 ［D］. 武汉：武汉理工大学，2006：168-170.

［12］吴中伦，陈万明. 构建区域人才结构评价指标体系推动区域经济可持续发展 ［J］. 中国人才，2009（5）：17-20.

［13］潘晨光. 中国人才发展报告 NO.3 ［R］. 北京：中国社会科学院城市与竞争力研究中心，2005：96-97.

［14］毛瑞福. 浙江人才发展报告 ［R］. 浙江：浙江人民出版社，2006：284-286.

［15］李瑜芳. 构建区域闽台区域合作完善的价值取向与合作模式 ［J］. 福州大学学报（哲学社会科学版），2010（3）：106-111.

［16］孔令丞. 论中国产业结构优化升级 ［D］. 北京：中国人民大学，2003：77-82.

［17］张萍. 山东省产业结构优化升级研究 ［D］. 天津：天津财经大学，2009：10-11.

［18］李悦，李平. 产业经济学 ［M］. 大连：东北财经大学出版社，2002：121-126.

［19］菊莲. 论产业结构及相应的人才结构调整 ［J］. 北方经济，2007（5）：78-79.

［20］罗文标，黄照升. 产业结构调整过程中人才结构的构建 ［J］. 科技进步与对策，2004（7）：38-40.

［21］胡苏. 2010 年闽台贸易额突破 100 亿美元 ［N］. 新华日报，2011-1-6.

［22］海峡发展基金会. 两岸经贸统计表 ［J］. 两岸经贸月刊，2010（221）：36-38.

［23］郑百奇，陈奇榕. 构建闽台高新技术人才培养体系的若干思考 ［J］. 台湾农

业探索，2006（3）：9-13.

［24］吴淑娟．构建0有效合作机制推进产学研合作教育深入开展［J］．石油教育，
2010（4）：66-69.

［25］郭广生．加强产学研合作教育推进人才培养模式创新［J］．北京教育，
2010，11（1）.

［26］章文秀，吴迅颖．福建：筑巢引凤建设海西（海西进行时）［N］．人民日报
海外版，2010-2－12（03）.

第六章

闽台旅游产业合作研究

1 引 言

当前，我国旅游业迅速发展，有望进入井喷时期，属于朝阳产业。
2009 年 12 月 1 日国务院印发《国务院关于加快发展旅游业的意见》，《意见》指出要全新定位旅游业，发展"大旅游"将其发展成国民经济的支柱产业。国家旅游局出台《关于支持海峡西岸旅游产业发展的若干意见》指出要重点发展海峡西岸旅游区，福建旅游资源丰富，地处祖国的前沿，与台湾隔海相望，此时迎来了对台旅游新的发展时期。改革开放以来，海峡两岸的合作交流日益密切，闽台旅游业的发展也逐渐升温。但改革初期由于政治关系，闽台旅游业的发展一直处于冷冻时期，1987 年台湾当局宣布台湾居民可以到大陆探亲开始，这种冷冻时期才被打破，形成了台湾同胞奔赴大陆探亲潮。然而此时所谓的旅游也只是单向的不平衡的沟通与交流，多属于台湾居民到大陆探亲，而对于大陆赴台湾却是限制种种。直到 2008 年 6 月 13 日，两岸签署《海峡两岸关于大陆居民赴台湾旅游协议》开始，才正式开启了大陆居民赴台旅游的新时期。两岸"三通"的实现为闽台旅游业的发展提供了巨大的便利，一时间两岸的交流合作跨过单向不平衡的交流正式进入了双向互动阶段。2010 年 6 月 29 日海峡两岸再度签

81

订具有里程碑式意义的《海峡两岸经济合作框架协议》（简称 ECFA），标志着海峡两岸的经济合作与发展步入制度化、大合作、大发展的 ECFA 时代，为福建经济发展带来了契机，为闽台旅游业合作提供了一个广阔的舞台。闽台合作一直走在海峡两岸合作的前列，闽台旅游业的合作与发展契合了国家关于区域旅游的发展，闽台旅游先行区的建设，在建设海峡旅游合作区过程中具有独特的优势。杨建明等（2011）认为闽台旅游业的合作与交流，是社会进步的产物，是历史发展的必然[1]。郭莉（2011）认为 ECFA 的签订将为福建发展涉台文化旅游带来机遇，加快福建特色旅游产品进驻台湾，推动闽台文化旅游产业的发展，增强竞争力[2]。李艺玲（2010）认为闽台旅游业的合作与发展，海峡西岸旅游区的建设，在新时期面临着主要来自"珠三角""长三角"的更加激烈的竞争与挑战，"珠三角""长三角"不仅经济发达，是台商的主要投资区，而且知名度高，对闽台旅游合作产生巨大影响[3]。ECFA 时代带给福建更多的闽台合作的机会，同时也面临着巨大的挑战——对台优势的减弱。基于此，对于福建如何在现有的发展状况下，发挥优势，抓住机遇，克服挑战，深化闽台旅游业的合作与发展，对海峡两岸的发展，构建海峡西岸经济区都有着重大的作用。

2 闽台旅游业合作的基础

2.1 优越的自然条件

闽台旅游业合作具有得天独厚的自然地理条件。首先，地缘紧密，交通便利。福建地处东南沿海，与台湾地理位置接近，仅一水之隔，隔海相望，是中国大陆与台湾相隔最近的位置，最近的地方仅有 130 公里之差——平潭岛与新竹市。福建省与台湾之间往来交通发达，十分便利，闽台港口对接，机场直航，空运海运的旅游成本都很低；地处东南，连接"长三角"与"珠三角"，是连通海外的重要交通枢纽。其次，自然旅游资源丰富，且具有很强的互补性。福建属于亚热带海洋性气候，形成绿山蓝海为一体的独特的旅游资源，如：武夷山、鼓浪屿、地质公园等众多自然旅游资源，而台湾则属于亚热带和热带性质的地形地貌，反差大，变化明显，生物资源众多，如：日月潭、温泉、阿里山等。所以，闽台旅游合作具有良好的自然条件。

2.2　深厚的文化渊源

闽台旅游业合作具有深远的文化渊源，文化资源丰富。首先，血缘相近。福建是台湾同胞的祖籍地，据调查得知大约有80％的台湾同胞祖籍为福建，语言相通，80％的台胞讲闽南话，12％的台胞讲客家话，祖地文化极大地吸引了台湾同胞来闽拜祖寻根。其次，文缘相承。闽台两地文化传承性很强，渊源独特。福建文化是台湾文化的发祥地，一个是源，一个是流。台湾民俗风情与福建相同，如戏曲、剧种、服饰丧葬等习俗也都与福建有许多相同或相似之处[4]。福建与台湾有着共同的信仰，信奉妈祖，福建莆田的湄洲岛是妈祖文化的发祥地，妈祖文化使台湾同胞有着强烈的归属感与认同感。所以，闽台旅游合作文化渊源深厚，为发展文化旅游合作奠定基础。

2.3　积极的政治关系

一直以来，政治关系的变化都是两岸合作的重要影响因素。闽台旅游业合作发展受到两岸政治关系的强烈影响。闽台交流一直处于两岸交流合作的先行先试的地位，尽管如此，也是依附于政治关系缓和的前提下。近年来，两岸关系逐步缓和，为闽台旅游合作奠定了政治基础。2008年，两岸"三通"的实现，开启了海峡两岸双向交流的阶段，为闽台旅游合作提供了巨大的便利。2010年，《海峡两岸经济合作框架协议》的签订，为闽台旅游合作提供了一个广阔的舞台。在同年的第六届海峡旅游博览会上，大陆旅游相关部门发出明确信息：全力打造"海峡旅游经济圈"，实现两岸和港澳旅游业的信息互通、资源共享、市场互惠，把两岸和港澳建设成世界知名的旅游目的地[5]，这也为闽台合作提供了基础。2011 年，海峡两岸正式宣布，陆客来台自由行决定。两岸自由行的开放，开启了两岸人民的相互探索与理解的路程。所以，逐渐缓和的政治关系是闽台旅游合作的政治基础。

3　闽台旅游业合作的现状

3.1　合作规模不断扩大

闽台旅游业的合作与发展有利于促进双边关系的进一步发展。福建省一直处于对台合作与交流的先行先试地位，自闽台互通关系，2008 年进入双向互动交流以来，合作规模不断扩大，合作方向不断深入，从初期的探亲潮，慢慢向会议交流、文化交流、商务沟通、观光等方向发展。闽台两地更是互为客源市场，为闽台旅游业的合作奠定客源基础。

从福建方面看，福建省接待台湾同胞的数量呈现出不断上升的姿态，由表 6.1 可以看出，福建省接待台湾同胞的入境人数由 2007 年的 801587 人到 2011 年的 1850715 人，仅仅五年的时间增长了 56.7％。由表 1 可以看到，2011 年福建省接待入境总人数为 4274232 人，接待外国人总人数为 1400156，台湾同胞的人数为 1850715 人，港澳同胞 1023361，各占入境总人数的比重 32.8％、43.2％、24％，由此可以看出台湾同胞入境游占的比重最大，成为福建省最大的境外客源地区[6]。

表 6.1　2007—2011 年福建省接待的入境游客人数

年份	合计	外国人	台湾同胞	港澳同胞
2007	2687453	1007969	801587	877897
2008	2931908	986440	984761	960707
2009	3120348	978350	1234255	907743
2010	3681353	1152748	1569186	959419
2011	4274232	1400156	1850715	1023361

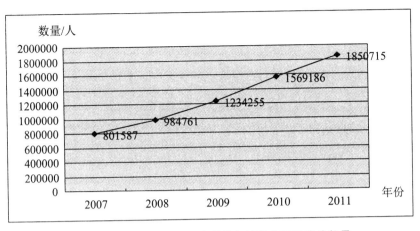

图 6.1　2007—2011 福建省接待入境游台湾同胞的数量

从台湾方面看，21 世纪以来，台湾旅游业的发展相当惨淡，品牌竞争力不断下降。然而，自台湾当局宣布开放大陆游客赴台旅游的政策后，与其隔海相望的福建省旅游业的发展为其注入了巨大活力。从图 6.2 可以看出，大陆赴台游客的数量不断增长，从 2007 年的 727248 人到 2011 年的 2498757 人，规模不断扩大，占赴台游客总人数的比重也不断提升，2007—2011 年，依次为 19.7％、22.95％、36.97％、41.88％、41.05％[7]。从以上分析可以看出，大陆游客成为台湾观光旅游业的重要客源。大陆游客的注入，激活了台湾旅游业的进一步发展。

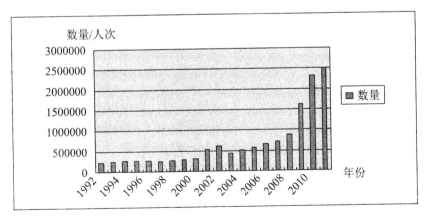

图 6.2　1992—2011 年台湾接待大陆游客的数量

此外，福建已成为海峡两岸沟通的桥梁，至 2011 年底，经福建口岸赴台旅游的大陆居民已突破 23.5 万人次，比增 24.5%，福建接待台湾同胞 1850715 人次，比增 17.9%，成为海峡两岸双向往来的重要通道和集散地[8]。

3.2 合作平台机制逐步建立

当前，国家大力支持旅游业，尤其是区域旅游的发展，致力于闽台旅游交流与合作区的建设，随着双边关系的日益密切，闽台旅游合作初见成效。首先，闽台双方合作平台不断建立。如：海峡旅游博览会的成功举办，其中 1+1 洽谈交流会的对接、旅游招商平台、旅游精品展示区等为闽台旅游合作搭建了一个很好的沟通平台。在第七届海峡旅游博览会上，台湾旅游机构和旅游企业表现出很大的积极性，台湾六大旅游公会理事长，台中、南投、宜兰、台南、高雄、金门、澎湖等 12 个县市旅游机构负责人参加旅博会[9]。其次，节事旅游成为闽台旅游合作交流的一大特色。闽台两地由于"五缘"因素的影响，信仰的相似性、文缘的相承性等这一特征促进了闽台两地节事旅游的发展，使得闽台旅游业合作交流有着共同的基础与平台等如：湄洲岛妈祖文化旅游节、海峡两岸闽南文化节、泉州关帝文化节、客家旅游欢乐节等等。最后，闽台旅游合作机制逐步规范。近年来，闽台旅游业的合作机制逐步步入正轨，旅游资源对接、旅游线路对接、旅游信息对接都初具雏形。如：厦门——金门，福州——马祖旅游线路的开发，已成为闽台旅游合作的重要线路，实现了旅游线路与资源的对接；"海峡旅游"网站的构建，为闽台旅游合作提供了强大的信息支持，实现部分旅游信息的对接。2010 年 5 月，福建省旅游协会及 10 家赴台旅游团与台湾观光协会、台湾旅行同业公会总会共同签署了《2010 年闽台旅游合作协议》，此协议在客源互送、信息共享、线路共推、市场对接上进行深度分析[10]。2011 年 9 月，闽台两地签署了《闽台旅游产业化合作宣言》，极大的推进了闽台两地旅游业的合作与发展。

3.3　合作受福建旅游环境限制

闽台旅游业的合作与发展受到各种问题的限制，从福建角度来看，福建旅游业的发展已经有一定的规模，但在涉台旅游方面仍然存在一些问题。首先，旅游业的整体竞争力不强。福建旅游业多在沿海地区，缺乏大众性、大容量的旅游产品，致使其落后于周边地区尤其是"珠三角""长三角"地区，与江苏、广东等旅游强省存在很大的差距。主要表现在福建旅游接待力比较弱，旅游基础设施落后，服务质量不高。与台湾地区相比，福建旅游业的发展在专业化、旅游产品设计，旅游线路开放等众多方面还存在很大不足，致使福建旅游业的整体效益比较差，难以满足涉台旅游市场的需求。其次，旅游资源开发问题重重。福建与台湾由于同处于一个气候带，形成了极为相似的自然环境，致使闽台两地自然旅游资源同质、同构化现象严重。如果福建地区不加强对这些自然资源的合理开发，会分散福建入境旅游客源，会降低台湾同胞对来闽的吸引力，同时也会降低去过台湾的国内外游客来闽的吸引力，这样形成的炽热化局势，不利于闽台旅游业的合作与发展[11]。福建在旅游资源开发过程中，侧重于自然资源而忽视掉具有特色的人文资源，产品的开发，主题不突出，特色不明显，精品旅游线路不多也是福建在发展涉台旅游面临的问题。最后，福建在发展涉台旅游面临的一个重要问题就是旅游专业人才的缺乏。旅游专业人才水平的高低直接影响到整个旅游业的发展，旅游业管理水平低下、管理混乱，旅游产品的开发设计受到阻碍，旅游产品的创新及服务水平等都会受制于旅游从业人员的文化水平的高低[12]。

3.4　合作受台湾政策限制

闽台旅游业的合作与发展还受到台湾方面的影响，从台湾角度看，台湾地区的观光旅游业有着很强的政治性，闽台旅游业的合作在很大程度上受到台湾当局对大陆实施种种人为政策限制，致使台湾旅游的发展止步不前。自2008年至今，两岸关系逐步缓和，交流合作向着积极的方面迈进，海峡两岸致力于旅游业的合作与发展，但一直处于不平衡的沟通交流状态。台湾方面迫于舆论与外界压力，开放大陆居民赴台观光旅游，但是其在实施过程中，设置种种限制，使其实现起来相当困难，阻碍了福建作为大陆对台旅游桥头堡的作用。首先，台湾方面在 2001 年颁布了《大陆地区人民来台从事观光活动许可办法》，该办法将大陆赴台观光人士分为三种类型：第一类，大陆赴海外的留学生以及取得国外永久居住权的大陆人士；第二类，去国外旅游或商务考察转道来台湾的大陆人士；第三类，其他大陆居民[13]。这种分类，极大地限制了大陆赴台旅游人员的数量。其次，台湾方面对大陆居民入境签证的办理手续烦琐，时间拖延，也会打击到游客的积极性。此外，台湾方面还有入境人数，入境时间等其他限制。这种人为的政策限制，本身也不利于台湾地区旅游业的发展，更是违背了台湾民众关于开放两岸旅游沟通交流与合作的愿望。尽管闽台在地理位置和文化渊源上联系密切，但旅游业的合作与发展仍然受到台湾政治关系的影响。

4　闽台旅游业合作机制

2010 年海峡两岸签订《海峡两岸经济合作框架协议》（简称 ECFA），为闽台旅游业合作提供了一个广阔的舞台。ECFA 时代，抓住机会深化闽台旅游业的合作与发展更是需要双方不懈的努力。闽台旅游业合作机制如图 6.3 所示。ECFA 框架下，闽台旅游业的合作与发展，首先，需要双方有着共同的合作愿景，在此基础上搭建交流合作的平台，做到先行先试，为闽台旅游业的合作与发展奠定基础。其次，福建省要加强自身的硬设施和软环境建设来吸引台湾同胞来大陆旅游及台湾旅游企业到大陆投资。而台湾应该首先从观念上正确认识 ECFA，开放大陆赴台旅游相关政策，加强闽台两地旅游企业的合作与沟通，各自发挥自身的优势，推动闽台旅游业的合作与发展。具体合作策略如下：

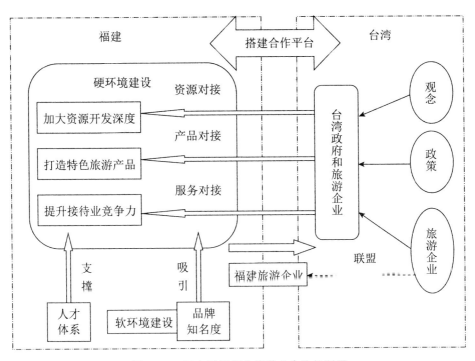

图 6.3　ECFA 时代闽台旅游业合作机制图

4.1　搭建闽台旅游业合作平台

　　ECFA 的签署，表明了海峡两岸关系日益密切，双边发展向前迈进了一大步，给闽台旅游业的合作带来发展的契机，促进闽台旅游业的合作与发展。首先，福建省应当抓住机会树立共同的合作愿景，本着"开放、互利、双赢"的理念，搭建闽台旅游业的合作平台。其次，继续加强已有平台的作用。回顾闽台旅游业合作的历程，我们可以发现，闽台两地已经构建了一些合作平台，如海峡旅游博览会的成功举办、海峡两岸闽南文化节、泉州关帝文化节、客家旅游欢乐节等节事活动都为闽台旅游业的合作提供了一个很好的平台。但仅仅依靠这些是不够的，我们还要进一步构建闽台旅游业合作平台。再次，闽台两地由于政治原因，使得闽台旅游业合作过程中，政府起主导作用，民间组织和一些旅游企业起到的作用比较小，这就决定闽台旅游业合作与发展必须以政府为主导，全方位、多层次搭建建闽台旅游合作平台，起到先行先试的作用。如：建立闽台区域旅游经济合作促进组织，组建对台旅游工作领导小组，成立闽台旅游界联谊会，在双方互设办事处等等[3]。闽台两地文化资源丰富，充分利用这些资源，建立文化旅游合作平台。妈祖、关帝神像台都是闽台两地民间信仰的象征，为此我们可以开展丰富多彩的文化旅游节庆活动，加深原有文化旅游节庆活动的文化内涵，如举办妈祖文化旅游节庆活动。闽台两地寺庙众多，还可以把一些寺庙哪怕是不同信仰的寺庙连接起来，形成寺庙巡礼线来吸引游客；利用名人（郑成功、临水夫人等）效应，还原名人文化，丰富文化旅游内涵，如建立名人博物馆、事迹雕塑，修复陵园，排演名人文化戏剧等，增强旅游吸引力。将这些文化资源联合在一起，共同推动两岸文化交流。最后，加强海峡两岸四地之间的联系，实现旅游资源共同开发，共同建设，彼此发挥各自的竞争优势，搭建两岸四地之间的沟通桥梁，形成旅游产业链对接，促进旅游业联合发展。作为海峡西岸经济区中心省份的福建省，更是需要加强与周边地区旅游强省的关系，借鉴其发展经验，加强区域间的合作。

4.2 建立闽台旅游企业联盟

旅游业的发展应更多的依靠民间社会组织、旅游企业的共同努力，但闽台旅游业的合作与发展带有一定的政治敏感性，所以更多的是以政府为导向来开展的。在ECFA框架下，闽台旅游业合作最终还是要走入大合作大发展的时代——旅游企业的中间作用将最终会被体现。为了推动闽台旅游企业间的沟通与交流，促进旅游产业的发展，福建省与台湾地区都要做出相应的努力，建立闽台旅游企业联盟。从福建角度看，福建省应当加强自身旅游业的建设，塑造良好的旅游环境，吸引台湾企业前来投资，建设旅行社，发展旅游业，发挥双方旅游业的优势，强强联合，优势互补，推动闽台旅游业合作的长远发展。福建省还应当营造一个良好的融资环境，对来闽投资的台湾旅游企业，实行一些优惠政策，为旅游业的发展投资奠定基础。从台湾角度看，台湾地区首要的事情仍是放宽大陆居民赴台旅游的限制，逐步为大陆旅游企业进驻台湾建立保障机制，促使闽台两地旅游企业的交流。从整体来看，闽台旅游业合作要做好旅游产业的定位，加强闽台旅游产业的联动作用，完善产业链条，提升闽台旅游业的文化内涵。闽台两地的旅游企业建立联盟关系，建立合作机制，共同开发旅游资源，共同发展，以促进闽台旅游业的长足发展，共同打造海峡旅游品牌。

4.3　福建省加强旅游业硬环境建设

旅游业的发展正逐渐成为朝阳产业，国家大力支持旅游业的发展，努力构建海西旅游区，作为其中一员的福建省，旅游业得到迅速发展。但在ECFA框架下，福建省要更加关注涉台旅游业的发展，利用独特的地理优势、丰富的旅游资源、深厚的文化渊源，做到先行先试。相对于台湾观光业的发展，福建省在资源开发深度，整体旅游业的接待能力，管理经验等方面还存在很大差距，要想更大程度的吸引台湾同胞来闽观光，福建省就需要加强旅游业硬环境的建设。ECFA指出闽台旅游业合作要向更深更广的方向发展。首先，福建省加大资源开发力度。福建省有着丰富的自然资源和文化资源，但缺乏整体规划，没有形成一定的联动效应。福建省应当发挥自身资源的优势，从整体出发，重新规划旅游资源，拓宽资源开发的道路，加大资源开发的深度，不要仅侧重于自然资源的开发，还要注重文化资源的开发，使福建省的旅游市场向深度、广度、个性化方向发展，从而可以更好的和台湾地区旅游资源形成对接。其次，福建省应打造特色旅游产品。福建省有着很好的资源基础，应当借鉴台湾的先进经验，突破传统的旅游结构，开发新型的旅游产品，做到主体鲜明，特色明显，如：茶香游、科技农家乐等等。在现有的厦门——金门、福州——马祖两条旅游路线的基础上，尽量开发一些新的旅游线路，带动相关产业的发展。再次，福建省要提升自己的旅游业接待能力。ECFA的签订，来闽的入境游客会大幅度增加，这需要福建省有着相当高的接待能力。但目前来看，福建省的旅游设施比较落后，旅行社、酒店等都没法满足游客的需求，且服务质量比较差。这都要求福建省需要加大基础设施投入，规范旅行社的发展，投资旅游项目，积极推进资源互补和客源共享，提升自己旅游接待能力和旅游服务质量，使其对入闽台湾同胞有着强大的吸引力。福建省只有抓住机遇，做好以上工作，才能真正发挥自身对台的先行先试的作用。

4.4 福建省加强旅游业软环境建设

福建省旅游业的软环境建设对闽台旅游业合作与发展有着重要的作用，它可以保障闽台旅游业合作顺利开展。当前，福建省旅游业从业人员文化水平普遍较低，缺乏创新思想，没有相应的管理知识，致使福建省旅游业的发展转型较慢。旅游业的发展离不开人才的支撑，离不开对旅游品牌的宣传。要解决这些问题，就要采取相应的措施加强软环境建设。首先，重视旅游人才的培养和建设人才体系。对于人才的培育可以从以下几个方面展开：（1）为了满足当前对高素质旅游人才的需要，我们可以对现有的旅游人才进行再教育和培训，提升他们的业务素质，以满足需求。（2）借鉴台湾经验，大力发展旅游职业教育，推动闽台旅游职业教育合作。（3）建立社会服务组织，推动社会人力资源保障体系的建立，以满足社会对旅游人才的需求。其次，为了增强福建省旅游业的影响力，福建省应加大旅游资源的宣传力度，提升福建省旅游品牌的知名度和竞争力。可通过以下方式进行宣传：电视媒体、平面广告、网络传媒、一些比较有特色的节庆活动等。福建省提升自己的软实力，可以增强旅游资源的吸引力，推动闽台合作进一步的发展，携手创建"海峡旅游品牌"，打造"海峡旅游经济圈"。

4.5 台湾地区需要放宽闽台旅游业合作政策

闽台旅游业合作的一个重要因素就是台湾地区要正确认识 ECFA，逐步放宽闽台旅游业合作政策。台湾当局固执的认为大陆居民的进入会影响当地的治安，这完全是没有依据的，究其原因，主要还是受到台湾当局一些政治因素的影响，而没有完全认识到 ECFA 的重要性和对两岸经济发展的重要作用。首先，ECFA 的签订是海峡两岸同胞共同期盼的结果，大部分民众认为 ECFA 会给两岸经济发展带来好处，促进经济的发展。但是仍有一些台湾无知民众受到绿营势力的影响，认为 ECFA 的签订是不合经济发展规律的。所以台湾当局应当保持清醒的头脑，不受外界因素的干扰，坚定不移的实施《海峡两岸经济合作框架协议》，在 ECFA 框架下，继续推进闽台旅游业的合作与发展。其次，台湾地区应当放宽闽台旅游业合作政策。

简化签证审批程序，缩短签证办理时间，逐步取消对大陆赴台旅游人数和停留时间的限制。最后，拓宽旅游业合作的领域。继续开放大陆同胞赴台自由行政策，推动个人游、自助游的发展，推动闽台两地民间社会组织的交流，允许福建旅游企业入驻台湾，推动旅游产业发展，相互促进共同发展，携手打造"海峡旅游经济圈"。

5 本章小结

在 ECFA 时代，闽台旅游业合作有着广泛的合作基础，闽台两地应当充分利用自身的优势，抓住旅游业发展的机遇，促进闽台旅游合作。ECFA 时代为闽台旅游业发展提供了广阔的舞台的同时也带来了巨大的挑战——福建省逐渐丧失的地理位置优势，面临着来自其他旅游区域的竞争。面对这种情况，闽台两地应广泛的建立交流合作平台，做到先行先试，加快两地旅游企业的合作与沟通。福建省需要加快硬环境和软环境的建设，为台胞来闽奠定基础，同样台湾也应转变观念，开放政策，在 ECFA 时代实现闽台旅游业的合作与共赢。

参 考 文 献

[1] 杨建明，张秋钤，唐芳. 闽台入境旅游时空发展格局比较分析 [J]. 福建农林大学学报，2011，14（2）：10.

[2] 郭莉. 后 ECFA 时代福建省如何打造涉台文化旅游产业品牌分析 [J]. 求实，2011（2）：140.

［3］李艺玲．基于海西建设背景下的闽台旅游合作研究［J］.漳州师范学院学报，2010（2）：27.

［4］骆沙鸣．重视闽台区域文化在海西建设中的作用［J］.政协天地，2007，（21）：5.

［5］http：//info.hotel.hc360.com/2010/09/101040240512.shtml"海峡旅游经济圈"渐行渐近，2010/9/10/10：40 来源：新华网.

［6］http：//www.stats-fj.gov.cn/tongjinianjian/dz2012/index-cn.htm. 福建统计年鉴，2012.

［7］http：//admin.taiwan.net.tw/statistics/year.aspx？no＝134. 中华民国交通部观光局行政资讯系统观光统计，1970－2011 历年来台旅客统计.

［8］http：//www.chinataiwan.org/jm/lajl/201203/t20120330 _ 2411841.htm. 中国台湾网，闽台旅游合作发展、料今年 28 万陆客经闽赴台. 2012-03-30.

［9］曾志兰．推进闽台旅游产业化合作的思考［J］.业太经济，2011（6）：177.

［10］曾志兰．"十一五"福建旅游业发展的成就［J］.产业经济，2010（12）：101.

［11］唐茸．深化闽台旅游合作的思考［J］.黑龙江对外经贸，2009（7）8-9.

［12］陈秋华、宋明等．福建旅游产业经济增长机制构建研究［J］.福建论坛，2007（2）：117.

［13］http：//www.cctv.com/lm/523/51/24647.html. 台湾当局开放政策系列谈（三）——大陆游客何时才能赴台旅游.2012-10-19.

第七章

闽台创意产业合作研究

1 引 言

创意产业最早是由英国明确提出，这一概念在其他地区尚未形成统一认识，该概念传入我国曾被广泛运用。创意产业是建立在创意引领前提上的产业活动的集成，也是产业与创意融合基础上的商业创新，尽管目前的理论认为，创意产业当属服务业，其实，创意产业完全可以与第一、第二产业融合，生成新的产业机制和发展路径。创意产业的概念从提出到如今的蓬勃发展，其学术研究起着不容忽视的作用。"创意产业"概念的提出已有十五年，而在我国，创意产业正式成为学术研究的课题还是在2000年之后。[1]在创意产业领域的广泛研究中主要是集中在对概念的解析，或是结合我国产业发展状况进行探析。这些研究理论大多是从产业运作模式的角度，将创意产业动态化，并将其置于市场经济运行机制中进行分析及研究，虽然至今学界尚未对创意产业的概念产生一致认同的观点，但是从对创意产业的内涵、外延的界定以及将创意产业作为我国经济发展的新思路的思考，为现代创意产业的发展提供了指导性的价值。闽台创意产业合作研究在学界上也获得了很多的关注，许多学者不仅从包括动漫产业、软件产业和时尚领域等闽台创意产业各行业的发展现状进行解剖分析，也为闽台合作提出了新的模式。相关文章包括郑健的《构建闽台高效创意合作平台》、蔡洪杰的《福建省文化创意产业现状与对策》、林秋玲的《闽台创意产业合作问题探析》、黄向阳的《深化闽台文化创意产业对接合作研究》等，这些文章提出了闽台创意产业结构发展不平衡、创意人才和专业技能人才匮乏、合作形式及领域难以突破、合作方式单一等问题，并提出相应的解决对策。闽台创意产业的合作发展不断得到各界的关注和重视，这其中学者和业界专家的理论探索起着旗帜鲜明的作用，不仅引导我们进行更多的思考，更是为创意产业的发展指出新的航向。近几年的学术研究对创意产业的发展起着引领前沿、监督警示的作用，但是关于闽台创意产业合作的学术研究还是任重道远，存在各方面的问题需要进一步完善，如研究主体单一化、发表期刊杂乱、研究深度尚浅、研究资源浪费等等问题，给学术研究带来了种种弊端和局限。温家宝总理在两会的《政府报告》中提出促进创意产业发展的要求。福建省"十二五"规划也明确提出建设文化强省，大力发展创意产业的战略。我国创意产业的发展从中央到地方，从战略、政策到具体实施，近些年都有了长足的发展。对于福建而言，由于具备厚实的对台合作基础，其创意产业的发展基于闽台合作模式而得到蓬勃发展。与福建仅有一水之隔的台湾创意产业起步比较早，发展较为成熟，加强闽台创意产业合作，对于推动福建创意产业发展，促进海西"两个先行区"具有重大的实践意义。

2　闽台创意产业合作发展现状分析

2.1　闽台创意产业发展现状

文化创意产业是两地合作的主要领域，尤其是近几年，闽台两地在文化创意产业的合作与交流越来越频繁和深入。随着经济的发展以及各项政策的支持，两地在多个创意产业门类都建立了独有的合作模式，两岸的创意产业合作趋热。2011年4月份，福建龙岩市首家台资文化创意产业园台湾群创创意园落户龙岩经济开发区，并正式启动建设。随之首批 6 家企业入驻该园，挂牌开张。此次，台湾群创创意园项目研发基地规划面积 160 亩，一期开发 60 亩，用于建设展演艺术厅、商店步行街、技术交易中心、数码创意学院等。该开发区将突出与台湾文化创意产业的转移对接，重点建设创意产业园，着力培育发展动漫创意产业。创意产业园项目规划 500 亩，首期供地 100 亩，建设具有创意人才培训、企业孵化、产业营运等功能为一体的创意产业园区。目前，福建各地纷纷规划建设文创产业园区，闽台创意产业合作进一步趋热。据了解，莆田计划投资 223 亿元人民币，在涵江区分四期打造海西文化创意产业城，其中 2011 年—2014 年建成创意产业集聚区，包括闽台创意产业合作示范基地、妈祖文化影视城等；2023 年—2025 年建成闽台创意产业合作示范区，包括国家级台湾创意农业园、创意产品交易中心等。在福建三明市，三元区在项目用地、完善配套等方面给予扶持，辖区所属华宇集团联合台湾远东动画科技、台湾中华动漫公司，成立福建华悦文化投资有限公司。正筹建中的三明市文化创意（动漫）产业园，计划引进台湾 20 多家动漫企业入驻，形成产、学、研一体的文化创意产业基地。[2] 福建省三明永安市也在大力打造闽台文化创意产业园，重点建设文化旅游业、文艺演出业、动漫影视业等 12 项文化产业。三明（永安）闽台文化创意产业园已被列为福建重点发展的 4 个文化创意产业园之一。2011 年 5 月 18 日，第二届中国·福州海峡版权（创意）产业精品博览会在福州海峡会展中心开幕。本届版博会以"海峡、版权、创意、精品、交易"为主题，是海峡两岸版权（创意）产业最大规模的合作和交流。海峡版博会，成为闽台版权创意产业合作的重要平台，也是在一定程度上促进推动了闽台创意产业的发展。伴随着文化产业的迅速发展，出版发行、影视制作、印刷、广告、演义、娱乐、会展等传统文化产业与文化创意、数字出版、移动多媒体、动漫游戏等新兴文化产业协调发展，逐步构成了现代文化产业体系，文化产业的龙头企业不断发展壮大，产生了一大批具有较强实力，竞争力明显，影响力很大的自主创新能力强的大型文化企业和企业集团，这是整个文化产业的一个阶段性的概况。截止 2011 年，在福建落户的台湾印刷企业已有上百家，其中台湾独资企业 20 多家，合资企业 80 多家。目前闽台两地已经构建了十多个影视娱乐平台，影视剧已逐渐成为闽台创意产业合作的新领域，电视连续剧《海峡往事》《大女子与小丈夫》；电影《长长回家路》《金门新娘》都是福建影视制作机构与台湾影视制作机构联合拍摄制作的成功范例。体育文化方面，闽台合作交流是从"民间""间接"到双方"直接"互动逐步提高过程并呈现出逐渐开放性特点。[3]

如表 7.1 所示，福建省各地创意产业发展规划如下：

表 7.1　福建省各地创意产业发展规划[4]

区域	发展依托	发展重点
福州	新技术产业园区（软件园）	动漫娱乐、软件设计为主，打造福州文化产业园。
厦门	软件园、火炬（翔安）产业区	动漫设计、会展旅游、设计研发、时尚消费，打造音乐之岛、艺术之岛。
泉州	区域内产业优势	工业设计、时尚设计等，打造特色创意产业集聚区、文化旅游中心。
莆田	工艺高新技术产业开发区	工业设计、时尚设计等，打造特色创意产业集聚区、文化旅游中心。
漳州	闽台农业合作园、闽台文化影视城及工业园区	农业观光旅游创意产业
宁德、龙岩、三明、南平	自然文化遗产、老区红色文化、茶文化等资源优势。	休闲旅游、文化旅游等。具有地方特色创意产业。

2.2　闽台创意产业合作面临的问题

2.2.1　台商对创意产业的投资比重低和规模小

福建省台资企业绝大多数为中小型企业，主要集中在劳动密集型、出口加工型产业。创意产业的企业相对较少，规模也不大。另外，台湾文化产业界的投资多半会选择在北京、上海、深圳等中国创意产业比较发达和集中的地区。台商企业在闽投资创办企业主要受融资困难的限制，加上福建省还未能完全提升金融服务，帮助台资企业在经济复苏的大背景下，尽快走出金融危机的阴霾。因此，台商对创意产业的投资没有突破性增长。以泉州为例，这里虽有 1200 多家印刷企业，但三分之二都属于中小型企业，规模上亿的合作企业寥寥无几，许多台湾大型印刷企业选择广东东莞、江苏昆山等地投资。另外，由于创意产业起步难，经营管理理念需要不断革新，这大大降低了创意产业投资可行性及回报率，减少了台商对创意产业的投资欲望，难以催生出持续长久的合作模式以促进该产业的发展，这些都是导致台商对创意产业的投资比重低，规模小的主要原因，从而使得闽台创意产业的合作程度难以深化。

2.2.2　合作形式和领域过于单一

闽台创意产业合作的形式至今为止多以会展、论坛为主，并形成了空有形式而无实质性深入交流的模式，也无法获得较高的经济效益，使得台商投资创意产业缺乏内在动力。上文所提到的资源优势并没有真正得到整合和培植成产业链。无论是台湾还是福建省各个城市的文化资源都具备独特性，但是闽台创意产业的合作并没有根据各个城市的要素特点制定差异化的文化创意产业发展战略并整合发展突出各地特色创意产业。合作的领域也是局限于动漫产业、出版业等，有待进一步突破。其次，闽台创意产业合作的方式以纵向合作为主，缺少横向合作，存在许多垂直分工的现象。在创意产业的整个产业链中，台湾企业负责技术研发、产品设计和销售，而福建的合资企业主要负责附加值较低的加工工作，只能获得较少的利润，这种合作模式对于福建的合资企业而言相对不利，也不利于闽台创意产业的长期合作。由于存在这样的合作模式，使得福建的合资企业管理和服务不到位，闽台合作形式拘谨，领域单一，这说明闽台创意产业的合作发展还需要进一步完善合作的模式进而推动投资环境、产业链的完善。

2.2.3　缺乏创意人才导致闽台创意产业合作发展的软件明显不足

据统计，纽约创意产业人才占就业人口总数的 12％，伦敦为 14％，东京为 15%，而福建的创意人才不足就业人口的千分之一。据福州大学经贸系主任杨永忠的观点，创意产业有 3 个最基本的特点，即原创、技术、市场，创意出来后，技术使之物化形成创意产品，市场使创意最终形成创意产业。就福建目前而言，文化创意产业人才的总量、结构、素质还不够适应产业快速发展的需求，尤其是高素质和高技术的人才缺口更大，使得创意产业发展过程中在产品形成环节上缺乏技术和人才的支持。创意产业的特点决定了对从业人员的专业素质和综合素质要求都非常高，对于闽台创意产业的发展前景和速度而言，懂技术、懂市场、跨学科、跨领域、跨专业的综合性高端创意人才过于匮乏，导致后备力量严重不足，这已然成为制约两岸创意产业发展壮大的瓶颈。台湾师范大学副校长张国恩介绍，实践中，许多创意产业的从业人员常常陷入一种迷失，以致许多产品并非市场所需，而是变成一种自我艺术观的展示。另一个方面，闽台两地的高校、企业和政府机构对于创意产业人才的培养和引进缺乏应有的重视和关注，在政策和机制上尚不能满足创意产业发展的人才需求。这说明闽台创意产业发展由于规模小，未能实现真正意义上的产学研结合，存在较大的人才缺口，这在一定程度上阻碍了产业的发展。在创意产业领域，两岸各具优势，台湾信息产业发展较早，市场运营经验相对比较丰富，具有一定的领先优势，可以为创意产业的发展提供强大的技术支持；大陆政治稳定、市场广阔、产业基础庞大、产业链相对完整、文化积累深厚，创意产业发展正方兴未艾。但是从某种程度而言，二者并未有机结合形成发展优势，减缓了闽台创意产业合作发展的速度。

3 闽台创意产业合作的机遇

3.1 闽台创意产业合作的先天优势

闽台之间独特的"五缘"基础是两地创意产业合作的先天优势，更增加闽台创意产业的合作意愿和可行性。首先，台湾与福建之间，自古以来就是地脉相连的，一水之隔的海峡。福建作为台湾客家人渡台的出发点和祖居地，与台湾形成了地缘优势。从历史来看，生活在福建的远古人经常沿着露出水面的海峡陆地或沿途采集野果，或追逐猛兽而进入台湾，并在那里定居繁衍，他们就是台湾最早的居民，于是闽台人民有着共宗共祖的血缘关系。其次，文缘相承：福建、台湾的文化彼此间不断磨合并演化为富有特色的闽台文化如南音、梨园戏、高甲戏、布袋戏、傀儡戏、歌仔戏等相同的文化。此外，商缘相连：闽台两地由于特殊的历史、地域和文化渊源关系，经贸交往和人员往来、文化交流等各方面的联系十分密切，台资已为我省经济发展和产业结构的优化升级发挥了重要作用。闽台文化存在许多相同之处，创意产业又是以文化为基础，通过对文化资源的挖掘提升产业价值，增强了彼此在创意思想上的认同感，更有利于合作。[5]

3.2　闽台创意产业合作的内在动力

站在历史、现在和未来的角度看，促进两岸创意产业合作发展，除了具备较大的合作优势，更是两岸民众的愿望与福祉所在，是促进台湾省和福建省经济发展的重要途径，也是促进两岸关系和平发展再上新台阶，再辟新前景的新举措。这决定了闽台创意产业随着海西经济区的建设，将不断深化和发展。闽台创意产业的发展走过了探索、起步、培育的初级阶段，开始进入加速发展的新时期，创意产业生产力得到了极大的解放和发展，该产业对经济的综合贡献不断提高，成为两岸经济支柱性产业的趋势已经显现，因此闽台创意产业在时代发展趋势下，凸显两岸合作的必要性。

特色文化资源是创意产业的重要内容，也是文化创意产业发展的物质载体。福建历史文化资源丰富，文化底蕴深厚，且拥有众多的非物质文化遗产，这为创意产业发展提供了包括文化节、土楼、妈祖等源源不断的素材和内容。随着经济建设规划的不断发展推进，福建省还积累了一定的人才技术资源以及众多的平台资源和闲置资源。依托得天独厚的资源优势，福建省"福州文化创意园区""厦门艺术岛""音乐之岛""泉州产业集聚区""莆田工艺创意产业"等一批发展形态多样、各具特色的文化创意产业聚集区正逐步形成。[6]而台湾创意产业市场运作经验丰富,创意设计水平高,产业链相对完整,商业模式比较成熟,能够在软件上创造较好条件,而且其自然风景资源也是具备一定的优势,富有"台湾宝岛"之称,这些资源不仅弥补了两地各自的劣势,更是充分发挥了已有的优势,成为闽台创意产业合作的内在动力之一。

3.3 闽台创意产业合作的物质基础

充实的经济实力也为闽台创意产业的发展奠定了扎实的基础。根据2012年福建省政府数据显示,2011年全省生产总值17500亿元,增长12.2%;财政总收入2596.12亿元,增长26.3%;全社会固定资产投资10119亿元,增长27.1%;外贸进出口总额1432.9亿美元,增长31.7%;居民消费价格总水平上涨5.3%,城镇居民人均可支配收入24907元,农民人均收入8779元。而台湾近几年的发展也是非常之快,据官方统计数据显示,2010年台湾地区生产总值按当年价格计算为136144.15亿新台币,同比增长10.8%。按官方汇率折算,GDP为4304亿美元,人口为2316万,人均GDP为18538美元,同年大陆人均GDP为4574美元,两岸差距为4.06倍。可见,近几年随着海西经济区的建设和发展,闽台两地的经济发展水平在不断提高,为创意产业提供了较好的物质条件和广阔的市场。

3.4 闽台创意产业合作的外部力量

两地产业有待升级转型,文化创意产业已被政府视为未来的新兴产业。[7]闽台各级政府的政策支持已然成为闽台创意产业发展的强大外在动力,增强了合作的可行性。2011年国务院公布的《关于支持福建省加快海峡西岸经济区的若干意见》中给予了闽台合作方面先试先行的优惠政策,并在《意见》中明确提出:"要推动文化与经济融合,大力发展文化创意产业,建立海峡西岸文化产业合作中心,着力培养专、精、特、新文化企业基地。"各部委也出台了相应优惠政策扶持在闽发展的台资企业，如工商总局决定简化台湾地区投资者来福建投资主体证明或身份证明手续，放宽了台湾地区投资者来闽投资主体资格条件限制；支持福建开展对台商商标注册和保护途径的培训和宣传工作；支持闽台合作广告与交流等。2002年，台湾将文化创意产业发展计划列入"地区发展重点计划"；台湾政府针对成立创意产业推动小组办公室，进行组织、汇总整合等服务工作并形成创意产业整合服务单一窗口[8]；可见台湾政府在推动创意产业发展方面机制更加成熟，制度相对完善。2011年作为"十二五"的开局之年，10月份的中共十七届六中全会通过《中共中央关于深化文化体制改革、推动社会主义文化大发展大繁荣若干重大问题的决定》提出"文化强国战略"，体现出中央政府在各项决策和法律条文方面加大了对文化产业的重视；另外，《国家十二五时期文化改革发展规划纲要》中提出进一步加快文化创意、数字出版、移动多媒体、动漫游戏等新兴文化产业。2011年，全国政协教科文卫体委员会延续了对文化领域的关注，展开各项专题调研，进一步深化文化体制改革，并得到了党中央和国务院领导的批示。这都有力地促进了文化产业的发展。在地方层面，福建省政府，2006年已将发展创意产业列入"十一五"规划纲要，2007年出台了《加快创意产业发展指导意见》；2009年7月份，福建省第八届委员会第六次全体会议审议通过的《福建省贯彻落实〈国务院关于支持福建省加快建设海峡西岸经济区的若干意见〉的实施意见》提出"放宽台商投资文化产业政策，促进与台湾动漫、网络游戏等文化产业的对接，扩大闽台创意产业合作领域，建设海西文化交流重要基地，与台湾同胞共同打造两岸文化产业链。"[9]福州、厦门、泉州等城市则制定和出台了促进与台湾创意产业合作的具体优惠政策。如2009年，福州市提出凡台资企业落户该市开发动漫项目，给予10万元创业补贴，入驻福州动漫基地免租金两年。另外，2012年福建省政府公布福建省级财政在未来3年内将统筹1亿元人民币，设立福建省创意产业发展专项资金，扶持创意产业发展，进一步深化闽台创意产业合作。各级政府的政策支持为闽台创意产业交流与合作起到积极的推动作用。

4 加强闽台创意产业对接合作的建议和对策

根据上述问题，如何利用闽台的互补优势和现有资源，加强对创意产业发展环境的优化以及人才的培养，从制度上完善闽台创意产业合作平台，推动闽台创意产业合作成为不少专家学者关注的焦点。闽台两岸未来在创意产业的合作上通过政府、企业、非营利机构等市场主体的参与，不断整合研发、设计、生产、行销等环节，优化闽台两地的创意资源配置，建立灵活而有效的分工合作模式，以结合双方的核心能力和竞争优势，形成创意产业集聚。本文为如何加强闽台创意产业合作建立了合作框架模型：

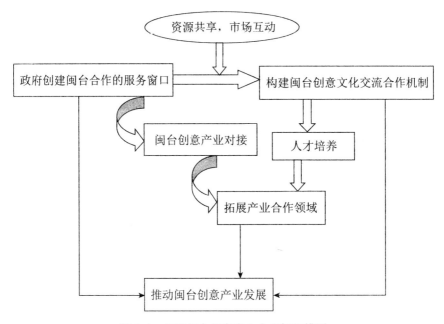

图 7.1 加强闽台创意产业合作框架模型

4.1 两地共同建立服务型相关政府机构，优化创意产业投资环境

创意产业作为一个高成长性的朝阳产业，还处于需要精心培植的时期。创意产业的发展离不开政府的推动，因此政府有必要建立相关机构，

以便于协调各方关系，调控市场，共同规划落实各项优惠政策，促进创意产业集聚的形成。对于闽台创意产业的合作而言，福建和台湾政府出台的相关政策针对性明显不够。所以，两地政府应该在创意产业方面积极研究、出台有份量的政策，包括税收扶持政策、土地政策、参展参会补贴政策、人才政策，等等。当地政府应主动利用国家的一些政策举办闽台文化、教育、创意产业的交流活动，如闽台文化研讨会和投洽会，如 9.8 投洽会、6.8 项目对接会；在创意设计行业方面政府相关部门应协助企业利用福建各个城市的旧厂房或相应的区域兴办创意产业园区，引进海内外的创意设计人才；对于娱乐影视行业，争取允许台湾影视和动画制作机构在闽设立电影、电视剧和影视动画制作经营机构。资金支持方面，政府需要不断完善文化产业投融资公共服务体系，营造良好的投融资环境，为推动文化产业成为国民经济支柱性产业提供资金保障，为文化企业和金融机构架起互通的桥梁，完善文化产业投融资优质项目库，联合银行机构实施文化产业护航合作信贷统计工作制度；相关政府部门应定期组织召开文化产业主管部门和文化企业与金融机构的协调会、座谈会，及时掌握文化产业投融资发展的情况，并促进金融机构和文化产业供需双方有效对接，只有构建文化产业投融资公共服务投资平台，为文化产业融资提供全方位的服务，建立专业的服务型机构才能为闽台创意产业的发展创造良好的外部环境，从而提高投资比例，扩大产业规模。另外，在福建省政府政策背景下，台湾政府必须加强对台湾相关企业到闽投资发展实施正确性引导和政策推动，为闽台创意产业实现对接开创服务窗口，协调和组织各方面的工作。

4.2　推动积极有效的民间融资，加大对创意产业的投入力度

　　除了政府对闽台创意产业的投入外，必须积极探索建立适应其发展的融资机制，尤其是充分调动民间资本的投资，鼓励支持民营资本投资创意产业。2010 年文化部推荐的 61 个项目，贷款利率高出基准利率平均15.25％，可见融资成本很高。这就导致文化创意产业的发展受到很大的

阻碍。因此无论是福建省还是台湾省都必须加强推动积极有效的民间融资，这是促进创意产业发展的重要举措。打破两岸相应的经济、政治限制，鼓励两地的民营资本共同参与到闽台创意产业相关单位的改制改组，以控股、参股、合作、兼并等形式，兴办两地合作的影视制作、娱乐演艺、网络技术等等创意产业企业，并可享受同等政策优惠待遇；鼓励民间资本投资建设非企业机构，争取福建和台湾两地可公益性展示富有特色的创意作品，并在不同地区设点，不断吸引消费者眼球，为闽台创意文化开拓市场。建议福建省可率先启动此项工作，进而带动台湾地区的试点。首先，民间资本的融资机制可以通过组建专门的融资担保机构和知识产权专利评估机构，使得融资更加安全化和专业化，解决创意产业企业可提供的抵押实物少、无形资产评估难，担保信用程度低等问题，为闽台创意产业的合作创造优异的资本环境，以及提供充足的资金。另外，利用政府力量，对符合产业发展规划、具有龙头老大带动作用的企业和项目，给予银行贷款贴息支持，有利于台湾企业到闽的发展，更有利于扩大闽台创意产业的合作发展规模和速度。

4.3 改善合作形式，开拓合作领域

随着时代经济的发展，闽台创意产业的合作形式需要得到创新和改善，不能只是局限于动漫产业和印刷业等。首先，闽台两地可以共同投资建设创业园区，整合各地的创意资源，形成产业链，提高特色文化资源的收益率。从研发、制作生产、营销服务整体形成功能完善的闽台创意产业链，推动两岸创意产业合作的深化。其次，在政府的扶持下，促成企业的自主合作联盟，实现资源共享，并不断开拓新的合作领域。随着网络经济的发展，创意产业也在不断涉足网络技术，如同 2010 年海西创意产业发展论坛众多专家和学者所提到的闽台手机多媒体在创播旅游资讯和创意文化的价值作用。只有将时代背景下的技术与闽台创意产业相互结合才能够真正完善创意产业的发展途径。最后，闽台创意产业的发展需要利用各个地区的特色资源，多角度多方位发展有地方特色的创意产业，形成产业集

聚。在原先的动漫产业和印刷业基础之上大力发展时尚设计、影视制作、闽南语音乐制作、视觉艺术等产业，并将其经营的经验形成推动开拓两地创意产业的合作领域、提高合作水平以及开辟新的市场，推动创意产业的发展。

4.4　加强创意人才的引进及教育培养，为两岸的创意产业发展创造提供智力支持

人才的培养不仅需要政府的推动更需要其他市场主体的主动参与。为推动闽台创意产业合作发展，构建两岸创意文化交流平台，在当前政府政策的支持下，将相关人才的培养教育制度化和规范化，是将创意转化为产品，形成产业经济的重要途径　首先，建设教育基地，启动"创意型人才培养工程"，依托两地的高校、人事部门和企业，针对实际需求共同培养创意人才。在高校方面，可以充分整合两岸的高校资源，建设创意产业人才的培养基地，成立文化创意产业研究院，与国家文化创意产业研究院所和大专院校合作，提升研究水平。可在厦门大学、福州大学、华侨大学等高校设立与创意产业有关的专业并且实施个性化教学模式，培养一批了解本土文化和现代市场需求又具备企业经营管理知识和能力的创意人才。另外，鼓励福建学校将台湾该产业发展的经验整合形成教材和课程，鼓励和选拔优秀年轻人积极参与创意产业的学习和培训，或者是与国内外著名院校多层次的产学研合作，共同培养创意产业所需要的研发、设计、生产以及营销服务的各类人才，并为此类人才提供良好的就业环境，形成源源不断的人才流。第二，是通过从先进的国家和区域引进相关的人才。政府通过制定相关的政策和计划，完善人才培养和吸引政策机制，从各个地区包括台湾引进创意产业的各类各层次的人才；另外，政府需主动通过开办闽台文化交流活动，包括学者互访、召开各类研讨会等学术交流形式，促进两岸学者的相互学习与交流。第三，通过构建创意产业专属网站，使两地的创意资源得到共享、异类资源得到互补，从而优化闽台创意产业资源配置。通过实际的合作，虚拟的交流，能够克服两地分隔、交流不便的难

题，提高地区技术和人才聚集，为培养人才，加强合作增加更多的机遇和可行性。

4.5 为创意产业营造宽松包容的环境

专家指出，创意产业发达的地区，往往具备技术、人才和宽容三个关键要素。所以闽台创意产业的合作发展必须坚持培养地区的宽容性，设立较低的进入门槛，提高吸纳外来创意的能力。营造宽容的环境不仅是基于传统文化习俗，更是需要投入大量的人力、物力、财力，不断树立和更新观念思想，鼓励创新、创意的氛围，对各种各式的创意文化具备兼容性，这样才能为创意产业的发展提供广阔的空间。要在全省营造良好的舆论氛围，还有赖于新闻媒体的宣传，从而塑造创意产业的形象价值，以及获取社会各个阶层的支持和关注。另一方面，创意产业的发展离不开知识的增长，在健全和完善知识产权立法的同时，相关政府机构把重点放在对知识产权保护的执法力度上，采取有力措施，严厉打击市场各种盗版行为，为海峡西岸经济区闽台创意产业合作与发展营造一个规范、健康、有序的外部环境。

5 本章小结

创意产业是属于借助高科技对文化资源进行创造和提升，通过设计产生出高附加值产品的产业。文化创意产业的发展程度和规模，已经成为一个国家或城市综合竞争力高低的重要标志之一。[10]联合国教科文组织自由顾问波尼·阿斯科鲁德曾就"中国创造"面临的症结说过这样的一番话："有的时候，政府并没有意识到创意产业作为整体的存在，因此不能够正确作出政策和投资的决定，就无法切实地得到落实……"[11]因此，闽台创意产业的发展道路最重要的是通过政府以及各个市场主体的配合，不断推进两岸创意产业经济的发展。在国家及省政府极力推动海峡西岸经济区的建设之时，加强闽台创意产业的合作发展是建设海西经济区的重要举措，也是实现闽台经济转型和产业升级的主要途径。本文通过对闽台创意产业的合作基础、合作现状以及所面临的问题进行分析研究，并且提出相应的建议和对策，认为闽台创意产业的发展在资本的融合、人才的培养、市场的开拓还需要坚持加大政府和企业的投入力度，以及不断改革创新，这样才能迎来闽台创意产业新的明天。

参 考 文 献

[1] 形象经济与创意产业 [M]. 上海：学林出版社. 2010.

[2] EB http：//www. ccitimes. com 中国新闻网.

[3] 薛庆利，李变花. 闽台体育文化交流与合作机制创新研究 [J]. 漳州师范学院学报. 2010（2）：73-77.

[4] 蔡洪杰. 福建省文化创意产业现状与对策分析 [J]. 长春理工大学学报. 2011（1）：43-46.

[5] 林秋玲. 闽台创意产业合作问题探析 [J]. 海西论坛. 2010（7）：17-21.

[6] 蔡洪杰. 福建省文化创意产业现状与对策分析 [J]. 长春理工大学学报. 2011（1）：43-46.

[7] 黄向阳. 深化闽台文化创意产业对接合作研究 [J]. 产业经济. 2010（1）：49-53.

[8] 郑健. 构建闽台高校创意文化合作平台 [J]. 集美大学学报. 2010（1）：116-119.

[9] 林秋玲. 闽台创意产业合作问题探析 [J]. 海西论坛. 2010（7）：17-21.

[10] 陈琳，朱洪兴. 北京市文化创意产业发展研究 [J]. 商场现代化，2008（18）：253-254.

[11] 屈金，周滨. 浅析我国创意产业集群的现状 [J]. 艺术与设计. 2009（2）：30-32.

第八章

闽台创意人才开发合作研究

1 引 言

创意经济主张以知识和创意作为经济发展的基础，为经济全球化和区域经济一体化趋势下国家或地区的产业升级和经济转型提供了新思路[1]。1997年，英国政府首先开启了文化创意产业起步之门，创意经济浪潮随即席卷全球，通过加大创意产业的投入以及全民创新教育等手段，欧美等发达国家迅速发展成为创意强国[2]。近年来，我国政府也加快了文化创意产业的发展步伐，并将文化产业的振兴与发展提升到国家战略高度，形成了以渤海经济圈、长三角、珠三角、川渝和华中为主的五大区域创意产业经济带。对区域发展而言，人才的聚集和使用对区域的社会经济的繁荣起决定性作用。肖鸣政（2009）[3]、李春淼（2009）[4]等学者都普遍认为区域人才的开发合作既是区域经济一体化发展的内在要求，同时也是推动产业升级的重要力量。能否汇聚高素质创意人才已经成为创意经济背景下区域发展的重要影响因素。Lucas（1988）、Romero（1990）、Barron（1991）等代表学者把人力资本作为地区经济增长的决定因素来研究[5]，李具恒（2007）[6]进一步指出，创意人力资本是创意阶层自身创意的凝结和创造力的集聚和裂变，能否拥有大量的各类创意人才，将成为创意产业发展的决胜要素。面对国内外激烈的竞争态势,福建省应如何利用海峡西岸经济区主体的区位优势,发挥对台交流的平台效应,整合闽台创意人才资源,促进创意产业的繁荣发展,提升区域综合竞争力已经成为目前学界关心和研究的热点。李非(2005)[7]通过对两岸创意经济发展的条件进行对比分析,认为高素质创意人才的聚集和汇合是两岸创意产业合作发展的必然要求,并从培养和引进人才,平台搭建和环境营造角度提出了闽台创意人才合作的思路。尤小波,王华(2009)[8]认为闽台人力资源存在着明显的互补性,可以在科技研究、产业合作、教育交流等方面实现两地人才的开发和合作。福建省公务员局局长、省人力资源开发办公室主任丛远东(2011)[9]更是从政治高度指出推进两岸人才交流合作既是福建的特色和优势也是福建的责任所在。因此,对闽台两地创意人才开发合作进行研究,不仅有利于推进两地经济增长方式的成功转型,探索出闽台区域经济一体化的新思路,更有利于促进两岸同胞的交流和感情,使两岸经贸和文化关系联系更紧密,从而为和平统一创造条件。

2   闽台创意人才现状

创意人才是具有创新意识、创新精神和创新能力的,从事创意生产、策划或经营的,以脑力劳动为主的高学历劳动群体。创意人才不仅仅局限在创意产业,各行各业都存在创意人才,随着创意产业逐渐与传统产业的不断融合,创意人才的边界将越来越模糊,创意阶层也将越来越强大。

2.1   创意人才存量比较

表 8.1   闽台教育与科技概况表

项 目		福 建	台 湾
教育情况	普通高等教育 学校数(所)/在校生数(万人)	84/64.78	165/134.37
	普通中学 学校数(所)/在校生数(万人)	1903/198.21	1231/170.63

续表

项　目		福　建	台　湾
教育情况	普通小学 学校数（所）/在校生数（万人）	6974/238.89	2661/151.95
	幼儿园 学校数（所）/在校生数（万人）	6179/116.63	3283/18.39
	教育投入占 GDP 比重（%）	2.3	5.7
科技情况	R&D 人员折合全时人员（万人）	7.67	19.69
	R&D 投入占 GDP 比重（%）	1.2	2.94

（资料来源：根据 2011 年福建统计年鉴与 2011 年台湾统计年鉴资料整理）

创意人才存量指的是在一定区域和一定时间下有可能成为创意阶层的理想总量。科技和教育的投入状况反映了一个地区对人才的重视程度，同时也决定了区域潜在创意人才的数量与质量（具体数字见表1）。教育情况，从总量看，福建创意人才的潜量比较大，无论在学校数量还是在校生人数上都超过台湾；从短期看，台湾高校学生仍然是今后一段时间内创意阶层的主力军，福建 84 所普通高校中，共有在校生 64.78 万人，每千人中接受过高等教育的有 21 人，台湾 165 所高校中，在校生人数超过 130 万，每千人中接受过高等教育的 59 人，高等教育整体实力高于福建；从长远看，福建现有的青少年群体将成为日后创意人才的重要储备力量，由于台湾人口出生率不断下滑，在园幼儿总量上，还不足福建的 2 成；从人才培养模式上看，福建高等教育呈研究型教育（本科和研究生）、应用型教育（专业硕士和本科）和高职高专教育"三元并存，分类发展"的特点[10]，对应用型人才的培养定位不明确，教学手段比较传统，学生的创新思维和动手能力比较欠缺；台湾经过半个多世纪的发展，目前形成了专科、本科和研究生三个层次的高等职业教育，师资配备、课程设置以及教学方式始终围绕实务性展开，学生的实操能力和创新能力比较强。科技情况，根据科技部最新统计结果显示，福建综合科技进步水平落后于广东、江苏、浙江等沿海省份，居全国第 11 位；2010 年，福建省研究与试验发展（R&D）经费支出 165 亿元，增长 21.9%，占全省生产总值的 1.2%，远低于国家 1.76％的平均水平。台湾 R&D 经费支出 3672 亿新台币（折合 2010 年 12 月汇率约 800 亿人民币），是福建省 R&D 投入总额的近 5 倍，占台湾 GDP 比重达 2.94％，已经达到世界领先水平；具体到 R&D 人员，福建省 R&D 人员总量占台湾的比重不足 40％。总体而言，福建的科技水平与台湾有较大差距。

2.2 创意人才现量比较

创意人才现量指的是在一定区域和一定时间下创意阶层的实际数量。据不完全统计，目前我省文化及相关产业从业人员总数 69.27 万人，占总就业人口比重的 3.2％。从行业和区域分布看，福建创意人才主要汇聚在福州、厦门和泉州三大城市，闽东、闽西、闽北文化产业相对落后，从业人员较少，其中福州地区创意产业从业人员最多，达到 30 万人，主要分布在咨询策划、电信软件等行业；厦门创意产业从业人员 17.1 万人，其中从事设计服务的占创意企业就业总人数的 30.78％；泉州创意产业从业人员 20.1 万人，有超过 7 成的从业人员集中在工艺时尚等传统低附加值的行业。台湾创意人才主要集中在创意生活产业，从业人员超过 530 万人，主要分布在台北市、台北县、台中市以及高雄市等经济文化较发达的地区。从学历层次看，福建省创意产业人员中绝大部分集中在高中和大专学历水平，本科或研究生学历的人数比例不足 2 成；台湾地区恰恰与此相反，有一半以上从业人员具有大专以上学历，受教育程度比较高。从技术等级看，福建创意产业从业人员主要以初级和中级为主，高级人才尤其是经营管理方面的复合型人才较缺乏[2,11]；台湾地区长期以来对教育比较重视，赴英美等创意经济发达国家留学的人员总量较大，据台湾"教育部"统计，台湾地区的留美学生总数为 24818 人，居全球前列。一大部分留学生毕业后就职于跨国机构，长期工作经验的积累，促使台湾拥有一大批熟悉经贸、营销和管理的优秀创意人才；另一方面，与福建相反的是，近年来台湾的初级技术人才短缺现象比较明显。从人才流动看，福建创意人才主要聚集在经济发达与高校集中的厦门、泉州、福州、莆田、漳州地区，另外，外商在闽投资设厂也吸引了很多内陆地区以及港澳台的创意人才流入福建工作或学习。受台湾经济衰退以及少子化、老龄化等因素的影响，近年来台湾人力资源缺口加大，人才流失现象较为明显[12]：据台湾"内政部"数据显示，台湾 2010 年出生人口 16.6 万人，出生率 7.21‰，为世界最低地区之一；台湾失业率连创历史新高，2009 年 8 月，曾达到 6.13%的历史高点；两岸签署《海峡两岸经济合作框架协议》（英文为 Economic Cooperation Framework Agreement，简称 ECFA）后，台湾人才"西进"的步伐明显加快，截至 2010 年底，在闽工作的台湾人才将近 10 万人。

2.3 闽台人才交流合作现状

从台湾和福建目前创意人才的存量与现量比较分析，可以看出闽台创意人力资源具有很强的互补性。近年来，福建省大力发挥对台优势，充分挖掘闽台人才互补特点，采取了一系列措施促进人才的开发合作，取得的较大的成效。据不完全统计，截至 2010 年 6 月，台湾专业人才来闽从事专业交流人数达 100 万人次，福建省组织各类人才赴台开展专业交流达 5000 多批次、近 50000 人。教育方面，成立两岸职业教育交流合作中心，引进台湾专业教材、聘请台湾院校师资任教，探索建立两岸职业教育交流合作试验区；成功举办"海峡两岸创意产业合作与发展高峰会议"，福州大学、福建师范大学分别与台湾师范大学、台湾中国科技大学签署协议，加强闽台文化创意领域的教学与科研交流、学生互访、共同举办学术会议及研讨会等。福建目前有 12 所高职院校与台湾 17 所同类大学合作培养技能人才，9 所高校对台湾学生实行单招政策，累计招生 926 人[13]；台湾于 2010 年 8 月开始承认大陆学历，允许大陆学生赴台就读，开启了闽台教育交流的新篇章。人才引进方面，出台吸引台湾人才来闽投资创业政策，举办海峡两岸人才交流合作大会。截至 2011 年，福建已经连续主办了四届海峡两岸人才交流合作大会，累计邀请 200 多家台湾人力资源机构和近 1000 名台湾专业机构人士、台湾人力资源专家、台湾高端专业技术人才前来参会。福州建立平潭综合实验区，实施了针对台胞的住房补贴、科研奖励、社会保障、子女入学等优惠政策，并开通平潭往返台中的"海峡号"航班以吸引大量台湾人才来闽创业和工作。厦门力主推进"两岸人才特区建设工程"，率先成立大陆首个台湾人才服务部，专门提供在闽台湾人才就业推荐、代办出入境、就业证、学历认证、驾照转换、职称评定、各类补贴申请、政策与信息咨询等配套服务。泉州充分发挥台湾同胞主要祖籍地的优势，通过泉台投资区、海峡两岸产业对接合作园区和海峡两岸泉州农业合作试验区平台，大力吸引台湾人才，打造台湾人才集聚区。此外漳州尝试把台湾人才纳入优秀人才和优秀青年科技人才评选范围；莆田通过发挥闽台妈祖文化的文化优势推动两岸项目合作，并成立了莆台人才交流合作委员会和人才交流协会[14]。法律法规方面，福建省涉台立法始于1990年，在促进两岸人才交流与合作方面，始终坚持以维护台湾同胞合法权益为主线，先后制定了《福建省台湾同胞投资企业登记管理办法》《福建省招收台湾学生若干规定》等7部涉台专项法规、60多项涉台地方性法规，成为大陆涉台立法最早和最多的省份。

3　闽台创意才开发合作的优势条件

3.1　闽台五缘文化优势

文化是创意产业的灵魂，两岸创意人才的开发合作离不开文化的积淀。闽台文化一脉相承，源远流长。原福建省委书记卢展工将闽台源远流长的同源文化概括为"五缘"：地缘近、血缘亲、文缘深、商缘广、法缘久。"地缘近"，台湾位于大陆东南沿海的大陆架上，与福建隔海相望，福建海岸线上近百个岛屿同金门、澎湖等相邻直通：福州平潭岛离台湾新竹不到70海里，厦门大嶝岛、小嶝岛与金门的最近距离还不到2公里，泉州崇武半岛至台湾本岛仅97海里，石井镇距离金门最近的地方也仅6海里。"血缘亲"，闽台血缘关系根深蒂固。从人口数据看，日本统治时期，日据当局曾对台湾进行户籍调查，结果显示祖籍地为福建的占总人口的

83％，其中泉州府籍占 45％，漳州府籍占 35％；从宗亲族谱看，据美国犹他家谱学会的调查，台湾民间存有新旧族谱 20000 多种，仅祖籍福建的姓氏谱有 4730 部；此外从生物学、地名以及宗祠堂号等其他方面也都充分印证了闽台血缘相连的基本情况。"文缘深"，闽台语言、信仰、民俗、戏曲相近相同。目前台湾地区讲闽南话的人口占全台的 80％；台湾素有"多神之岛"之称，岛内 1.5 万座寺庙绝大部分供奉的神明与泉州、漳州和汀州有相似之处，如妈祖、关帝、观音、保生大帝、国姓公等，目前台湾 500 多座主祀妈祖庙宇主要分别从莆田妈祖和泉州天后宫迎回；此外闽台民间在衣食住行、婚丧年节、戏曲艺术上也有同源相似之处。"商缘广"，闽台经贸往来历史悠久，上古以来就从未中断过，即使是在日据和台海紧张时期，两岸依旧是保持"人不通船通，船不通货通"的商贸往来关系。改革开放以后，台湾作为福建最重要的贸易伙伴，一直是福建主要的境外投资来源，两岸在农业、高新科技、文化产业等多个领域的合作不断深入。"法缘久"，闽台法缘相循，历史悠久。南宋时期，泉州府驻军澎湖；元初，晋江县在澎湖设立巡检司，专管巡逻、查缉罪犯兼办盐课；明实行"海禁"政策，催生了海上武装集团，1621—1628 年漳州人颜思齐和泉州人邓芝龙率众开发台湾，迁移晋江、南安沿海居民 3000 多人，1628 年郑芝龙接受明朝招安后召集福建居民定居台湾，1661 年郑芝龙之子郑成功从荷兰殖民者手中收复台湾；清 1684 年统一了台湾，将台湾府升格为"福建台湾省"，成为中国行省之一，与内陆地区保持了长达 200 年的紧密往来[15]。

3.2 闽台创意产业互补优势

创意人才的集聚与创意产业的发展密不可分。闽台创意产业在基础条件、科技发展和产业结构方面有较强的互补优势。台湾文化创意产业的发展以"文化产业化，产业文化化"为主导思路，政府高度重视创意产业，在全台推动自下而上、民间主导的"社区总体营造"计划，将衣食住行等生活方面与文化紧密相连。台湾三十多年高新技术发展积累也成为创意产业发展的主要动力源，台湾拥有发达的国际经贸网络和媒体资源的配合，加之一批具有国际竞争力的复合型创意人才队伍，促使台湾的创意产业具有创意水平较高、文化内涵深厚、市场经验丰富、行销能力较强、商业模式成熟、法律法规完善等优势特征。不容忽视的是，受长期以来作为世界代工基地的现状以及近年来经济衰退的负面影响，台湾创意产业发展陷入了困境，如产品核心竞争力不强、人力资源数量减少、人力成本提升、人才流失严重、市场规模受限、资金投入不足以及品牌建设薄弱等[2, 16]，为了摆脱这些困难，大量台企纷纷在闽设厂投资，从最初自带管理人员，到从台湾招聘人才，再转到面向大陆招聘人才，对大陆人才的依存度越来越高。相对于北京、上海和深圳等创意产业发展较早较快的地区，福建省创意产业的发展明显滞后，竞争力严重不足。产业认识上，缺乏全面系统的整体规划，缺乏科学的产业分类界定和统计核算；政府支持上，尽管出台了一系列扶持政策，但与其他地区相比而言，政策缺乏操作性与吸引力，资金投入严重不足，公共文化服务、艺术生产与社会经济发展严重不符；产业结构上，大部分创意企业是从传统行业中转型而来的，文化产品的生产局限于传统工艺水平和加工服务，技术含量低，产品附加值不高，企业数量少、规模小，缺乏竞争优势；产业集聚上，现有的产业园区聚合度不够紧密，地区分布较为零散，基本处于"小、弱、散"的状况，产业链条基本没有形成，也就无法形成产业集聚发展的态势；人才现状上，存在总量不足、质量不高的现象，在培养和引进方面尚处于探索阶段，受过专业教育的创意人才，尤其是高端复合型人才严重缺乏。当然，我们也应该看到，福建发展创意产业的发展前景是较为明朗的，福建地区深厚的文化积淀、丰富的人力资源、廉价的生产要素、庞大的消费市场、雄厚的产业基础以及多元的投资主体等优势条件为闽台创意产业的互补合作提供了有利的保障[11]。

4　闽台创意人才开发合作的限制因素

文化同源与产业互补的优势能为两岸创意人才的开发合作奠定良好的

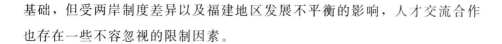

基础，但受两岸制度差异以及福建地区发展不平衡的影响，人才交流合作也存在一些不容忽视的限制因素。

4.1 台湾方面

首先，岛内政治复杂影响两岸投资。岛内两大政党在各自利益的争夺中形成了"独台"和"台独"两种政治主张，但这种认识是建立在政党"维权主义"和"独裁政治"的基础上产生的畸形民主[17]，尤其是"台独"势力不断制造分裂活动，严重影响了两岸经贸往来政策的持续性和稳定性。台湾虽然放宽了内陆赴台投资的限制，但是政局交替的政策变动却增加了对台投资的风险，闽企赴台投资安全缺乏保障。其次，闽台人才交流呈现单向状态。台湾当局担心大陆人才流入会对岛内的就业市场带来冲击，在针对台湾人才中介的经营许可、赴台人员的类型、审批手续、逗留时间方面都做了较多的限制，人才西进缓慢，东进受阻。最后，台湾高校招收内地生限制多。台当局对陆生赴台学习规定了"一限二不"，即限制承认医学学历、不得报考"安全机密"相关系所、不得参加公务员考试，附加不能参加健康保险、不能打工、毕业后不得留台等限制，其中规定大陆高中毕业生只能进入台湾私立大学或者离岛的金门、澎湖地区的高校，户籍仅限北京、上海、江苏、浙江、福建和广东六省市，这种不公平和不合理的做法直接影响了两岸人才交流合作的长远发展。

4.2 福建方面

首先，福建薪酬吸引力不强。台湾早已经跻身经济发达地区之列，民众薪酬普遍较高，目前台湾创意人才集中的行业平均月薪为 45720 新台币（约合人民币 9600 元），相较而言，福建创意人才集中的文化行业在岗职工平均月工资仅 3067 元，不到台湾的 1/3，与长江三角洲经济区和珠江三角洲经济区等创意经济发达地区的薪酬水平相比，也存在较大的差异，薪酬缺乏吸引力已成为台湾创意人才在闽就业面临的现实问题。其次，福建区域发展不平衡。福建包括沿海和内陆两个经济发展区域，得益于政策支持和区位优势，福州、厦门、泉州、漳州等沿海地区逐渐发展成为经济中心，人才吸引力较强，但劳动力供给局部过剩；南平、宁德和龙岩等内陆城市发展中却面临着基础设施弱、投资环境差、对外开放程度低、产业结构不合理等问题，地区人才吸引力不足，劳动力短缺现象长期存在，严重制约了全省创意经济的发展以及两岸人才的进一步交流与合作。

5 闽台创意人才开发合作面临的机遇和挑战

5.1 国家重点建设海峡西岸经济区

据统计，2011 年福建全年实现地区生产总值 17500 亿元，增长 12.2%。在两岸贸易中，对台进出口贸易总额 116.1 亿美元，同比增长 11.8%，其中，进口额 86.1 亿美元，增长 5.3%；出口额 30 亿美元，增长 35.9%。福建经济的快速发展与国家重视海峡西岸经济区（简称海西）的建设密不可分。海西是以福建为主体，东通台湾岛，西连江西内陆，北承珠江三角洲，南接长江三角洲，邻近港澳，面向海外，具备资源互补、优势互通、联系紧密、功能集聚的区域经济综合体[15]。2004 年，"海峡西岸经济区"在福建省十届人大二次会议上被正式提出；2005 年，"支持海峡西岸经济发展"写进中央"十一五"规划建议；2006 年初，又写入国务院《政府工作报告》和《国民经济和社会发展第十一个五年规划纲要》中；2007 年 11 月，支持"海峡西岸"经济发展，写入党的十七大报告。2008 年以来，两岸政治气氛融洽、社会交流热络，尤其是 ECFA 的签署和大三通的实现，给闽台创意人才的开发合作带来了良好的契机。2009 年 5 月，国务院发布了《关于支持福建省加快建设海峡西岸经济区的若干意见》（以下简称意见），将海西建设推向了一个历史的新高度，同时也对发展创意产业提出具体要求。意见明确指出要"推动文化与经济融合，大力发展文化创意产业，建立海峡两岸文化产业合作中心，着力培育专、精、特、新文化企业，努力使海峡西岸经济区成为全国重要的文化产业基地"，发展海西创意产业已经上升为国家战略，这对于产业的发展和人才的吸引集聚有着巨大的推动作用。截止 2010 年，福建省从事文化及相关产业活动的单位达 4.4 万家，从业人员 69.27 万人，资产总计 2140.48 亿元，实现增加值 601.66 亿元，同比增长 30.5%，占 GDP 的 4.2%，对经济增长的贡献率达 6.6%。

5.2 福建大力实施文化强省战略

2006 年是福建省创意产业元年，福建省把"积极培育会展、动漫、创意等新兴文化产业"写入政府工作报告当中，并将"大力培育和发展文化产业"纳入"十一五"文化发展专项计划中，同时在《福建文化强省建设纲要》中明确指出要"加快发展文化创意……等新兴产业"……2011 年10 月，中国共产党第十七届中央委员会第六次全体会议通过了《关于深化文化体制改革、推动社会主义文化大发展大繁荣若干重大问题的决定》，全面部署"文化兴国"战略，并提出"推动文化产业跨越式发展，使之成为新的经济增长点、经济结构战略性调整的重要支点、转变经济发展方式的重要着力点"这一重要战略性举措。在"文化兴国"的战略指引下，福建省大力实施"文化强省"计划，提出了 2015 年文化产业增加值占 GDP比重达 8% 以上的宏伟目标，重点发展十大优势文化产业。与此同时，福州、厦门等城市也陆续制定和出台了促进与台湾创意产业合作的优惠措施。如厦门市出台了《厦门市文化产业项目扶持资金管理办法》对台企创业投资给予资金支持；福州市规定台资企业在福州注册经营开发动漫项目，给予一次性 10 万元创业补助，入驻福州动漫基地，还可免 2 年租金。在政策的支持与带动下，闽台文化交流持续升温，借助海峡两岸文化创意产业发展高峰论坛、文博会、图交会等交流平台，汇聚了大量创意人才，也加速了福建创意产业的发展。目前福建已建成省级以上文化产业示范基地 71 个，其中国家级 6 个，厦门、福州分别获评"国家动画产业基地"和"国家影视动画综合实验园"，产业聚集效应进一步提升。然而，随着创意经济在全国的蔓延，各地千方百计吸引和集聚创意人才，尤其是"珠三角"和"长三角"的高速成长迅速吸引了大批台商,导致对福建的投资有所减缓,据统计,2010 年,福建吸引台资数额排名全国第四,仍落后于江苏、广东和上海等省市;在区域开放程度逐渐提高的大背景下,福建人力资源优势也在弱化,面临着来自内陆地区以及越南、菲律宾等地的竞争压力,人才吸纳能力受到限制,闽台创意人才开发合作面临新的挑战。

5.3 台湾积极加快产业结构升级

依靠以农业为代表的劳动密集型产业(20 世纪 60 年代)、以能源为代表的资本密集型产业(20 世纪 70 年代)和以电子为代表的技术密集型产业(20 世纪 80－90 年代)等支柱产业的带动,从 1952 年到 2000 年的 49 年间,台湾经济高速增长,创造了经济奇迹。受全球经济衰退和自身经济结构的影响,2001 年以来,台湾经济由盛转衰,从亚洲四小龙的龙头地位滑落到龙尾,经济发展呈现"五低二高"特点,即经济增长率下滑、产业竞争力下降、内需增长乏力、外需大幅萎缩、投资消费减少、失业率攀升、民生痛苦指数升高[18]。为了摆脱经济发展的困境,台湾当局将发展文化创意产业视为经济增长的第四级动力。2002 年,台湾"经建会"将文化创意产业列入《挑战 2008:台湾发展重点计划》中,并成立由经济主管部门、"文建会"、台湾教育主管部门及"经建会"共同组建的文化创意产业推动小组,负责统筹全台地区文化创意产业的发展;2008 年,台湾地区领导人马英九上任后就提出了"以文化领政,推动以文化为核心的全球布局"系列发展政策规划,开启"全面开放两岸文化交流"之门,并发起两岸合作编纂《二十一世纪华文大辞典》,建立两岸中华文化沟通交流平台,通过多年努力,台北市、高雄市、台中市与台南市迅速成为创意产业的集聚中心,形成了以动漫、新媒体、现代陶艺、精致农业和产品设计为主体的创意产业布局,创意产业已经发展成为该地区的支柱产业。然而,岛内资源的有限性和经济发展的局限性给台湾创意产业的进一步发展带来了瓶颈,走出去成为一种必然趋势。2012 年 1 月,马英九的成功连任以及时隔 12 年后重新出现的财经内阁,无疑体现了台湾地区民众对经济振兴的殷切期望以及当局政府对经济结构改革的高度重视。在连任演说中，马英九重申了通过"加强与世界文化交流与经贸往来推动经济发展"这一重要思想，与此同时，台当局行政主管部门也定于 2012 年 5 月 20 日把文化建设部门升格为文化管理部门（简称"文化部"），"文化兴台"成为新一届行政机构的首要任务。因此，在两岸相互开放金融市场、ECFA 签署以及"大三通"已基本实现的有利条件推动下，台湾文化创意产业进入福建，不但可以为产业发展再造辉煌，而且能够给台湾经济的复苏增添新的动力。

6　闽台创意人才开发合作机制构想

区域人才的开发与合作是一项复杂的系统工程，因此必须基于两地政府、产业、高校和科研机构的通力合作，才能确保创意人才合作交流的不断深入与扩大，使创意人才始终成为两地创意经济崛起的引擎。根据上述的研究分析，笔者认为，由于两岸人才交流单向性的状态短期内还难以改变，因此福建应当努力发挥海峡西岸经济区的重心和辐射作用，在充分认识闽台创意人才合作优势和限制条件的基础上，扬长避短，抓住历史发展的重要机遇，迎接挑战，建立以政府为指导，以产业为主体、以高校和科研机构为支撑的政产学研战略联盟，通过共建协调机构、共创创意平台，开展教育合作和科研攻关等方式，以和谐的生态环境和创新的人才政策来吸引和留住创意人才（如图 8.1 所示）。首先，和谐的环境是创意人才开发得以发挥成效的基本保障，主要包括法制环境的支撑、政务环境的引导以及人文环境和人居环境的吸引等四个方面，四者相互影响，相互联系，共同构成了创意人才生存与发展的生态环境。其次，政府、产业、高校和科研部门四位一体是闽台创意人才开发合作的主要内容与手段。政府在人才开发合作中发挥主导作用，通过官方协调机构的设立、人才资金的投入和全民创新教育等等措施从宏观层面引导创意人才的发展；产业是创意人才生存和发展的土壤，承担着人才使用与发展、创意成果转化和产业升级的重要任务；高校和科研部门是创意人才开发与培养的重要基地，通过两地师资共享、人才分段培养、合作攻关以及与企业共同交流、共同研发和共同培养方式，以提升创意产业人才竞争力。

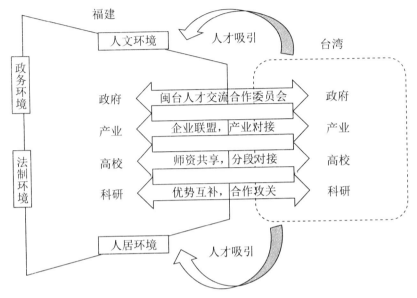

图 8.1　闽台创意人才开发合作机制

6.1　建立官方协调机制，促进政府交流合作

区域人才合作的关键既依赖于区域内部明显的互补优势，更取决于长效和完善的协商机制。在 ECFA 的执行中，大陆与台湾共同成立了"两岸经济合作委员会"，负责处理经济合作框架协议的相关事宜，这给闽台官方人才交流协商机制的建立提供了很好的启发和引导。在我国，文化创意产业是一个涉及信息产业、文化、建设、工商、经贸、广电等众多职能部门的新兴产业，为了能够长期全面地开展与台湾地区创意人才的合作交流，双方应该试图建立一个旨在引导两地人才流动、培养和配置的协商部门——"闽台人才交流合作委员会"，以推动两地人才合作交流的有序发展，实现闽台创意人力资源的互补衔接。"闽台人才交流合作委员会"是双方人才合作内容的执行和磋商组织，采用双首席代表制，由双方指定的

代表组成，福建省可以选派由人力资源和社会保障、文化、信息产业、工商、税务等部门代表组成，该委员会主要负责针对人才合作中面临的社会保障、权益保护、法律法规、人才互换、人才租赁、教育培训、信息交流等事宜进行协商，并组织各自相关部门落实具体的协商结果；在进行人才服务的同时，委员会也要积极发挥两岸人才交往的桥梁作用，共同研究制定长期的人才发展纲要，以实现闽台创意人才开发合作的制度化和常态化[8]。此外，两地政府应该鼓励与支持民间行业协会与人才中介服务机构在人才合作与交流中发挥应有的作用，使民间机构成为两地人才官方协调机制的有益补充。

6.2　优化人才生态环境，营造良好社会氛围

创意经济时代，创意人才的生存发展呼唤一种宽松、开放和多元的社会环境[19]。福建政府应当大力弘扬"创新""创意""创业"的"三创"理念，努力营造有利于创意人才生存和发展的生态环境。营造健康向上的人文环境。创意人才的汇聚根植于文化事业的繁荣与发展，知名的文化馆、杰出的博物馆、形形色色的图书馆和丰富多彩的文化节既是传播文化的主要平台，也是激发创意源的重要基地[20]。营造优美温馨的人居环境。洁净的空气、杰出的建筑、顺畅的交通、独特的人文景观等是舒适城市的重要标志，英美等国家创意城市的发展实践证明，宜居城市往往就是创意精英汇集的场所。营造廉洁高效的政务环境。各级政府应该在符合现行法规的基础上，在对台企业的行政服务上减少审批、简化程序；在行政执法上，提高执法效能，切实维护台胞的合法权益；同时发挥社会、舆论、政协等机构的监督力度，推进政务工作的规范运行。营造公平公正的法制环境。随着两岸经贸往来的不断深化，福建涉台的部分法律法规已滞后，在知识产权方面的法制建设还比较薄弱，立法部门应当抓紧涉台法规的清理工作并加快涉台知识产权保护的立法进度；执法部门应当加大知识产权保护的执法力度，提高假冒仿冒行为的违法成本，彻底消除创意人才的后顾之忧，为台湾人才在闽投资、工作提供坚实的法律保障。

6.3　创新人才引进政策，吸引集聚创意人才

政策引领人才汇聚，人才引导产业发展。创意人才既是创意产业起飞的基础条件，也是创意产业持久发展的重要保障，福建政府应该在科学人才观的指导下，创新人才引进政策以吸引和集聚台湾创意人才。设立引智专项资金。台湾人才专项资金主要用于人才补助、创业启动、人才培养和工作生活条件改善等方面。对紧缺人才、高层次管理人才或高层次技术人才，给予优厚待遇；对符合福建创意产业发展方向的创意项目采取创业资助、贷款贴息、政府奖励等资金扶持措施；制定创意人才奖励办法，进行定期评奖，并对在技术创新或成果转化取得突出成就的企业或个人进行表彰。破除人才体制障碍。大胆采用"区别对待"办法，为来闽从事文化创意生产、经营、管理或教育的台湾人才创造便利条件，在签证、住房、税收、社会保障、子女入学、配偶安置、职称评审、资格考试等方面给予政策支持，如提供住房安置、安家补贴、税收优惠、工作场地等。实施柔性人才政策。确立"不求所有，但求所用"的人才引进理念，通过邀请台湾人才担任客座教授、文化顾问等方式来闽从事兼职、讲学、咨询、项目合作、品牌注入等工作，并根据引进人才的贡献程度，授予市区"荣誉居民"的称号，努力吸引和汇聚更多创意名家和大家。

6.4　加强产业对接合作，搭建人才发展平台

创意产业是一个与知识、技术和文化高度相关的产业，它所涉及的每一个环节都与人类的创意、技巧和才华息息相关，因此，实现产业发展与人才聚集的良性互动是提升福建省创意产业竞争力和创意人才实力的重要手段。科技带动创意，共建产业园区。根据 Florida 的 3T 理论[1]（technology、talent & tolerance），科技是文化创意产业发展的核心动力。福建高新技术产业发展成熟，态势良好，根据福建省科技厅的最新数据，2010年福建省高新技术产业产值高达 7073.61 亿元，比上年增长 36.5%，增加值占全省 GDP 的比重 12.8%。闽台两地可以在原有高新科技合作的基础

上，共建文化创意产业园区，重点引进拥有核心产品、创意能力强的台湾文创龙头机构，在园区内建立集研发、设计、生产、营销、服务、教育、培训为一体的产业生态链；通过人才孵化基地的建立，将文化、艺术、设计、商业等与创意相关的行业整合到特定的区域中，以汇聚大量的创意人才，为创意合作寻找搭建一个理想的平台。企业自主联盟，共创创意名牌。企业联盟是当前企业在面临极限竞争条件下广泛使用的一种发展战略，它可以使来自不同区域的企业通过优势互补和资源共享的方式，打造企业核心竞争力，以获得市场长期主导地位。目前两地创意产业面临的共同难题就是文化品牌建设比较薄弱，因此，福建基础研究实力与台湾设计创新能力的有机结合、两地创意人才的有效合作，将是提升创意产品附加值，形成创意品牌特色的重要举措。

6.5　闽台高校互补合作，探索联合育人机制

创意阶层的发展壮大离不开政策支持和环境吸引，更离不开科学合理的培养教育。闽台两地高校和科研机构可以结合各自优势，在学生培养、教材编写、师资培训、课题研究、技术攻关、成果转换等方面进行联合。发挥学校优势，分段对接培养。目前闽江学院与台湾高校分段对接合作培养创意人才的作法值得在其他高校进行推广[10]。分段对接培养指的是学生在福建院校学习 2 年后赴台湾高校继续学习，完成学业后双方互发互认学历的一种合作培养方式。实现闽台师资互通，培养"双师"教学队伍。学界与业界的相互联动是培养优秀创意人才的主要方向，两地高校可以尝试共建师资数据库，通过远程教育、互换交流的方式，结合台湾教师丰富的实践经验以及福建教师扎实的理论功底的优势，以提升各自的专业技能和教学水平。创新教学方式，产学研结合。创意来源于实践，也必须付诸现实。台湾院校采用了实践教学和工作室培养的方式来培养创意人才，这种方式不仅仅将实践渗透在课程中，而且贯穿在企业、产业的人才管理当中。在依托高校合作的基础上，发挥闽台产业园区的载体作用，把创意人才的日常教学与企业的日常事务紧密联系起来，将有利于提升教学效果和

实现人才资源的优化配置。

7　本章小结

福建省实施文化强省战略以来，通过发挥区域优势条件，开展闽台经济合作，创意产业取得了一定的成就。但由于教育投入与效益不匹配、产业结构不合理、地区发展不平衡等原因，创意产业发展受到了限制。闽台创意人才的开发合作是提升福建创意产业竞争力的必由之路，福建应该抓住两岸发展的重要机遇，迎接挑战，通过政府、产业、高校和科研机构的通力合作，从沟通机制、人才政策、环境建设、教育合作、产业对接等角度来实施两地创意人才的合作交流，我们相信，通过两地的共同努力，假以时日，闽台创意人才的开发合作将成为海西腾飞以及台湾经济崛起的强大助力。

参 考 文 献

［1］Richard Florida．The Rise of the Creative Class ［M］．New York：Basic Books，2002.

［2］马群杰．台湾地区文化产业与文化营销 ［M］．北京：科学出版社，2011.

［3］肖鸣政，金志峰．当前区域人才开发合作的成果、问题与对策 ［J］．中国人才，2009（15）：12-15.

［4］李春森．对区域人才合作及其机制创新的思考 ［J］．中国人才，2009（15）：20-22.

［5］朱承亮，师萍，岳宏志，等．人力资本、人力资本结构与区域经济增长效率 ［J］．中国软科学，2011（2）：110-119.

［6］李具恒．创意人力资本"信念硬核"认知 ［J］．中国软科学，2007（10）：68-75.

［7］李非．论两岸创意经济的发展与合作：厦门大学台湾研究院 25 年庆暨台湾研究的基础与前沿学术研讨会，中国福建厦门，2005 ［C］.

［8］尤小波，王华．加强闽台人才交流与合作的思考［J］．厦门特区党校学报，2009（3）：69-73.

［9］丛远东．建设"两岸人才交流合作区域中心"的实践与思考［Z］．2011：2012，201102-20110216.

［10］林中燕．基于两岸资源整合的大学本科应用型人才培养模式研究［J］．东南学术，2011（2）：244-248.

［11］张京成．中国创意产业发展报告2011［M］．北京：中国经济出版社，2011.

［12］涂征．台湾人力资源发展现状及应对措施分析［J］．福建论坛（社科教育版），2010（S1）：36-38.

［13］福建省教育厅数据．我省9所高校对台累计招生926人［Z］．2011：2012.

［14］温金海．两岸人才交流合作将全面提升——福建省中长期人才发展规划掠影［J］．中国人才，2011（9）：17-18.

［15］张向前，黄种杰．闽台经济合作研究［J］．经济地理，2008（6）：941-945.

［16］李红梅，齐旭．文化创意产业推动台湾产业结构升级研究［J］．全球科技经济瞭望，2011，26（12）：50-57.

［17］朱松岭．从政治乱象看台湾政治市场及其影响［J］．观察与思考，2010（1）：59.

［18］邓利娟．台湾经济现状与前景分析［J］．厦门大学学报（哲学社会科学版），2006（3）：85-91.

［19］Stephen Rausch，Cynthia Negrey．Does the creative engine run? A consideration of the effect of creative class on economic strength and growth［J］．Journal of Urban Affairs，2006，28（5）：473-489.

［20］Gary Sands，Laura A. Reese．Cultivating the Creative Class：And What About Nanaimo?［J］．Economic Development Quarterly，2008（1）：8-23.

第九章

闽台创新型人才开发体系构建研究

1 引 言

知识经济的到来使创新成为了时代的主题，而创新型人才自然成为各个地区和国家争夺的焦点。能否多、快、好、省开发创新型人才，成为一个地区经济决胜的关键。而创新型人才开发是一项长期的系统性工程，需要建立一套科学合理的人才开发体系。Kuchinke 认为各国的历史、文化、经济结构以及体制的不同，人才开发的设计也会不同[1]。日本建立了基于个体（ID）、职业（OD）、组织（CD）层面上的计划、配置、薪酬和评价的人才开发循环体系[2]。Holland 等通过实证发现解决澳大利亚面临的技术人才短缺问题，雇主需要从吸引和选择人才、培训、工作设计、职业生涯管理、团队建设等方面入手[3]。Jurgita 认为人力资源的开发需要站在战略的高度，并有专职的管理部门，还需要塑造一个具有支持性的环境，因此开发人才的两个关键前提是塑造学习文化和建立学习性组织系统[4]。Chatzimouratidis 等对人才开发培训的各种方式的成本、有效性以及员工受益程度等进行了比较分析，这些方法包括在职培训、导师制、学徒制、在线学习、轮岗等 9 种方式[5]。尚政国，殷正坤[6]认为面向知识经济的人才开发体系应该包括教育、科技、市场、政策这四个体系的共同作用。李瑜芳认为人才的成长是沿着人才培育链进行，即遵循学校培养－企业使用－行业培育－企业再使用－行业评价－个人发挥更大作用这样一个过程，这一过程的完备需要人才开发主体之间的合作[7]。赵惠芳等认为区域人才开发合作应遵循可实现、合作共赢、与产业发展相一致的原则，通过共享人才、互通市场体系，衔接人才服务等形成区域人才开发的一体化体系[8]。马宁等也提出了在统筹区域人才布局的基础上，围绕人才开发模式、体系、机制的建设展开人才一体化合作开发[9]。就海峡经济区而言，闽台拥有合作开发人才的科技、产业、文化基础，两地合作进行创新型人才开发获益更多[10]。郑百龙，陈奇榕构建以闽台高校、科研院所合作为基础，企业为主体的人才培养管理体系[11]。本文在前人研究的基础上，就闽台创新型人才开发的体系作进一步探讨，以期对闽台优质高效开发创新型人才提供参考。

2 创新型人才的素质体系构成

对创新型人才的素质特征的分析，是为了设计更科学合理的开发体系。美国著名心理学家 J. Gullford 认为人才创造力主要来源于创造型思维。R. J. Sternberg 提出了创造力三维模型，该模型认为创造力由智能层面、智力方式层面和人格层面三个维度组成[13]。Montgomery[14]等认为创新型人才具有独特的创新思维，超常的能力，强烈的自我意识，同时具有鲜明的个性等特征。国内学者对创新型人才素质的研究有如下几种主要观点：施章清[15]将创新型人才的素质归纳为：广博的知识结构、创新思维能力、观察能力、进取心、挑战精神等。闫涛[16]认为影响创新型人才能力形成的因素主要包含外因和内因，内因主要是天赋、个人的知识结构、个人努力，外因包括人才所处的文化、经济环境。王凤科、周祖成[17]等指出创新人才素质构成可分为知识、能力、意识、个性四个方面。

结合众多学者的观点，本文将创新型人才的素质特征分为五大要素，如表 9.1 所示：一、知识特征。创新型人才要有具备博专精的专业知识，还需要具备一定的综合知识，具有强烈的求知欲望和学习能力。知识要素是人才能创新的基础；二、能力特征。创新型人才具有丰富的创造力，敏锐的洞察力和判断力以及丰富的想象能力。这是人才能创新的保障。三、意识特征。创新型人才创新的内在驱动力，驱动创新型人才对新事物有浓厚的兴趣，并具有强烈的探索意识，从而推动创新活动的持续开展。四、个性特征。创新型人才不同于一般的人才，他们需要更为自由宽松的环境，他们具有坚强的意志和耐心，对创新活动充满自信，锲而不舍。五、品质特征。在现代市场经济条件下，对创新型人才的素质有了更高的要求，这就是品质特征。它要求创新型人才具有责任心、事业心和求实精神，能尊重他人，并与他人合作。

表 9.1　创新型人才的素质构成

素质特征	主要指标
知识特征	综合知识、专业知识、学习能力、求知欲望
能力特征	创造思维、洞察力、想象能力、判断能力
意识特征	创新意识、竞争意识、探索意识、信息意识
个性特征	耐力、毅力、自信、独立
品质特征	责任心、事业心、协作精神、求实精神

3　闽台创新型人才开发体系的目标

3.1　优化人才资源配置

创新型人才的合理配置是使其发挥效能的重要指标。当前，闽台的人才配置与产业结构严重偏离，造成人才的浪费与短缺并存，大大降低了人才的使用效能。2013 年福建三次产业机构比为 8.9：52.0：39.1，而劳动力在三次产业间的结构比为 25：38.8：36.2，人才结构与产业机构存在失衡的现象。同样的问题也存在于台湾，2012 年台湾三次产业机构为 1.9：29.0：69.2，劳动力在三次产业结构间的比值为 5.0：36.2：58.8。由于两地没有形成市场化的人才配置体系，导致人才使用效率低下。在区域人才开发一体化的浪潮中，首先要求区域内构建起一体化的人才开发体系，使人才能突破地域、行业的限制，达到充分的流动，合理配置的目的。

3.2 推进人才资源的共享

一个地区的人才效能高低能直观反映当地人才使用效率的程度，当地的人才效能水平越高，即表示人才的使用水平越低，人才浪费越严重。人才效能＝人才总量/人均 GDP[12]。本文用闽台科技人才作为创新型人才的代表，经分析得出 2011 年台湾地区的科技人才效能为 2.3，2012 年福建地区的人才效能为 4.5，两地均存在人才使用效率低下的问题，福建尤为严重。再综合比较两地人才失业率以及失业人数，可见两地还存在大量的闲置人才。尤其是台湾失业人数近 50 万，其中大多数还是拥有高学历、高技能人才。在知识经济时代，创新型人才被竞相争夺，如果区域内的各个人才开发主体采用保守和不合作的策略，最终会导致人才开发成本的上升和人才资源的浪费及流失。因此在区域经济一体化逼近时，闽台政府应该大力推进两地创新型人才资源的共享，充分借助双方的优势，合作开发创新型人才，达到多快好省开发人才资源的目的。

3.3 创新人才开发机制

知识经济是合作经济，是创新经济，是共赢经济。它摈弃了传统的一维，二维思维模式，要求建立全方位、立体式的思维模式。自华侨大学 1985 年对台招生起，闽台两地的创新型人才开发合作进行了近三十年。但是从实际的合作效果来说并不理想。闽台两地的创新型人才合作机制较为松散，由于缺少政策制度保障，造成人才开发合作缺乏科学合理的规划和组织，两地的人才开发合作并不深入。在闽台人才开发合作的模式中往往是以互访交流为主，而实质性协议式、项目式、实体式合作开发模式较少。两地对人才的评价标准也不统一，在职业资格、技术等级、学历等方面尚未实现互认。这些都影响人才开发的效率。搭建闽台创新型人才开发体系就是要求闽台遵循经济发展和人才成长的规律，在双方协商一致，平等互利的基础上，创新人才开发合作的机制和体系，从人才的内部成长规律出发，利用外部的环境的塑造，形成完善的创新型人才开发体系，保障区域内人才实现高效开发。

3.4　增强人才开发综合实力

福建地处东南沿海，位于长三角、珠三角夹缝，从地理位置上看，并不具有太大的人才竞争优势；2013 年福建的 GDP 为 21910 亿元，在全国排名为 12 位，经济优势并不显著。福建的创新型人才总量严重不足，2012 年科技人才的总量约为 24 万，占整个劳动人口的 9%，每万人口拥有高等教育学生人数为 230 人，比例偏低。台湾和福建相比，具有一定的人才竞争优势，但也存在严重的问题。近年来台湾经济不断下滑，人才外流严重，台湾自主创新型能力不足，缺乏发展新兴产业的创新型人才。闽台面临的问题是挑战也是机遇。随着海峡经济圈的逐步成型，闽台创新型人才开发合作也逐渐深入开展，两地搭建创新型人才开发体系所产生的作用将大大增强闽台地区的人才开发的综合实力，对区域内区域外的人才形成巨大的向心力，进一步提升闽台区域的人才竞争力。

4　闽台创新型人才开发体系系统构建

闽台创新型人才开发体系的构建从根本上来说是要在闽台之间建立创新型人才开发合作的长效机制，使闽台创新型人才开发更具科学性、前瞻性、合理性。闽台之间合作不同于国内区域间的合作，是属于地区之间的合作，不仅涉及到经济层面，更有深刻的政治内涵。闽台之间虽然合作的时间较长，涉及到的合作领域也较宽，但是合作不深入，合作效果并不理想。因此在构建闽台创新型人才开发体系时，应充分结合闽台实际情况和创新型人才所具备的素质特征。

从外部来说，在创新型人才的开发体系中，参与创新型人才开发的主体主要包含政府、高校和社会三方面。政府主要承担引导者和支持者的角色。即通过制定人才开发的政策，制度和规划等引导区域内人才的开发方向；通过提供资金、场地、设备，创造良好的环境等鼓励人才创新。高校在创新型人才开发中具有双重任务，既是培养潜在创新型人才最基本最主要的场所，同时也承担着创新体系中的基础研究工作。社会是培养和塑造创新型人才的重要场所，社会在开发人才方面不仅包含对人才市场、城市基础设施等硬件方面建设，还包含了塑造文化环境，提供人才服务等软件方面的完善。创新型人才开发体系的外部环境塑造，就是要充分整合政府、高校、社会三者之间的协同效应，不断对创新型人才的内部的知识结构、能力进行优化和提升，不断激发创新型人才创新思维，不断塑造创新型人才的个性和品质，利用人才内部素质的培养以及人才外部机制环境的相互作用，构建闽台创新型人才全方位的开发和培训体系。

如图 9.1 所示，闽台的政府、高校和社会应紧紧围绕创新型人才的素质培养，在政府主管部门之间形成创新型人才开发的联动机制，并达成合作开发的协议；高校结合创新型人才所需要的素质要素进行更为深入的开发合作，为闽台经济社会发展培养具有创新素质的人才；社会方面应积极参与人才的开发，促进人才的合作配置和流动，为人才的创新提供优质的

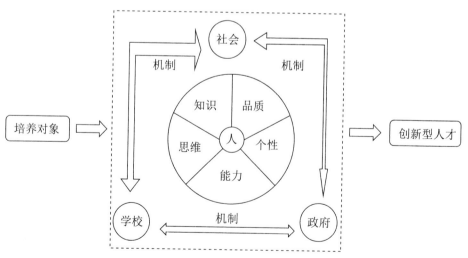

图 9.1 闽台创新型人才开发体系图

服务。从内外两方面共同作用，建立起一套科学合理的创新型人才开发体系。

5　闽台创新型人才开发体系构建的原则

5.1　积极合作的原则

知识经济时代创新型人才是社会经济发展最主要的因素，也成为各地激烈竞争的重点。据调查显示，闽台有四分之三以上的单位在发展过程中面临人才短缺的障碍。在人才开发过程中，当自身不具备独立开发的条件，或是独立开发的成本太高，通过区域合作开发是一条最佳途径。人才开发的区域合作强调整体性，充分体现了主体间的协作性和互补性。通过整合资源、优势互补，共同努力完善人才培育体系。因此，闽台地区在构建人才开发体系的过程中，无论是福建地区还是台湾地区，都必须跳出本区域独立开发的束缚，站在区域经济一体化的高度，积极借助对方的资源，形成开发人才的合力，通过区域间的充分合作，形成更加完善的人才开发体系，共同应对国际人才竞争。如果各地方政府采取不合作和保守态度，最终会导致人才成本的膨胀以及人才对社会贡献的弱化。在区域经济一体化的背景下，合作开发是双方共赢的选择，亦是未来人才开发的趋势。

5.2　切实可行的原则

在闽台创新型人才开发合作实践中，由于两地政府的合作意向并不对等，表现为福建方面积极主动，但台湾方面一直持保守态度，造成两地至今未达成官方方面的合作协议，严重影响了闽台创新型人才开发的实效。因此，闽台在构建创新型人才开发体系时应遵循目前闽台合作的现状，针对闽台人才开发合作中存在的问题及阻碍，设计具有现实意义的体系，真正地把合作落到实处。闽台创新型人才体系的构建关键在于闽台的政府主管部门能达成合作开发的协议；重点在于高校之间的紧密配合从源头上塑造学生的创新素质；而社会是创新体系构建的保障，对人才的持续成长起着重要的推动作用。闽台创新型人才体系构建应充分整合政府、高校、社会三方面的功能，才能真正把创新型人才的培养落到实处。

5.3 循序渐进的原则

在搭建闽台创新型人才开发体系过程中既需要作长远规划，更需要制定阶段性目标，突出重点，分段实施，稳步推进。根据循序渐进的合作原则，在推动闽台地区创新型人才开发合作中首先应求共识、打基础、建平台，逐步从浅度合作转向深度开发，构建起长效合作机制。在开发策略上，通过闽台地区人才主管部门协商协作，形成相互兼容的人才开发政策框架、人才市场机制和人才服务体系。在人才开发合作内容上，在不断深化现有的合作项目的同时，开展针对闽台共同面临的紧缺人才领域的合作，逐步推进闽台在人才市场、人才信息网络的互通，为最终建立一体化的人才开发体系打下基础。在合作途径上，继续开展闽台两地间高校、企业、以及社会团体之间的合作，但在合作的方式和程度上要不断拓展；此外还应该在闽台产学合作的基础上，不断加强闽台政府、科研机构以及人才市场等人才开发主体间的合作，逐步形成全员合作的势态。

5.4 市场配置与政府宏观调控结合的原则

在闽台创新型人才开发合作中，首先充分发挥市场机制在人才开发中的重要作用，在人才合作的形式、项目、规模以及人才的流动、择业、居留等方面，要依靠市场来完成。要充分发挥市场机制中的价格机制、供求机制和竞争机制的作用，通过市场规则来明确合作双方的责任义务，做到风险共担，资源共享，合作共赢，提高人才资源开发水平和效益。另一方面要加强政府宏观调控，政府应积极为闽台人才合作创造良好的政策环境和人文环境，提供优质公共服务。政府对人才开发的宏观调控职能主要体现在三个方面：一是引导职能，立足当前，放眼未来，制定人才开发的短期、中期和长期规划，引导人才开发的方向和目的。二是协调职能，遵循市场配置的原则，采取一定的倾斜政策和优惠政策，支持闽台创新型人才合作开发。三是保障职能，加强人才保障管理，制定和完善人才管理法规、制度，保障人才在择业、创业、流动中的各项权益。

6　构建闽台创新型人才开发体系的建议

6.1　构建有利于闽台合作的政策法规体系

闽台创新型人才开发体系的构建，很大程度上受台湾政策方面的限制，在两岸政治立场并不统一的情况下，双方的人才开发合作不可能完全按市场规律运行，人才政策必然服务于政治目标。因此，推进闽台合作的有序发展，不仅需要人才开发主体的共同努力，更要建立起一套科学的政策法规体系。一是闽台地区应首先进行人才政策对接，逐步统一衔接区域内人才流动政策、引进政策、培训政策和社会保障政策，联手进行区域性人才市场监管，共同构建公平竞争的人才法制环境。二是达成闽台创新型人才开发合作的协议框架。通过制定人才开发的政策，制度和规划等引导区域内人才的开发方向；畅通闽台合作渠道，加强闽台人才开发主体间的协作配合，创新合作方式，完善信息网络，制定深入推动闽台合作的新政策和措施。三是，建立闽台创新型人才开发合作的保障机制。通过提供资金、设备，创造良好的环境等鼓励人才创新；逐步放宽双方人才在出行、居留、就业、创业、投资等方面的限制措施，为区域内人才的合理流动创造条件。

6.2　建立资源互补的教育培训体系

当前闽台创新型人才不仅总量严重不足，且质量不高。因此要把优化人才的内部素质结构和教育结构作为重点，把培养具有创新精神和能力的人才作为闽台创新型人才开发体系构建的重点。闽台教育资源具有互补性，福建生源丰富，教育资源缺乏，培养层次低；而台湾生源不足，教育资源丰富，尤其职业教育体系趋于完善。基于两地互补的教育资源，闽台应该在平等互利的基础上，共享优质教育资源，从而使创新资源和要素有效汇聚，达到提高办学质量和效益的目的。目前闽台高校应该在双方互聘教授、教师交流、学生交流合作的基础上，进一步深化合作的内容。一是继续推行学生互换的培养方式。但在合作的方式、领域和高校的数量上应该进一步拓展。如在互认双方学分的基础上，推行"3＋1""2＋2"本科阶段培养模式，并针对台湾在职业教育方面的优势重点推行"3＋2""4＋1"硕士阶段培养模式。二是共享双方的教育教学资源。包括了教学资源、图书文献、科研仪器等的共享。闽台高校应充分利用现代信息和网络技术，实现网上共享双方优势学科教学资源，图书馆文献资料等，这样不仅能节约开支，还能为两地高校提供更多的学习资源。三是加强教师互聘。高校之间教师进行互聘，充分发挥各高校优势学科教师的潜力和能力，对有些薄弱的专业学科，通过聘用合作高校相关专业的师资，可以尽快提升所在学科的教学和科研实力。

6.3　完善闽台区域的人才配置体系

对于一个地区来说，增加人才资源总量一是靠开发人才，二是要合理配置人才。人才资源的合理配置关键在于人才自由流动。闽台创新型人才开发主体应该以市场化配置为基础，以政府宏观调控为导向，以用人单位人才需求为核心，进一步完善创新型人才选用配置体系。首先要强化政府宏观调控。政府从构建人才流动平台入手，消除人才流动的制度性障碍。闽台政府应逐步形成创新型人才开发的联动机制，制定宏观的合作协议和开发规划；逐步放宽双方人才在出行、居留、就业、创业、投资等方面的限制措施；不断发展人才市场，为区域内人才的合理流动创造条件。二是更新用人理念和方法。台湾政府主管部门要逐步放宽对福建人才在台求学、就业、居留等方面的限制，并简化人才流动程序。福建方面要提高人才录用和配置效率，用人单位在创新型人才的选用和配置过程中，要树立先进管理理念，引入科学管理方法，促进人才发展。三是要优化人才市场服务。加强两地人才机构间的合作。通过举行论坛、会议等了解对方的人才供求情况、储备信息等；通过建立闽台共享的创新型人才信息网，为双方用人单位和人才本身提供及时、准确、丰富的信息；并通过互设分支机构，促进区域内人才科学合理的配置。

6.4　建立相互衔接的人才服务体系

相互衔接的人才服务体系是指人才开发合作方在人才服务政策方面应当相互衔接，减少人才跨地区流动的障碍，促进人才资源的优化配置。闽台两地虽具有深厚的历史文化渊源，但由于闽台目前施行不同的社会制度，处于不同的经济发展阶段，两地在人才服务政策方面存在着较大的差异。比如在对于人才的评价、户籍的管理、社会保障等方面，都对人才的开发形成不小的阻力。台湾的人才到福建往往因为档案、户籍等问题，而无法享受同当地人才同样的待遇；而福建人才在台湾的职称学历认定、居留、医疗等方面也难以得到保障。当前迫切需要双方的相关部门达成人才合作开发的一致意见，初步建立起相互衔接的人才服务平台。解决人才在自由流动过程的职称评定、安家落户、子女教育、社会保障等一系列公共服务问题。另外，在社会软环境建设方面，福建需要加大人文环境的建设，在交通、基础设施、文化体育设施等方面增加投入，缩小和台湾方面的差距，让创新型人才能拥有一个优美的人居环境。台湾方面应该鼓励闽台官方和民间性质的人才交流合作，针对福建出台更多优惠和便利措施，在岛内形成一种"本是同根生，闽台一家亲"的氛围，为闽台人才开发的一体化奠定良好的氛围。

7　本章小结

创新型人才资源由于具备有别于一般人才的知识、能力、意识、个性、品质特征，因而具有巨大的创新潜能，从而成为现代经济和科技发展的驱动力，同时也成为各个国家和地区争夺的焦点。当区域经济一体化逐步深入，合作开发创新型人才是区域内各个人才开发主体多赢的选择。闽台地区应以优化人才配置、共享区域资源、创新型人才开发机制、增强人才开发综合实力为目的，坚持合作互惠、切实可行、稳步推进、市场配置和政府职能充分整合的原则，充分发挥政府、高校、社会三方面的主动性和积极性，不断完善区域的人才开发合作政策法规体系、教育培训体系、人才配置体系和人才服务体系，从而构建既能培养人才又能吸引创新型人才的开发体系，以服务于闽台经济社会的发展。

参 考 文 献

［1］ K. Peter Kuchinke. Comparing national systems of human resource development：role and function of post-baccalaureate HRD courses of study in the UK and US ［J］. Human Resource Development International，2003 (6)：285-299.

［2］ Kiyor Harada. The changing Japanese human resource development system ［J］. Human Resource Development International，1999 (2)：355-368.

［3］ Petre Holland；Cathy Sheehand；Helend De Cier. Attracting and Retaining Talent：Exploring Human Resources Development Trends in Australia ［J］. Human Resource Development International，2007 (3)：247 -262.

［4］ Jurgita Šiugždienė. Human resource development system the context of public management reform ［J］. Management theory and studies for rural business and infrastructure development，2008 (15)：180-191.

［5］ Athanasios Chatzimouratidis；Ioannis Theotokas；Ioannis N. Lagoudis. Decision support systems for human resource training and development ［J］. The International Journal of Human Resource Management，2012 (4)：662-693.

［6］ 尚政国，殷正坤. 构建面向知识经济的人力资源开发体系 ［J］. 科技进步与对策，2001 (2)：109-110.

［7］ 李瑜芳. 闽台区域合作完善的价值取向与合作模式-以闽台区域信息产业人才合作培育为例 ［J］. 福州大学学报，2010 (3)：106-111.

［8］赵惠芳，李超，徐晟．皖江城市带参与长三角人才开发一体化研究［J］.合肥工业大学学报，2013（2）：1-6.

［9］马宁，饶小龙，王选华，王俊峰，曹立峰．合作与共赢：京津冀区域人才一体化问题研究［J］.中国人力资源开发，2011（10）：72-77.

［10］涂征．推进和深化闽台人才交流合作之探讨［J］.福建省社会主义学院学报，2013（3）：64-66.

［11］郑百龙，陈奇榕．构建闽台高新技术人才培养体系的若干思路［J］.台湾农业探索，2006（3）：9-13.

［12］李群，陈鹏．我国人才效能分析与对策研究［J］.系统工程理论与实践，2006（5）：72-77.

［13］Sternberg，RJ. A three-facet model of creativity［M］. NewYork：Cambridge University Press，1988：125-147.

［14］Montgomery Diane，Bull Kay S. Baloche，Lynda. Characteristics of the Creative Person：Perceptions of University Teachers in Relation to the professional Literature［J］. American Behavioral Scientist，1993（1）：68-78.

［15］施章清．造就创新的人才．人民日报，1999-8-26.

［16］闫涛．创新型人才培养的绩效管理体系探讨［J］.现代商贸工业，2012（2）：17-19.

［17］王凤科，周祖成．创新人才素质测评［J］.经济与管理，2002（1）：20-21.

第十章

闽台创新型人才开发合作模式研究

1　引　言

随着全球经济一体化的到来，人才开发合作一体化也逐渐成为了一种共识。Sehoon &Gary N[1]认为随着经济全球一体化的到来，组织面临更加严重的人才竞争，要促进全球人才的成功管理，需要平衡各个人才开发主体的策略，创建一个结构化的开发系统，并支持全球人才团队建设。Tomlinson[2]等认为教育的合作交流，可以让学生获得更多的利益，促进教师之间交流，并最大化发挥教育资源的优势，因此他们建议教育部门应牵头在国家、州、地区、学校间建立合作关系。实际上，在全球，各个国家纷纷与其他国家和地区建立人才合作关系[3][4]。Etzkow[5]等提出包含企业、高校和政府在内的三重螺旋结构合作模式。而 Lundberg 和 Andre-sen[6]认为产学研合作离不开金融的支持，因此他们提出了基于企业、高校、政府、金融间的合作模式。Çetin[7]等认为相比较产学合作的二维模式，如果能得到政府和社会团体的支持，即政府、产业、大学、社会团体的合作模式会更为有效。高校、产业、政府以及研究机构等的合作能大大促进生产力的提高[8]，使国家的科技和教育得以整合，同时也优化了教育和生产方式[9]。未来，大学和产业界的合作将上升为一种责任[10]。在国内，包括长三角、泛珠三角、京津冀、中部六省等三十多个区域纷纷建立了人才开发的合作协议[11]。区域间的人才开发合作已经成为一种趋势。对福建和台湾来说，如何更快更好的进行两地的创新型人才开发合作成为一个重要的议题。从远东[12]在分析闽台人才交流现状基础上，提出构建两岸人才交流合作区域中心，并对人才交流中心的目标定位、工作重点进行了探讨。苗月霞[13]总结了福建在对台人才交流合作中的经验，提出了构建海峡两岸人才交流合作"实验区"相关对策。李玲、陈晏辉[14]分析了闽台"校校企"人才培养模式的现状、成果以及存在的困难。黄威[15]深入分析了闽台农业领域人才交流合作的形式和特点。本文在前人研究的基础上，对闽台创新型人才开发合作的模式做进一步探讨，以期对闽台地区创新型人才开发合作提供有价值的参考。

2　闽台创新型人才开发合作的现状

2.1　合作政策

福建省充分认识创新型人才在区域经济建设中的重要作用，为加强与台湾在创新型人才开发上的合作，2008 年福建省制定并出台了《关于实施闽台教育交流与合作工程的意见》，对闽台教育交流合作的具体目的、任务和保障措施都明确做出了规定。2009 年 7 月，福建明确提出了"构筑两岸人才交流合作区域中心"的战略目标。2010 年福建在发布《福建省中长期人才发展规划纲要（2010—2020）年》中提出了十大人才政策，其中第六条明确规定了实施闽台人才交流合作先行先试政策，完善闽台人才在通行、居留、就业、创业、参与社会管理等方面政策落实。随着两地教育合作的深入，2009 年福建又出台了《关于做好取得内地（祖国大陆）全日制普通高校学历的台湾学生来闽就业有关工作的通知》，通知不但为台生提供了就业的五大专项服务，还允许具有硕士学历的台生可以应聘事业单位。为了进一步提升闽台创新型人才开发合作的水平，2010 年福建出台了

《关于做好引进台湾地区高层次人才有关工作的通知》；2012 年福建省又出台了《关于鼓励扶持台湾高校毕业生到平潭综合实验区创业的意见》，这一系政策的制定并实施为闽台创新型人才的开发合作提供了有力的政策保障。

2.2 合作平台

为促进闽台创新型人才的开发合作，福建省政府积极搭桥引线，为两地的人才开发主体提供合作机会。一是通过举办交流会、论坛等搭建合作的桥梁。自 2003 年起福建每年举行"中国海峡项目成果交易会"，至今已经成功举办 12 届。从 2007 年起，福建每年举办"海峡两岸人才交流与人力资源服务合作大会"，促进了闽台人力资源机构、企业和人才的交流互动。2008 年，福建举办了首届海峡两岸人才开发合作论坛，并发布了"在闽台籍居民申报工程、经济、卫生、农业四个专业技术职务任职资格评审"政策；成为中国内地对台开展专业技术职称评审的唯一省份。2009 年福建主办了"首届海峡两岸大学生创业项目对接洽谈会"，促成了台湾一批优秀的创业项目和企业在福建落地。二是积极建设各种园区，通过项目、资金、技术的合作带动人才合作。如厦门火炬园、泉州高新技术产业开发区、福州软件园等。三是成立专门的实验区带动两地的人才开发合作。如平潭综合实验区的建设。

2.3 合作方式

目前，闽台创新型人才开发合作的主要形式有以下五种，一是以研讨会、论坛等为载体的交流式合作，通过定期组织区域内的人才智力交流活动，为闽台搭建创新型人才开发合作的桥梁。如，上文提到的海峡两岸人才开发合作论坛等。二是通过项目、产业合作为平台带动人才合作。包括协商共建各层次人才培养教育基地，互设分支机构，互派学者、科研专家交流等多种形式。如闽台在农业领域的合作就是通过共建实验室、研究基地等带动创新型人才的合作开发。三是短期的交流、学习、培训式合作。

如启动"闽台优秀人才交流对接计划"，福建有计划地组织优秀的人才赴台湾交流学习，同时聘请台湾的高级创新型人才来闽授课、指导等。四是引进式合作。福建出台优惠政策，以引进台湾方面的高级创新型人才。五是通过建立投资区、实验区、产业园等促进人才合作。在区内实施特殊的经济、贸易或者人才政策，促进两地的人才合作开发。如平潭综合实验区、泉州台商投资区、漳州台湾农民创业园等。

2.4　合作成果

近年来，闽台通过人员互访、经贸往来、科教合作、文化交流等载体，使闽台创新型人才的开发合作规模不断扩大，层次逐步提升，领域不断拓展。尤其在教育领域，自 1985 年福建华侨大学率先开展对台招生，目前福建已有 9 所高校对台湾学生实行单独招生考试，累计招收台生近 4 千人。在职业教育合作方面成果尤其显著。福建有 30 多所高职院校与台湾 30 多所高校签订了 70 多项合作协议。在经贸合作方面，福建是吸引台资最大的省份，台商在福建省投资 1 亿美元以上的企业有 15 家，投资 1000 万美元至 1 亿美元的有 290 家；台湾百强企业中有 35 家在福建落户。福建还与台湾最大的五个工商团体签订了《交流合作备忘录》，推动闽台三十多个协会建立了交流合作机制。在农业合作上，福建已有 300 多个乡镇与台湾 200 多个乡镇开展对接交流活动。据统计，2013 年台湾来福建从事农业参观考察、经贸洽谈、学术交流的人员达 1.2 万人次之多。目前台湾有 10 多万科技、经贸、管理人才在福建工作，其中定居在福建的科技人才就多达 1.6 万人，是大陆省份中定居台胞最多的省份。

3　闽台创新型人才开发合作存在的问题

3.1　合作意向不对等

目前闽台创新型人才开发合作最大的问题就是两地政府合作的意向不

对等。虽然近年来两岸关系不断改善，闽台创新型人才交流合作逐步进入正轨，但是台湾当局始终对发展同大陆的经贸关系深具戒心，一直实施"宽出严进"的政策，对大陆商品、资本、劳动力实行严厉的市场准入限制。福建虽然作为大陆对台交流的先行先试窗口，也难免受到很多限制。闽台两地间创新型人才开发合作，还主要表现为以福建为主导，而台湾政府方面一直没有出台切实可行的政策来促进两地的交流合作。就拿闽台合作最为成功的农业领域来说，台湾当局部分限制性政策阻碍了闽台农业人才合作向更高层次的发展。他们在政策中明文规定，禁止对台湾地区安全或经济发展中重大负面影响的农产品及其生产相关的科技交流与合作；还严格限制大陆地区科技人员赴台从事研究人数和时间。台湾方面的保守政策严重阻碍闽台创新型人才的开发合作进程。

3.2 合作机制不完善

闽台两地的创新型人才合作机制较为松散，缺少政策制度保障。造成人才开发合作缺乏科学合理的规划和组织，影响人才合作开发的效率。闽台双方至今尚未出台明确的政策指导两地的创新型人才开发合作，更不用说设立办事机构和签订具体的合作协议。就目前的闽台达成的合作意向来看，由于缺乏政策保障、资金等原因，往往流于形式，最终得到落实的比较少，而取得一定效果的就更少了。每年两地举行形式多样的人才交流合作论坛、大会等，但往往重交流、轻合作，最终形成常规性、长远性的合作协议较少。另外福建方面制定的人才开发政策，在落实的过程还存在许多不足和漏洞，缺乏配套的解决措施和方案，往往出现问题后相互推诿，也给闽台合作开发创新型人才带来不利的影响。如，福建的行政服务程序多，效率低；福建在社会保障、人文环境等方面也与台湾存在不少的差距，这些都影响了合作开发的实效。

3.3 合作程度不深入

从现状看，闽台创新型人才开发合作在深度和广度上都还存在很大差距。从闽台创新型人才开发合作的主体来说，目前参与合作的主要是福建政府、两地的企业、高校，并且参与的面并不广；而台湾当局、两地的科研机构、人才中介机构以及民间团队在创新型人才开发合作中的作用还有很大的拓展空间。从人才合作开发的形式来说，目前使用最多的是交流式合作；其次是协议式和项目式；而实体式和政策式还相对缺乏。因此导致在实际合作中，往往是雷声大，雨点小。由于缺乏有效的合作机制，闽台创新型人才开发合作还停留在较低层次。从合作模式来说，闽台主要的合作模式为校校合作、校校企合作、产学研合作，合作模式较为单一，还没有充分发挥各个人才开发主体的能动作用，形成全方位多角度的开发模式。因此，闽台合作开发创新型人才无论从参与度、开发的形式以及合作模式上说，都还不深入。这显然与人才开发一体化的要求相去甚远。

4　闽台创新型人才开发合作的有利条件

4.1　两地的人才资源互补

闽台两地人才资源存在较大的互补性。福建人才资源丰富，2012年福建的就业人口达2569万人，其中科技人才近24万，占总就业人口不到10%，劳动力在三次产业间的结构比为25∶38.8∶36.2，可见福建的人才结构是初级劳动力供应充足，而中间的专业技术人才短缺，高级创新型人才总量较大，但比例较低。而台湾地区随着老龄化日益严重，初级劳动力日益短缺，2012年台湾的就业人口有1134万人，仅占同期福建就业人口的44%；但科技人才就有29万，占总就业人口近26%，就业人口在三次产业间的比为5∶36.2∶58.8。与此同时台湾的专业技术人才相对过剩，2012年台湾的失业率达4.2%，有近50万人处于失业状态，这其中不乏管理、金融、信息等方面的高级人才，而这些人才正是福建非常紧缺的。由此可见，闽台两地在人才资源结构上存在较大的互补性，台湾地区的现代农业、金融业、文化创意产业、高端服务等现代产业处于世界领先水平，有许多优秀的人才，而福建大力发展的新兴产业，迫切需要这些人才。两地的创新型人才开发合作能有效弥合两地人才资源的结构不平衡，使两地均得到利益。

4.2 两地的教育资源合作互利

台湾教育体系中，职业教育约占 60%，综合教育占 40%左右。两类教育都包含了大专、本科、研究生层次，都能培养硕士研究生和博士研究生。特别是职业教育已形成一套完善的体系。20世纪八九十年代台湾高校的盲目扩张，而随着台湾每年出生率的递减，高等院校数量的急速扩张与岛内人口出生率的持续下降，形成强烈的反差，导致目前台湾的高校普遍面临招生困难、生源质量不高的问题，造成教育资源闲置与浪费。而福建的生源富余，高等院校不到 90 所，仅占台湾的一半，而高中在校学生就有 260 万之多，许多学生面临巨大的高考压力，亦或是进不了理想的高校学习；此外，福建的高等院校也需要进一步发展的机会，尤其是职业教育只有中职和高职层次，没有职业教育的本科层次和研究生层次，远远不能满足福建对高级技能人才的需求。闽台两地高校互有专精，优势互补，两地如能在教育领域的进行深入的合作，不仅能促进两地更好的合作开发创新型人才，还有助于缓解台湾高校面临的生源危机。

4.3 两地的产业对接互赢

从产业结构来说，台湾更早已是一个服务业为主的经济体，台湾的服务业自 1987 年起就占到 GDP 的 50%以上，到 2012 年占到 69.2%。但近年来台湾经济不断下滑，由"四小龙"之首滑到"四小龙"之尾，主要由于台湾过去执行错误的政策，由"拼政治"代替"拼经济"，严重打击了企业家及投资者的信心，台湾面临被边缘化的危境。台湾一直在探索产业升级与转型方向，2009 年，台湾当局推出六大新兴产业作为台湾产业调整和发展的新方向，并提出向"科技岛"迈进的目标。而福建借助海峡西岸经济区建设的契机，经济不断攀升。2007 年，福建的 GDP 为 9248 亿元，相当于当年台湾 GDP 的 40％；2012 年，福建 GDP 已达 19702 亿元，相当于同期台湾 GDP 的 64％。福建稳定的经济增长率，对台湾的产业转型升级有着不可替代的意义。福建制造业升级和振兴急需大量专业技术人才，为台湾相对过剩的机械、电子信息等先进产业技术人才提供了广阔的发展空间；同时福建也为台湾产业的梯度转移提供了优惠政策。从目前闽台发展的新兴产业来说，台湾提出六大新兴产业与福建战略性新兴产业发展方向不谋而合，两地在高科技产业方面也有很大合作空间，也为两地创新型人才开发合作带来了十分广阔的前景。

4.4　国家的政策倾斜

福建作为对台交流的桥头堡，一直受到国家的重视。党中央对福建寄予很大期望，并希望福建"拿出一些好的做法与经验，向中央交出一份比较满意的答案"。为了支持福建的对台交流合作，2008 年 3 月，人事部在出台的《关于支持海峡西岸经济区建设推动福建人事工作发展的意见》中指出以培养高层次人才为重点，促进海峡西岸经济区专业技术人才队伍建设，并要求各级部门在人才选拔培养，职称试点工作，大陆毕业的台生就业等方面给予福建政策倾斜。2009 年，国务院正式出台《国务院关于支持福建省加快建设海峡西岸经济区的若干意见》，意见中明确提出支持扩大两地经贸合作，按照建立两岸人民交流合作先行区的要求，允许在对台经贸、航运、文化、教育等方面交流与合作中，采取更加灵活开放的政策，先行先试，取得经验。2014 年，在第六届海峡论坛上，国家又出台了八条对台的优惠政策，为台湾人才来闽的出行、贸易、投资等方面创造更为便利的条件，为闽台创新型人才的合作开发创造更为有利的条件。

5　闽台创新型人才开发合作的模式

陈书洁等通过对我国 16 个区域人才开发合作实践的研究，将人才开发合作方式分为对话式、政策式、项目式、实体式四种方式[16]。黄威在研究闽台农业领域的人才合作时，提出人才合作的就业式、项目式、交流式合作[15]。本文总结学者们的观点，并结合闽台创新型人才开发的现状，确立了五种适合闽台创新型人才开发合作的方式，具体方式及主要内容见表10.1。在区域人才交流合作中，参与的主体主要涉及了政府、高校、科研机构、企业、人才市场、民间团体。根据目前闽台创新型人才开发合作的现状、存在的问题以及两地在创新型人才开发合作上的优势资源，采取多种合作方式，形成全方位、立体式的创新型人才开发合作模式。如图10.1所示，从横向来看，福建和台湾的人才开发主体可以采用交流式、协议式、项目式等合作方式，形成官－官，产－产，学－学等合作模式；从纵向和斜向来说，闽台可以建立官－产－研，产－学－介，产－介－民等多种开发模式。也就是说，图10.1建立一个闽台创新型人才开发合作的立体模型，闽台应充分发挥各个人才开发主体的积极性和主动性，结合具体的情况，采用适合的合作模式，促进闽台创新型人才开发的全面展开。就目前闽台创新型人才合作开发的现状，以下重点阐述了当前闽台迫切需要建立并完善的5种创新型人才开发合作模式。

表 10.1　闽台创新型人才开发合作的主要方式

合作的方式	主要特点
交流式	通过互访、研讨会等共享知识、经验、技术、信息等
协议式	通召开会议、举办论坛和贯通信息网络等签订区域人才开发合作协议或专项合作协议
项目式	通过人才培训合作、联合招聘、共同申报项目、人才派遣服务等培养双方所需人才
实体式	区域内人才开发主体投入资金、场地等建立培训基地、实验中心和人才中介机构等
政策式	区域内政府协商制定人才合作开发的政策和并不断完善合作机制

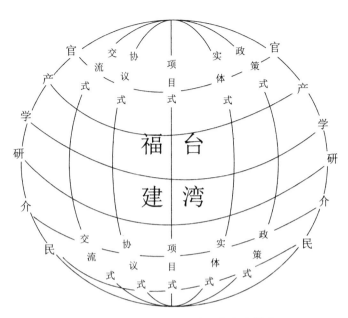

图 10.1　闽台创新型人才开发合作模式

5.1　官官合作

官官合作是指区域内政府层面的合作，双方的政府就区域内的创新型人才开发合作进行协商，在平等互惠的基础上建立区域人才开发合作框架和协议。政府的支持是区域创新型人才开发合作的有力保障，能促进合作开发效率和效果。目前闽台区域的创新型人才合作根本性的问题还在于政府层面的合作进程。就双方合作的优势来看，党中央赋予了福建对台交流先行先试的政策优惠；建设海峡西岸经济区的战略部署为两地合作赢得了先机；福建与台湾地缘近、血缘亲、文缘深、商缘广、法缘久，更是两地合作的先天优势，闽台政府应该充分认识合作对双方来说是多赢的选择。在此认识基础上，福建方面更应该积极主动和台湾方面寻求合作，台湾方面亦应该放松之前保护政策，双方就目前合作的现状以及将来合作的相关事项，开展深入的对话交流。及时成立服务两地的创新型人才合作开发管理机构，就闽台在创新型人才开发合作的具体事宜进行组织和协调。并及时出台闽台创新型人才开发合作的具体实施指导意见，共同协商制定闽台

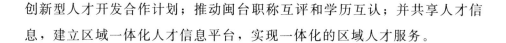

创新型人才开发合作计划；推动闽台职称互评和学历互认；并共享人才信息，建立区域一体化人才信息平台，实现一体化的区域人才服务。

5.2　校校合作

校校合作是指区域内两个或两个以上的高校之间建立合作关系，在平等互利的基础上，共享优质教育资源，达到提高办学质量，扩大优质教育资源的辐射范围，培养更多创新型人才的一种办学形式。校校合作的优势在于可以突破校际间的壁垒，充分释放高校间"人才、设备、信息、技术"等创新要素活力，最大限度发挥高校优势教育资源，从而使创新资源和要素有效汇聚，达到提高办学质量和效益的目的。目前闽台高校应该在双方互聘教授、教师交流、学生交流合作的基础上，进一步深化合作的内容。一是继续推行学生互换的培养方式。但在合作的方式、领域和高校的数量上应该进一步拓展。如在互认双方学分的基础上，推行"3＋1""2＋2"本科阶段培养模式，并针对台湾在职业教育方面的优势重点推行"3＋2""4＋1"硕士阶段培养模式。二是共享双方的教育教学资源。包括了教学资源、图书文献、科研仪器等的共享。闽台高校应充分利用现代信息和网络技术，实现网上共享双方优势学科教学资源，图书馆文献资料等，这样不仅能节约开支，还能为两地高校提供更多的学习资源。三是加强教师互聘。高校之间教师进行互聘，充分发挥各高校优势学科教师的潜力和能力，对有些薄弱的专业学科，通过聘用合作高校相关专业的师资，可以尽快提升所在学科的教学和科研实力。

5.3　产学研合作

台湾在产学研合作培养创新型人才的历史由来已久，并取得了巨大成功，为台湾培养大批创新型人才，1980 年成立的新竹科学园区就是非常成功的例子。在闽台创新型人才开发合作中，台湾完全可以将产学研合作培养创新型人才的实践推广到闽台区域，在更大的范围内开展产学研合作。福建在充分借鉴台湾在产学研合作上的经验基础上，还应该积极同台湾开展产学研合作，在产学研合作的方式、程度上不断创新。对于台湾来说，解决岛内高校生源不足和失业并存的局面，产学研合作是一条切实有效的途径。台湾的高校和科研机构应积极和福建的企业合作。合作的方式可是在企业成立研究院，合办企业大学等。对福建来说，正处于产业升级的关键期，需要大量的人才和先进的技术，因此福建的企业应当借助闽台的学术、技术、项目的交流合作契机，形成闽台产学研合作的长效机制。福建的大型企业可以充分利用自身的资金优势，而小型企业可以抱团形成行业联盟，吸引台湾的高校和科研机构与企业合作。合作的方式可是在企业建立研究中心，邀请台湾专家深入企业调查研究，聘请高校教师挂职，共同解决企业的管理技术问题；或是共建培训基地，由企业出资，学校提供生源，科研机构和高校实施培养计划，为企业培养创新型人才。

5.4　介介企合作

介介企合作主要指针对闽台企业发展所需的人才，双方的人才中介机构开展合作对接，达到有效配置区域人才资源的目的。人才中介机构自身的定位决定了它必须对区域内乃至区域外的人才的知识结构、供求信息、市场行情等方面的信息非常熟悉。因此闽台人才中介的合作能很好地为两地企业开发更多创新型人才。目前，闽台人才中介机构积极借助台交会、海交会等平台展开合作，但完善的闽台介介企合作机制并未建立。为推进闽台介介企合作平台的建设，一是要加大两地人才中介和企业的交流合作，通过联合举办人才交流会、人才培训项目与人才派遣等方式，促进两地人才的对接，尽快建立闽台人才中介合作联盟。二是深化闽台人才中介机构合作，鼓励双方互设分支机构，或组建区域人才服务市场。积极分析统计闽台产业的布局、动向，及时公布双方的人才供需情况，为闽台区域的人才提供切实可靠的信息，为人才在择业、就业等方面提供配套服务。三是要建立闽台人才市场信息平台。建立人才信息交换和发布机制，推进区域人才信息网互联。针对闽台产业的需求联合发布信息，组织网上招聘。对外建立高层次创新型人才信息库，通过区域产业发挥的强大辐射力吸引海内外高层次人才。

5.5　民民企合作

闽台之间有深厚的历史文化渊源，两地的民间团体数量众多，个人会员中还包括大批高层次的专家学者、研究人员、退休领导、高级管理人员等，可谓人才荟萃。如台湾学会、台港澳研究会、闽南文化研究会等民间社团。由于历史原因，依靠政府等行政方式推进闽台创新型人才开发合作往往顾虑重重，进程缓慢。民间组织的政治束缚少，没有地区利益等方面的影响。因此，充分借助民间力量推动两地创新型人才开发合作，不仅速度快，效果好还大大降低了成本。闽台农业领域的合作就是首先通过民间渠道开展的。因此，区域经济一体化的进程中，应充分重视民间团体在推动闽台创新型人才开发合作中重要角色。闽台民民企的合作可以首先采用对话式合作，即充分发挥两地行业协会的作用。组织成立区域行业联盟，共同为推进两地在产业、科研机构、人才市场方面的合作搭桥引线。其次，可以成立闽台创新型人才开发合作促进会，为闽台政府、企业、高校、科研机构和人才中介等的合作交流提供政策建议。

6　本章小结

随着知识经济的到来，区域经济一体化的深入发展，对创新型人才的需求与日俱增，区域合作开发创新型人才必将成为新一轮区域合作的重要战略目标。闽台合作开发创新型人才的历史近三十年，但目前仍存在官方合作意见不对等，合作程度不深入，合作层次低等问题。闽台双方应该深切意识到，合作对双方无论是在开发人才资源、经济贸易、科学研究等方面都是多赢的选择。闽台双方要在创新型人才开发合作上深入发展，需要不断进行合作模式的创新，突破当前的一维，二维模式，充分发挥各个人才开发主体的主动性和积极，采用多种合作方式，建立全方位、立体式的创新型人才开发合作模式，以促进闽台创新型人才合作开发的不断深化。

参 考 文 献

［1］Sehoon Kim，Gary N. McLean. Global Talent Management：Necessity，Challenges，and the Roles of HRD ［J］. Advances in Developing Human Resources：566-585 (2012).

［2］Carol Ann Tomlinson，Mary Ruth Coleman，Susan Allan，Anne Udall ，Mary Landrum. Interface Between Gifted Education and General Education：Toward Communication，Cooperation and Collaboration ［J］. Gifted Child Quarterly：165-171 (1996).

［3］Eugenijus Chlivickas. International cooperation and innovations for developing human resources system ［J］. Procedia -Social and Behavioral Sciences ：276-283 (2014).

［4］Alexander W. Wiseman，Emily Anderson. ICT-integrated education and national innovation systems in the Gulf Cooperation Council (GCC) countries ［J］. Computers & Education：607-618 (2012).

［5］Etzkowitz H，Leydesdorff L. The dynamics of innovation：fromnational systems and "Mode 2" to a triple helix of university - industry - government relations ［J］. Research Policy 23-109 (2000).

［6］Heléne Lundberg，Edith Andresen. Cooperation among companies，universities and local government in a Swedish context ［J］. Industrial Marketing Management：429-437 (2012).

［7］Çetin BEKTAŞ，Gulzhanat TAYAUOVA. A Model Suggestion for Improving the Efficiency of Higher Education：University - Industry Cooperation ［J］. Procedia - Social and Behavioral Sciences：2270 - 2274 (2014).

［8］Benyamin Lakitan，Dudi Hidayat，Siti Herlinda. Scientific productivity and the collaborationintensity of Indonesian universities and public R&D institutions：Are there dependencies on collaborative R&D with foreign institutions? ［J］. Technology in Society：227-238 (2012).

［9］Mandana Aiamy ，Narges Keshtiaray. A perspective of the cooperation between university and industry at Islamic Azad University，Sanandaj Branch，and its comparison with Kingston University London ［J］．Procedia - Social and Behavioral Sciences：2509 － 2513（2012）．

［10］Candan Durak Ayla，Nuriye Çevik øúgören. University-industry cooperation in terms of textile-apparel education ［J］．Procedia Social and Behavioral Sciences：3437 － 3441（2010）．

［11］李建钟．区域人才开发合作的现状与对策研究 ［J］．第一资源：18-45（2008）．

［12］从远东．建设"两岸人才交流合作区域中心"的实践与思考 ［J］．第一资源：111-121（2011）．

［13］苗月霞．构建海峡两岸人才交流合作现行"实验区"研究 ［J］．中国行政管理：92-95（2011）．

［14］李玲，陈晏辉．台高校"校校企"人才培养模式探究—以泉州为例 ［J］．闽西职业技术学院学报：76-79（2014）．

［15］黄威．两岸农业领域人才交流与合作现状研究—基于福建省的调查 ［J］．南阳理工学院学报：47-54（2014）．

［16］陈书洁，曹立锋．区域人才资源开发合作的主要方式研究—基于十六个区域人才开发的历史实践 ［J］．中国人力资源开发：81-84（2011）．

第十一章

闽台创新型人才培育的
协同创新机制分析

1 引 言

目前，世界上公认的创新型国家有 20 个左右，这些创新型国家的创新综合指数明显高于其他国家，例如，国家研发投入占 GDP 的比例在 2% 以上，科技进步贡献率达 70% 以上，对外技术依存度指标在 30% 以下，以及拥有大量的发明专利[1]。这些创新型国家都有一个共同特征，即，培育了相当数量与规模的创新型人才。创新型人才是知识经济时代国家与地区之间人才竞争的焦点，在社会创新能力的擢升与创新型国家的建设方面发挥着举足轻重的作用，要成功突破经济发展与科技进步的瓶颈，顺利实现经济发展方式的转变，必须大力培养富有创新精神与创新能力的创新型人才。许多国家的成功经验也证明，要实现国家创新水平跨越式发展，就必须大力培育创新型人才。创新型人才的培育路径大致可以分为两类，一是通过国家内部的教育体系和教育资源进行人才培育，这种模式容易受到教育体系的约束以及教育资源的限制，难以在短时期内实现创新型人才培育的跨越式发展；二是与其他国家或地区进行人才交流和教育合作，借助彼此的教育资源协同培育适合发展需求的创新型人才，这种培育模式能够突破单方培育能力的制约，从而实现跨越式培育人才的目的。近年来，海峡两岸的关系一直处于良性发展阶段，经济贸易和文化教育等领域的互动交流日渐频繁，为两岸共同培育创新型人才提供了有利的政策环境，这在很大程度上得益于政府的高度重视。2009 年 5 月国务院出台《关于支持福建省加快建设海峡西岸经济区的若干意见》，明确支持福建省发挥对台交往独特优势，加强两岸经济文化交流合作，促成两岸共同发展新格局[2]；同年 7 月，福建省人民政府出台《福建省贯彻落实〈国务院关于支持福建省加快建设海峡西岸经济区的若干意见〉的实施意见》，该文件进一步明确了两岸人才交流合作的重要方向，对闽台共同开展人才培养和项目合作具有积极的指导意义[3]；2010 年，海峡两岸签署了《海峡两岸经济合作框架协议》，标志着两岸经济关系正式进入制度化的合作发展阶段，由此拉开两岸经济大交流、大合作、大发展的时代序幕[4,5]。在 ECFA 时代，人才是深化两岸产业合作、提升海峡经济区竞争力的重要引擎，为两岸产业深度对接、合作模式创新以及合作层次提升提供动力保障，而创新型人才作为人才培养的重中之重，是在大力倡导创新型国家的背景下提出的具有现实意义的重要举措，同时也符合两岸经贸交流和文教事业蓬勃发展的共同诉求，成为当前学术界积极关注的研究领域。然而纵观已有文献，其研究对象大都聚焦于国内高校，却鲜有文献涉足闽台合作范畴。本文将就闽台创新型人才培育展开研究，并将协同创新的思维融入其中，试图以新的视角为两岸人才交流与教育合作提供有价值的理论借鉴。

2 协同创新的内涵

国内关于协同创新方面的研究，最早始见于 1997 年《科学学研究》杂志上刊登的名为《技术、组织与文化的协同创新模式研究》的文章，随后"协同创新"这一概念便逐渐进入学术界的视野[14]。2011 年胡锦涛同志在清华大学建校百年大会上发表了"要积极推动协同创新，通过体制机制创新和政策项目引导，鼓励高校同科研机构、企业开展深度合作，建立协同创新的战略联盟"的重要讲话，此后，有关协同创新的研究成果便迎来爆发式增长，协同创新转瞬间成为学术界的研究热点（见图 11.1）。笔者对近年来这一领域的文献进行梳理，并根据创新主体和创新范畴的不同进行划分，发现已有文献主要围绕内部协同创新与外部协同创新两条主线进行探讨（见表 11.1）。

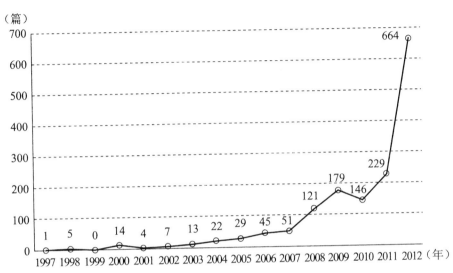

图 11.1 协同创新相关文献数量

表 11.1 协同创新相关研究

作　者		文　献	创新要素
内部协同创新	饶扬德，梅洪常等[15]	创新协同驱动型企业成长模式分析	技术、市场、管理
	陈劲，王方瑞[16]	突破全面创新：技术和市场协同创新管理研究	技术、市场
	郑刚，梁欣如[17]	全面协同：创新致胜之道——技术与非技术要素全面协同机制研究	技术、市场、战略、组织、文化、制度
	白俊红，陈玉和等[18]	企业内部创新协同及其影响要素研究	技术、战略、组织、文化、制度
	饶扬德[19]	市场、技术及管理三维创新协同机制研究	技术、市场、管理
	辛冲，冯英俊[20]	企业组织与技术的协同创新研究	技术、组织

续表

作 者	文 献	创新要素
王静，杨育等[21]	客户协同创新实现机理及应用研究	企业、客户
蔡文娟，陈莉平[22]	社会资本视角下产学研协同创新网络的联接机制及效应	产业、高校、科研机构
吴荣斌，王辉[23]	知识创新协同模式运行效果评估研究	高校、科研机构
王小磊，杨育等[24]	客户协同创新的复杂性及主体刺激——反应模型	企业、客户
张巍，张旭梅[25]	纵向溢出效应供应链企业间的协同创新研究	供应商、制造商、销售商

（注：左侧合并单元格为"外部协同创新"）

（资料来源：根据相关文献整理归纳。）

在内部协同创新方面，许多学者从系统论的视角对组织内部的创新要素进行研究，其中郑刚和梁欣如所下的定义较为完整并有一定代表性，他们将内部协同创新视为企业创新过程中各子系统及创新要素之间的相互配合与作用，使整体实现单独系统或要素所不能实现的效果[17]。在外部协同创新方面，学者将创新要素的概念延伸至多元化的创新主体以及更广泛的时空环境，例如，蔡文娟和陈莉平认为外部协同创新是一定范围内的利益多元主体之间基于长期正式或非正式的合作与交流关系，依托良好的创新环境及其自身独特的创新功能，通过创新合作行为的互动和创新资源的共享而形成的一种稳定开放的创新系统[22]。由以上定义可知，内部协同创新的实现依赖于组织内在要素之间的互动；外部协同创新的实现主要取决于组织与其它相关主体之间的互动[14]。本文所讨论的协同创新主要是指外部协同创新，即把握两岸关系良性发展的历史契机，探索闽台高校、企业、社会机构、政府等创新主体之间的交流合作机制，促进闽台两岸形成创新型人才培育的协同创新模式。

3　闽台创新型人才培育现状与挑战

福建省北承长江三角洲，南接珠江三角洲，是大陆沿海经济带的重要组成部分，在全国区域经济发展布局中处于重要位置。福建省委、省政府历来重视人才工作，改革开放以来先后制定并实施以智取胜、科教兴省和人才强省等发展战略，有力推动了福建社会经济发展。福建从 2009 年开始按照中央的战略部署，稳妥推进海峡西岸经济区的建设步伐，努力构建科学发展与两岸交流的先行区，人才在区域经济发展中的作用和地位不断跃升[26]。然而，目前福建省的人力资源开发水平与社会经济发展状况还不平衡，尤其是高层次创新型人才仍面临巨大缺口。据统计，2011 年福建省人均 GDP 居第 9 位，高于全国平均水平；接受过高等教育的人数居第 12 位，处于全国平均水平；规模以上工业企业 R&D 经费和项目分居第 10 位和第 14 位，低于全国平均水平。该数据反映出福建省的人才总量不足，整体素质不高，创新型人才给养无法满足社会经济发展的需要；科研资金不足，研发力量薄弱，发展环境对创新型人才的吸引力偏弱等问题。面对福建省创新型人才培养滞后于社会经济发展步伐的现状，当务之急是重视并加大创新型人才培育力度，探索并建立多元化的创新型人才引进和培养渠道，充分发挥创新型人才对社会经济发展的引领和促进作用。

台湾与福建一衣带水，自 20 世纪 60 年代以来，通过大量的教育投入以及卓有成效的人才培育，包括每年投入大量的教育资金，将 GDP 的 6.5% - 7% 用于教育事业；大力发展高等职业技术教育，注重培养实践能力；建立多元化的办学与投资体系，允许和鼓励社会资本参与教育事业；制定完善的就业辅导机制，辅导青年就学、就业以及指导留学人员回台就业等[26]，一系列政策的颁布实施为台湾培养和吸引了大量的高层次创新型人才，强而有力的人力资源开发政策成功推动台湾经济起飞并迅速跻身亚洲四小龙。经过半个世纪的快速成长，2011 年台湾具备高等学历的人才数量为763.3万人，约占人口总数的32.9%，人均GDP已达59.3万新台币，约合13万人民币[27]。凭借傲人的社会经济发展成就，台湾被两位美国大学教授莫杜库塔斯（Panos Mourdoukoutas）和史特凡尼迪斯（Abraham Stefanidis）誉为"世界十大伟大社会"之一。然而当前台湾正在遭受少子化的严重冲击，据美国中情局统计的224个国家和地区中，台湾2012年总生育率为1.10%，仅高于香港（1.09%）、澳门（0.92%）与新加坡（0.78%）[28]，导致高校出现生源不足、教育资源闲置甚至濒临倒闭等危机，但是台湾的教育品质和职业教育模式依然维持较高水准，在高层次创新型人才方面的培养实力更是得到国际公认，这些丰富而宝贵的培养经验和教育资源正是一水之隔的福建为加快其创新型人才培养步伐，进而引领社会经济高速发展所迫切需求的。

由以上分析可知，创新型人才缺口对于福建以及少子化冲击对于台湾而言，是闽台各自发展过程中不可避免的严峻挑战，同时也是推动闽台教育合作与人才交流的难逢机遇。新华网的调查数据显示，截至2012年6月，已有32所福建高校与53所台湾高校和185家台资企业建立了人才培养联合项目[29]，这些项目的顺利施行有力证明了闽台共同培育人才的可行性，但在培养方式上仍然属于点与点之间的合作模式，只能在小范围内建立校际与校企之间的合作关系。探讨和建立创新型人才培育的协同创新机制，其思想内核就是打破传统人才培养项目中点对点的合作思维，积极协同闽台两岸创新主体的行政、服务、教育和培训等资源，将传统点对点的人才培育模式扩大到点、线、面结合的人才培育格局，形成既有闽台高校之间点点结合的人才培育渠道，又有闽台校企之间线线交互的人才培育途径，以及闽台政府、机构、高校和企业共同参与的面面协同的人才培育平台，通过不断丰富闽台人才培育的形式和范畴，逐步完善闽台创新型人才培育的机制，从而将福建创新型人才缺口和台湾少子化冲击对社会经济带来的负面影响，转化为两岸人才活跃、教育融合、经济共荣的发展机遇。因此，闽台两岸应该牢牢把握当前和平发展的趋势，充分发挥闽台地缘相近、血缘相亲、法源相循、商缘相连、文缘相承等诸多优势，继续加强两岸经济文化交流与教育合作，建立并完善闽台创新型人才培育的战略联盟，为海峡两岸经济协同发展注入蓬勃的生命与活力。

4 闽台创新型人才培育的协同创新机制

根据闽台两岸的企业运营状况以及教育资源配置，笔者认为目前闽台创新型人才培育的协同创新机制主要依靠政府、社会机构、高校、企业等创新主体，以及政策、服务、知识、技术、资金等资源要素的运作整合，形成以政府为人才培育政策引导者，以社会机构为人才培育信息支撑，以高校为人才理论知识学习平台，以企业为人才实践技能培育基地的闽台创新型人才培育长效合作机制[22]。因此，闽台创新型人才培育的协同创新机制可以描述为：以政府、社会机构、高校和企业四个创新主体为主导力量，通过资源共享和行为互动达成各个创新主体之间利益共享、风险共担的协同效应，进而实现闽台创新型人才培育绩效的有效提升（如图 11.2 所示）。

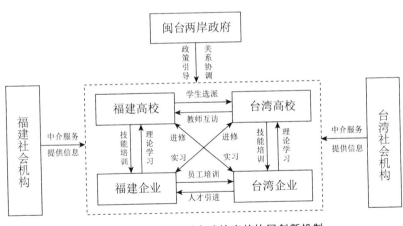

图 11.2 闽台创新型人才培育的协同创新机制

4.1 政府为创新型人才培育提供政策引导

近年来，海峡两岸的关系一直保持良性发展的态势，经贸、文化和教育等领域的互动交流日渐频繁，两岸政府一系列政策文件的颁布实施为两岸教育合作与人才交流奠定了重要基础，也为闽台培育创新型人才创造了合作土壤。其中，大陆方面自 1999 年以来就陆续出台了《福建省招收台湾学生若干规定》《关于实施闽台教育交流与合作工程的意见》《关于支持福建省加快建设海峡西岸经济区的若干意见》《福建省贯彻落实〈国务院关于支持福建省加快建设海峡西岸经济区的若干意见〉的实施意见》《国家教育事业发展第十二个五年规划》等政策法规，明确支持将福建省建设成为"两岸人民交流合作先行区"，鼓励和支持闽台两岸相关机构建立密切的校际交流、学术交流和人员交流关系。大陆从中央到地方的政策动作之频繁表现出政府在促进两岸教育合作与人才交流方面的积极诚意，以及对加强两岸互动交流与促进两岸关系发展的强烈意愿。相比于大陆开放与合作的积极姿态，台湾当局所展现的态度则显得保守和谨慎得多。台湾对开放陆生赴台议题进行讨论始于 2006 年，但该议题出于政治因素直至2008 年才终获突破。《台湾地区与大陆地区人民关系条例》《大学法》以及《专科学校法》，即所谓"陆生三法"修正案的通过标志着台湾对开放陆生赴台及采认大陆学历正式进入法制立法程序。在三部法规的推动下，台湾高校自 2011 年起对大陆学生伸出橄榄枝，从此两岸人才交流进入了崭新的发展时期。闽台作为两岸合作先行区，应把握当前契机深化人才交流，充分发挥政府在创新型人才培育机制中的引导和协调作用，清除不利于人才交流的政策障碍，拓宽人才互动的政策渠道，使闽台教育合作和人才交流的进行更为顺畅合理和有章可循。

4.2　社会机构为创新型人才培育提供信息支撑

闽台两岸在新形势下共同培育创新型人才，必须积极发挥社会机构在高校学术交流、人才职业教育培训等方面的联络和服务作用，着力构建一批管理规范、程序透明、信誉良好的两岸人才交流与教育服务机构。首先，教育咨询机构为闽台高校之间的交流合作提供广阔空间。此前有学者进行的调查显示，有 59.1％的大陆学生表示愿意在两岸政策许可的情况下赴台求学[30]，这一现象表明当前台湾的师资水平受到大陆学生的普遍认可，台湾的教育模式对大陆学生具有相当显著的吸引力。教育咨询机构在闽台高校之间架起信息联络的桥梁，一方面可以帮助大陆学生及时准确地搜集与掌握台湾高校的招生信息，减少大陆学生对台湾招生政策的信息盲区；另一方面可以为台湾高校推广教育品牌，增加台湾教育界与大陆教育市场之间互动交流；此外，教育咨询机构还能为闽台高校提供师资培训和课程引进等方面的信息服务，对于丰富与深化两岸教育界的交流合作具有积极的推动作用。其次，职业培训机构为闽台校企之间联合培养人才创造合作的土壤。调查显示，大陆企业有89.2%的员工愿意赴台进行职业培训，相应地，台湾社会的青年人也有50.7%愿意到大陆就业[30]，这组数据充分体现了两岸人才对当今社会竞争压力的深刻认识以及学习对岸先进文化和经验的热情与意愿，同时也反映出两岸人才对于通过职业培训提升自身素质和工作技能的迫切需求。闽台两岸通过职业培训机构为高校和企业提供信息搜集、指导培训等服务，促进校企在人才培养过程中结成更为紧密互信的协同关系，一方面可以为通过企业培训环节帮助人才打通理论学习与技能实践的良性回路，使人才可以为适应社会的快速发展以及现代企业的创新需求提前做好身心准备；另一方面可以在合作中为企业提供了解和选拔优秀人才的机会，使企业得以在激烈的市场竞争中占据主动，把握先机。

4.3 高校为创新型人才提供理论学习平台

由于福建与台湾在地理位置、历史渊源、文化背景、民俗风情等方面都具有很强的相似性，因此闽台之间的高校交流与人才互动一直走在其它地区前列。早在1985年，地处福建省的华侨大学就率先开展对台湾地区的招生工作，成为全国对台交流与教育合作的桥头堡。台湾各界也早就着手讨论开放大陆人员赴台研修以及采认大陆学历等相关问题，在1991年李登辉担任台湾地区领导人时，就曾经表示要把两岸文化交流列为最优先项目，但是由于台湾党派之间的政治分歧，该议题的推进一直处于被动消极状态[31]。随着国民党在台湾重新执政，两岸关系以及两岸教育政策大幅改善，高校之间的交流合作日趋紧密。据统计，2008 年大陆高校在校台生达 7000 余人，两岸 400 多所高校陆续签署了校际交流合作协议，形式多样的师生互动、联合研究等学术交流在两岸高校之间广泛而频繁地展开。2011 年，台湾高校开始在北京、上海、江苏、浙江、福建、广东六地招收大陆学生，从此两岸高校的教育合作迈入新纪元，开始朝着多元与纵深方向发展[32]。在两岸教育政策破冰回暖的形势下，交换学生、教师互访、科研合作等交流项目在两岸高校之间遍地开花。交换学生项目可以为两岸学子营造共同生活和学习的氛围，使双方有机会学习彼此的先进理论并提高自身的竞争力；教师互访项目选派优秀教师到对岸高校进行学术访问或兼职授课，有利于活跃其学术思维并激发其创新精神；科研合作项目将两岸具有科研实力的高校协同起来，可以为两岸师生创造沟通学习、研究创新的平台。因此，在两岸教育合作日渐频繁自由的基础之上，闽台高校应当继续寻求并不断拓宽形式多样的师生互动的交流渠道，争取为闽台高校协同培育创新型人才创造更加良好的学术环境和创新平台。

4.4 企业为创新型人才提供技能实践基地

当前正值大陆经济发展方式转变和产业转型升级的关键时期，提高企业的自主创新能力，强化企业在自主创新中的主体地位，进而推进创新型国家建设是这一阶段的重要目标。福建省在海峡西岸经济区中居主体地位，与台湾在语言、文化、风俗方面极为相似，是台商在大陆投资最为密集的地区之一。截至 2012 年 6 月，福建的台商企业总数达到 3863 家，位居大陆第三位[33]。然而目前在福建投资的台商多数是生产制造型企业，其利润空间被不断上涨的人工成本、原料成本、汇率成本和税务成本等逐渐侵蚀，台商的生存空间也遭到急剧压缩。在大陆经济发展方式转变的政策背景下，加之当前国际经济形势日趋严峻，台商企业无疑必须同大陆企业一道，强化自身的自主创新能力以顺应社会转型和发展的趋势。在知识经济时代，人才是企业的核心竞争力，闽台企业要提升自主创新能力就必须大力开发与培养创新型人才。当前大量的陆企员工愿意赴台培训，而台湾也有许多年轻人开始将大陆视为工作首选，足可知台湾的产业竞争力和就业环境对人才的吸引能力正在减弱，而大陆企业和员工在管理技能和创新能力方面的需求日益迫切。社会机构可以在闽台企业之间架设联系的纽带，为企业双方提供信息服务和交流平台，扩大和加深企业之间的互信合作，通过把握台湾企业在培养人才应用研究能力方面的强项，使之与大陆企业对于创新型人才的旺盛需求结合起来，将台湾企业引以为傲的创新能力和国际化的管理经验作为大陆员工的培养方向，将大陆企业的快速崛起和大陆市场的广阔空间作为台湾人才一展身手的热土和职业成长的蓝海，通过充分发挥闽台两岸企业的资源优势，帮助人才掌握先进的管理技能和创新能力以适应现代企业的创新需求，进而实现闽台企业协同培育创新型人才并共同应对国际市场的激烈竞争。

5 闽台创新型人才培育的协同创新政策建议

如前文所述，福建的发展环境对创新型人才的吸引力偏弱，创新型人才给养无法满足社会经济发展的需要，要解决福建省创新型人才培养滞后于社会经济发展步伐的现状，当务之急是完善创新型人才的培育机制，改善创新型人才的发展环境。台湾当前面临少子化的冲击而导致高校师资闲置、生源严重不足甚至濒临倒闭，要缓解危机必须洞察福建经济快速发展中对创新型人才的强烈需求，整合台湾优势资源，与福建共同建立闽台创新型人才培育机制，为两岸社会经济发展舒缓危机并续添动力。

5.1 完善闽台两岸政府的人才交流政策

福建在对台交流方面具有得天独厚的地理优势，曾通过地方立法的形式为两岸人才交流做出过历史性贡献。如今的福建作为两岸人民交流合作的先行区，应当正视闽台之间的经济差距，深刻认识创新型人才在社会经济中的引领作用，将创新型人才培育提升为人才工作的重中之重；加快制定促进闽台人才交流的政策法规，充分展现培养和引进创新型人才的决心，做好吸引台湾创新型人才加盟福建的政策宣导；引导和鼓励福建社会机构、企业与高校与台湾相应机构建立长期可靠的人才培养合作关系，帮助协调和解决两岸机构之间的权责和利益矛盾，逐步提高闽台创新型人才的培养能力和培养规模；加大科技研发的投入力度，提高创新型人才的福利待遇，想方设法从研发设备、科研资金、薪资福利等多方面切实改善创新型人才的发展环境；推进政府管理理念的转变，提高政府的服务意识，树立政府的服务形象，为创新型人才营造和谐便利的生活氛围。台湾为缓解岛内高教资源过剩日益加剧的情况，终于在 2011 年面向大陆开放教育资源，但是由于"三限六不"① 的障碍严重影响大陆学生赴台求学的意愿，导致这两年台湾高校的大陆招生缺额率均达四成以上。此外，陆生至今仍未纳入台湾健保体系，甚至还有规定强调陆生的学费不得低于私立学校最低标准，这些差别待遇使得大陆学子对在台学习期间可能遭受的不公与歧视心存疑虑。现在两岸正在朝向更加开放和进步的未来迈进，隔绝封闭的交流政策已经不再符合潮流和时宜。建议台湾当局摆脱陈旧思维的束缚，认真检视现行的政策法规，尽快松绑"三限六不"等限制陆生来台的法令，积极推进将陆生纳入健保的相关事宜，切实调整和改善加诸陆生的歧视性政策法规，还陆生公平的招生、学习和生活环境；鼓励高校和社会机构到大陆联合树立教育品牌并宣传教学特色，为台湾打造"亚太高教中心"扩散影响力，也为大陆学子了解台湾高校及其招生政策提供更加丰富的信息渠道。

5.2　重视闽台两岸社会机构的信息服务作用

两岸社会机构在闽台创新型人才培育中扮演着校际合作、企业合作与校企合作之间信息联络与中介服务的重要角色，要建立一批管理规范、程

---

① "三限六不"是台湾教育部门对大陆学生实行的招生政策，"三限"包括限制采认大陆优秀院校、限制陆生赴台总量、限制采认医学和关系国家安全领域的专业，"六不"包括不加分、不提供奖助学金、不影响招生名额、不允许校外打工、毕业后不可留台就业、不开放报考证照。

序透明、信誉良好的两岸人才交流与教育服务机构，可以从以下几方面入手：第一，社会机构应当及时了解并准确掌握学生对理论学习和技能培训的需求，区别学生的需求特点并为其推荐量身定制的教育服务，例如对希望在理论学习方面获得提升的学生推荐以学术研究能力为培养目标的高等教育，或者对需要在技能培训方面获得精进的学生推荐以实用性技术为培养目标的职业教育，力求以完善的信息服务帮助学生享有优质的教育资源；第二，社会机构应当了解两岸高校的科研优势、教育特色和发展需求，根据学校的不同办学实力为其提供相应的校际项目，例如为师资力量薄弱的高校提供教师培训项目，帮助高校提高师资水平；为科研实力雄厚的高校推荐合作研究项目，增进闽台高校之间的学术交流；第三，社会机构应当了解企业员工职业生涯的发展需求，根据不同岗位、不同层级的员工制定相应的教育项目，例如为技术型员工提供有效的技能培训项目，或者为管理型员工推荐经营管理方面的教学课程，或者为复合型员工提供综合全面的教学培训；第四，社会机构应当了解不同行业、不同规模、不同发展阶段的企业发展需求，根据企业的发展现状为企业推荐相应的合作伙伴，例如与高校共建人才培养基地，帮助企业在合作中尽早接触和挑选优秀员工；或者与企业共创管理培训项目，促进企业之间相互推广成熟高效的管理经营理念。闽台两岸社会机构通过提供信息搜集、指导培训等服务在高校和企业之间搭建起稳定互信的合作关系，促进创新主体之间结成更为紧密的协同创新关系，从而为闽台创新型人才培育提供重要的服务支撑。鉴于此，政府必须大力扶持和鼓励社会机构，使其在各界的关怀和监督之下，充分发挥在两岸人才培养中的纽带和桥梁作用。

5.3　拓宽闽台两岸高校之间的师生互动渠道

闽台高校之间的师生互动是两岸人才交流的重要形式，也是闽台创新型人才培育的重要环节。当前闽台高校之间常见的师生互动主要包括交换学生、教师互访、科研合作等交流项目。其中，交换学生通过互派优秀学生进行学习和交流，不但能够走进课堂开阔学术思维，而且有机会深入社会感受精彩纷呈的文化生活。两岸学子经过交流与认识，可以学习彼此的优势并提高自身的竞争力，也可以增进两岸年轻一代的情感交流，从而为两岸关系健康发展注入活力。教师互访通过互派优秀教师进行学术访问并兼职授课，一方面可以深入对岸学术界参与研究与探讨，有利于活跃其学术思维并激发其创新精神；另一方面可以广泛接触对岸学生，有机会传扬自身优秀的学术理念。科研合作是将两岸具有科研实力的高校协同起来，使双方的研究特色充分发挥并使科研质量有效提升，其课题的产生主要来源于对两岸社会经济发展与科学技术进步有现实意义的思考和分析，课题的合作过程可以为两岸创新型人才创造良好的沟通学习、研究实践的平台，而课题的顺利解决更能有利于两岸社会关系的进一步融合。在现有交流形式的基础上，闽台高校还应当不断追求互动渠道的创新，例如整合并推出闽台高校的强势科目，供两岸学生选择和研习，扩大学生的知识视野；建立闽台高校双导师制度，为两岸学生提供更多导师指导，提升学生学习与研究的能力；定期举办校际学术研讨会，为两岸师生创造思想碰撞和学术交流的平台，提升师生的学术创新能力，等等。创新多样的互动渠道不仅能够为闽台高校协同培养创新型人才创造学术环境，而且对增进两岸文化和情感交融亦具有重要意义。

5.4　建立闽台两岸企业之间的员工交流机制

目前两岸经济的发展面临大陆产业转型升级的政策影响。建立闽台企业的员工交流机制，可以培养具备广阔视野与先进技能的创新型人才，解决企业人力资源升级的当务之急，有利于实现闽台产业成功转型升级。首先，福建企业对于创新型人才的需求十分旺盛，而台湾企业在国际化管理技能和创新能力方面具有丰富的人才培养经验。闽台企业员工交流机制将闽台企业的供需有效结合，促进企业员工管理技能与创新能力逐步提升，在企业人力资源升级的基础上，进一步带动福建本土企业以及福建台商企业进行产业转型升级；其次，近年来台湾经济不断下行，面对大陆经济快速崛起，越来越多的台湾企业员工希望能够到大陆一展身手。闽台企业员工交流机制为台湾人才提供加盟福建企业的可能，使其有机会搭乘福建企业的发展快车，在广阔的职场中发挥自身独特的竞争优势；再次，台湾的电子信息产业和服务产业等发展相对成熟，在产品和服务质量方面能够保持较高水准，这些都离不开人才素质的有力支撑。福建经济要迎头赶上，必须着力提升人才素质。闽台企业员工交流机制为福建人才素质提升创造学习平台，进而为实现闽台产业对接和转移提供必要的人才保障。综上，闽台企业员工交流机制通过充分发挥闽台企业的资源优势，帮助人才掌握先进的管理技能和应用研究能力以适应企业转型升级的迫切需求，进而实现闽台企业创新型人才协同培育并促进两岸产业结构优化升级。

5.5　开辟闽台两岸校企合作的人才培育路径

一般而言，高校对人才的培养较为注重理论研究能力；企业则更为主张人才能力的适应性、实用性和创新性。高校与企业在人才培养目标之间的差异制约了人才能力的全面发展，通过校企之间的协同合作可以为创新型人才提供理论学习和技能实践融会贯通的培育平台。社会机构可以节省闽台两岸校企之间搜寻合作对象的成本支出，有效降低搜寻的盲目性并提高合作的成功率；而且经由社会机构签订合作协议或契约，可以使合作双方更加明晰自身的权利与责任，更容易朝着合作目标共同迈进。要将校企合作打造成为闽台创新型人才培育的有效路径，可以从以下几个方面入手：第一，高校在基础研究方面具有优势，而企业善于对研究成果进行改进和应用，因而高校可以作为企业发展的智力支持，企业可以为高校科研提供资金保障；第二，高校可以利用完备的师资为企业员工提供进修培训，帮助企业提升员工理论素养和知识水平以适应转型升级对人才素质提出的创新需求。值得一提的是，目前台湾高校正面临生源不足的境况，而台湾拥有从高级职业学校、专科学校、技术学院到科技大学的办学体系，涵盖专科班、学士班、硕士班、博士班的职业教育，独立而完整的职业培养体系正是当前大陆员工为提升自身竞争力而积极向往的，也是大陆企业为应对转型升级所迫切需要的，校企人才培育项目的顺利实施有助于缓解

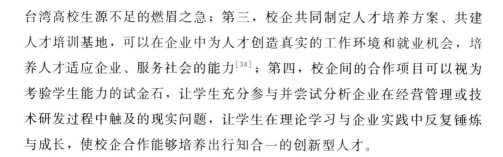

台湾高校生源不足的燃眉之急；第三，校企共同制定人才培养方案、共建人才培训基地，可以在企业中为人才创造真实的工作环境和就业机会，培养人才适应企业、服务社会的能力[34]；第四，校企间的合作项目可以视为考验学生能力的试金石，让学生充分参与并尝试分析企业在经营管理或技术研发过程中触及的现实问题，让学生在理论学习与企业实践中反复锤炼与成长，使校企合作能够培养出行知合一的创新型人才。

6 本章小结

近年来，得益于两岸政府的高度重视和政策的有力支持，海峡两岸的关系一直处于良性发展阶段，两岸教育合作和人才交流日趋密切，在此形势下闽台协同合作培育创新型人才，不仅对于大陆产业转型升级具有重要的促进意义，而且对于闽台两岸社会经济具有积极的提振作用。目前闽台分别面临高层次人才缺口、人才创新能力不足，以及生源不足、师资闲置等境况，根据闽台两岸的企业运行状况和教育资源配置，笔者认为要构建闽台创新型人才培育的协同创新机制，必须依靠政府、社会机构、高校、企业等创新主体，以及政策、服务、知识、技术、资金等资源要素的运作整合，通过完善闽台两岸政府的人才交流政策、重视闽台两岸社会机构的信息服务作用、拓宽闽台两岸高校之间的师生互动渠道、建立闽台两岸企业之间的员工交流机制、开辟闽台两岸校企合作的人才培育路径，形成政府、社会机构、高校和企业四位一体的闽台创新型人才开发培育的长效合作机制，通过资源共享和行为互动达成创新主体之间利益共享、风险共担的协同效应，进而实现闽台创新型人才培育绩效的有效提升并促进两岸社会经济的繁荣稳定。

参 考 文 献

[1] 解学梅，曾赛星．创新集群跨区域协同创新网络研究述评［J］．研究与发展管理．2009，21（1）：9-17．

[2] 国务院办公厅. 国务院关于支持福建省加快建设海峡西岸经济区的若干意见 [EB/OL]. http：//www. gov. cn/zwgk/2009-05/14/content _ 1314194. htm. 2009.

[3] 福建省人民政府. 福建省贯彻落实《国务院关于支持福建省加快建设海峡西岸经济区的若干意见》的实施意见 [EB/OL]. http：//www. fujian. gov. cn/zwgk/ztzl/hxxajjq/zhdt/200908/t20090804 _ 145628. htm. 2009.

[4] 郑露曦, 张向前. 后 ECFA 时代闽台产业合作机制研究 [J]. 经济问题探索. 2012 (4)：50-57.

[5] 周楠楠, 郑向敏. "后 ECFA 时代" 投资台湾旅游业之思考 [J]. 两岸关系. 2010 (9)：31-32.

[6] 江泽民. 论科学技术 [M]. 北京：中央文献出版社, 2001.

[7] 课题组面向世纪知识经济时代创新型人才培养模式的研究, 郭睿, 杜侦, 等. 关于创新型人才培养模式的探索 [J]. 江西教育科研. 2000 (9)：10-12.

[8] 杨文生, 杨燕, 柳洲, 等. 我国人才资源的现状分析与对策研究 [J]. 科学管理研究. 2004 (3)：92-94.

[9] 裴桂清. 创新型人才的心理素质 [J]. 教育探索. 2004 (12)：14-16.

[10] 邓锦琳, 钟安永, 胡常伟, 等. 创新素质和创新能力培养中考试方法改革的探索与研究 [J]. 绵阳师范学院学报. 2004 (2)：90-92.

[11] 程春生. 创新型人才培养的路径选择 [J]. 发展研究. 2009 (11)：60-62.

[12] 吴丽萍. 创新型人才培养的制约因素及对策 [J]. 企业技术开发. 2012 (1)：125-127.

[13] 张海燕. 对创新型人才培养的系统分析 [J]. 山西煤炭管理干部学院学报. 2009 (1)：44-46.

[14] 张钢, 陈劲, 许庆瑞. 技术、组织与文化的协同创新模式研究 [J]. 科学学研究. 1997 (2)：56-61.

[15] 饶扬德, 梅洪常, 王学军. 创新协同驱动型企业成长模式分析 [J]. 中国科技论坛. 2008 (7)：64-68.

[16] 陈劲, 王方瑞. 突破全面创新：技术和市场协同创新管理研究 [J]. 科学学研究. 2005, 23 (S1)：249-254.

[17] 郑刚，梁欣如．全面协同：创新致胜之道——技术与非技术要素全面协同机制研究 [J]．科学学研究．2006，24（S1）：268-273.

[18] 白俊红，陈玉和，李婧．企业内部创新协同及其影响要素研究 [J]．科学学研究．2008，26（2）：409-413.

[19] 饶扬德．市场、技术及管理三维创新协同机制研究 [J]．科学管理研究．2008，26（4）：46-49.

[20] 辛冲，冯英俊．企业组织与技术的协同创新研究 [J]．研究与发展管理．2011，23（1）：37-43.

[21] 王静，杨育，王伟立，等．客户协同创新实现机理及应用研究 [J]．科技进步与对策．2009，26（13）：1-4.

[22] 蔡文娟，陈莉平．社会资本视角下产学研协同创新网络的联接机制及效应 [J]．科技管理研究．2007，27（1）：172-175.

[23] 吴荣斌，王辉．知识创新协同模式运行效果评估研究 [J]．中国科技论坛．2011（9）：32-36.

[24] 王小磊，杨育，曾强，等．客户协同创新的复杂性及主体刺激——反应模型 [J]．科学学研究．2009，27（11）：1729-1735.

[25] 张巍，张旭梅．纵向溢出效应供应链企业间的协同创新研究 [J]．商业研究．2009（4）：42-46.

[26] 陈晓玲．扩大闽台人才交流合作：现状与思考 [J]．福建社科情报．2009（4）：39-42.

[27] 台湾行政院主计总处．台湾统计资料 [EB/OL]．http://www.dgbas.gov.tw/mp.asp? mp=1. 2012.

[28] 美国中央情报局．世界概况 [EB/OL]．https://www.cia.gov/library/publications/the-world-factbook/rankorder/2127rank.html. 2012.

[29] 新华网．闽台高等教育交流合作不断拓展 [EB/OL]．http://www.fj.xinhuanet.com/news/2012-07/26/c_112539621.htm. 2012.

[30] 李瑜芳．闽台区域合作完善的价值取向与合作模式——以闽台区域信息产业人才合作培育为例 [J]．福州大学学报（哲学社会科学版）．2010（3）：106-111.

［31］刘庆中，林立生，罗栩淳．开放陆生来台就学政策之发展［C］.台湾：国立
屏东教育大学，2012. 209-226.

［32］刘晖．政策转变背景中的两岸教育交流与合作——以广州大学为例［C］.台
湾：国立屏东教育大学，2012. 17-26.

［33］中华人民共和国中央人民政府．福建现有台资企业总数位居大陆第三［EB/
OL］. http：//www. gov. cn/jrzg/2012-06/08/content_2156445. htm. 2012.

［34］刘继芳．"两岸三方"互动人才培养模式的构建与运行［J］.漳州职业技术
学院学报．2010（3）：106-110.

第十二章

闽台创新型人才开发合作的
运行机制研究

1 引 言

伴随着经济全球化和区域经济一体化的深入发展，区域合作逐渐演化成不同国家间、地区间增强国际、地区竞争力的重要手段。2011 年 3 月国务院通过了《海峡西岸经济区发展规划》[1]，大力支持福建省加快推进海峡西岸经济区建设，争取到 2020 年把海西经济区建设成科学发展之区、改革开放之区、文明祥和之区、生态优美之区，以成为我国新的经济增长极。2014 年以"扩大民间交流、加强两岸合作、促进共同发展"为主旨的第六届海峡论坛在福建召开，并发布八条惠台新政，为进一步强化闽台交流合作、推动福建对台的先行先试提供了发展契机。在这样一个经济大背景下，为了实现宏伟的战略目标，必须加快构建与经济发展相适应的人力资源支撑体系，完善人力供给结构，充分发挥人才作为第一资源的能动作用，实现人才效益的最大化。一般来说，在一个越是狭小的区域内部，人才的供需越是难以平衡。要缓解这种不平衡，最有效的途径之一就是加强区域间的人才开发合作，通过优势互补，以期在更广阔的空间内合理配置和充分利用人才资源[2]。所谓人才开发，广义上是指将人的智慧、知识、经验、技能和创造性当作资源加以发掘、培养，以求进一步发展和利用的一系列活动[3]。很显然，加强人才开发合作有利于充分整合区域人才资源、为区域发展提供源源不断的人才创新活力和经济发展动力，是促进区域全面、快速、可持续发展的人力资源保障。因此，为了推动闽台区域经济实现跨越式发展，深入研究闽台创新型人才开发合作运行机制具有重要的理论和实践意义，有利于进一步促进闽台经济合作、改善闽台政治关系、加强闽台科技交流合作，同时也有利于由点及面地为其他区域合作的理论研究提供借鉴。

2　人才开发合作的运行机制综述

近年来，全球范围内关于区域人才开发合作的理论研究伴随区域经济一体化形势的加深而不断丰富，多数学者的研究逐渐倾向于区域合作、人才开发这两大方向。在区域合作方面，国外学者 Molly N. N. Lee[4]运用文献综述的方法介绍了亚洲和太平洋地区常见的高等教育区域合作的方式，发现高校间教育合作的种类大致可分为学术交流、科研合作和大学－社区参与等；Peter Newman[5]更好地解释了城市区域合作对经济发展的作用机制；国内学者王圣军、田军华[6]解释了粤港澳区域合作的必然性，并通过对粤港澳区域合作的趋势和障碍分析，进一步探索了粤港澳进行区域合作创新机制的设立问题；赵峰、姜德波[7]在梳理长三角区域合作历史进程的基础上，总结了其区域合作机制的经验及借鉴作用；蒋瑛、郭玉华[8]借鉴欧共体和"长三角"区域合作机制的成功经验，认为国内区域合作应从目标机制、动力机制、市场机制、协调机制和利益共享机制等方面进行建设等。

而在人才开发方面，国外学者侧重于人才开发的理论性探索，如Handler，David[9]认为某些人才开发的方法可以用于组织的创新上，这有助于发现更多的发展机会和在现有的基础上开发更多的忠诚度高的员工；Evert Pruis[10]认为实际中人才开发工作的形式和目的经常是不匹配，并通过客户工作所属的行业、服务和政府，推导出五个关键人才开发原则是蒸馏、测试和评估等；Çetin Bektaş，Gulzhanat Tayauova[11]认为政府、产业、大学、社会团体的紧密结合有利于促进知识的转移，甚至刺激新兴知识和技术的产生。更进一步地，国内学者逐渐将区域合作与人才开发研究关联起来，注重人才开发合作的机制问题研究。邢燕芬[12]清晰提出建立中部人才合作开发机制，一要着眼"合得拢"，构建区域一体化的沟通协调机制，二是着眼"流得动"，建立区域一体化的管理运行模式，三是着眼"有作为"，完善区域一体化的服务贯通措施；徐晞、詹彦凯[13]界定了行业协会推动专业人才交流合作的内容和范围，分析了当前以行业协会为平台促进闽台人才交流合作的现状，并进一步设计出基于行业协会平台的闽台人才交流合作机制；李春淼[14]探讨了区域人才合作的原则及思路，并提出区域人才合作创新机制的对策；李金辉、王亮、张冰[15]通过分析京津冀人才开发合作存在的不足，比较和借鉴长三角、珠三角区域人才开发合作，提出推进京津冀人才开发合作的对策机制；李建国[16]结合模块理论，将区域人才开发研究机制模块化，包括环境模块、教育措施模块、人才引进模块、人才使用机制模块、人才激励制度模块以及人才保障制度模块六大模块等。这些理论成果不仅仅是区域经济发展的产物，更对指导区域经济发展具有巨大的现实意义，也为进一步研究区域人才开发合作提供了很好地思路。基于此，本文将尝试研究闽台创新型人才开发合作运行机制的现状及存在问题，并从系统的角度提出推进闽台创新型人才开发合作机制良好运行的思路与建议。

3 闽台创新型人才开发合作运行机制的主体对象

知识经济的快速发展对各地区的人力资源质量与数量水平提出了更高要求。首先，人才培养是高校的主体功能，如何培养更多的高层次的优秀人才是高校始终需要思考的问题，因此高校作为人才开发的主力军，对闽台创新型人才开发合作运行机制产生本质影响。20年前，台湾开始教育改革，措施之一是"广设大学"，让更多学生有机会上大学，对台湾发展起到积极作用，但也衍生不少问题和后遗症[17]。2014 年台湾高校共 162 所，高等教育容量远远超过台湾高校生源，造成教育资源严重浪费、人才素质迅速降低，大学高中化、研究生大学化现象愈发明显。然而福建生源丰富，高校数量尚且不足，教育质量有待提升，这与台湾教育危机呈互补之势，二者如何取长补短将对闽台经济发展有着至关重要的影响。其次，由于台湾的历史遗留原因，使得大陆与台湾的政治关系相对敏感，因此政府间的支持是闽台创新型人才开发合作运行机制行之有效的关键。尽管近年来闽台合作模式层次渐趋深入、领域渐广、务实性不断提高，但台湾政府对大陆的态度始终较为被动，满怀戒心、小心翼翼地进行闽台经济往来、文化交流与合作等，政策的不对称直接导致闽台人才开发合作的进程增长缓慢。另外，企业是人才资源投入使用、产生效益的主体单位，是人才开发培养的后发摇篮。高校主要通过灌输理论知识来达到人才培养的目的，而企业则趋向于提升人才的实践能力，要求人才将理论与实践活动相结合、逐渐转化为对企业组织有利的生产力，因此企业对人才的培养与开发具有高度的实践性。从台湾企业在福建省投资的行业项目来看，闽台产业对接不断深化，逐渐呈现出由劳动密集型产业为主过渡到技术密集型产业的发展趋势，项目投资趋于多元化，这就要求闽台创新型人才开发应当更具综合性。还有，中间组织对于深化闽台创新型人才开发合作同样具有重要影响。两岸科技文化、经济政治交流活动频繁，台交会、海交会、商交会、海峡论坛、闽台经济与科技合作论坛、两岸经贸文化论坛等各级各类学术交流会、交易洽谈会是加强闽台合作、促进人才开发的重要窗口；最后，民间个体的交流也是闽台创新型人才开发合作运行机制的重要组成部分。

4　闽台创新型人才开发合作运行机制的现状

福建与台湾隔海相望、一水相连，人们常用"人同祖、血同缘，同宗共祖、一脉相承"来说明闽台之间深厚的历史、人文关系[18]。正是由于闽台五缘关系的特殊性，才造就了闽台两岸创新型人才开发合作的必然性。结合闽台创新型人才开发合作运行机制的主体对象及运行内容，现状表现如图 12.1 所示：

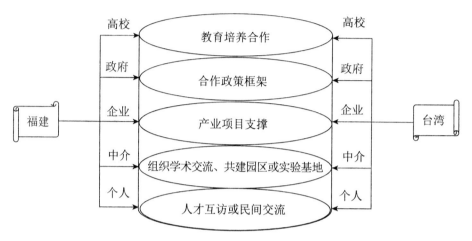

图 12.1 闽台创新型人才开发合作运行机制图

4.1 教育培养合作

闽台人力资源互补性明显，福建省普通劳动力资源丰富，而专业技术人才和高级创新型人才比例较低，且人才培养相对"重理论，轻实践"，具备深厚的基础研究实力，但创新应用能力较为薄弱；而台湾地区正好相反，人才培养始终呈现出"轻理论，重实践"的鲜明特征，同时近年来"老龄化"与"少子化"现象未能得到有效改善，使得台湾社会上青年劳动资源严重不足，而高级人才占人才总量的比例较高，如 2012 年科技型人才占总就业人口近 26%。针对闽台地区人才资源存量、培育模式及培育产出等的差异性，2009 年福建省教育厅率先提出在应用型院校先行先试，实施"闽台高校联合培养人才项目"，这一举措大大地推动了闽台人才开发合作的历史进程。其中福建省 13 所院校（12 所高职院校和 1 所本科院校）实施"闽台高校联合培养人才项目"，以促进两岸高职教育合作迈出实质性步伐[19]。自此之后，该项目的覆盖面与招生规模持续增长，2010年招生规模为 4420 人，至 2012 年招生规模就达到 6850 人次，且福建 27

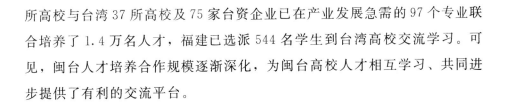

所高校与台湾 37 所高校及 75 家台资企业已在产业发展急需的 97 个专业联合培养了 1.4 万名人才，福建已选派 544 名学生到台湾高校交流学习。可见，闽台人才培养合作规模逐渐深化，为闽台高校人才相互学习、共同进步提供了有利的交流平台。

4.2　合作政策框架

福建省作为两岸经贸往来、科技文化交流先行先试的重要省份，受到了国家的极大重视，尤其在闽台交流合作的政策环境营造上给予了相当大的支持。2008 年国家出台的《关于支持海峡西岸经济区建设推动福建人事工作发展的意见》、2009 年国务院发布的《国务院关于支持福建省加快建设海峡西岸经济区的若干意见》、2011 年国务院批准《海峡西岸经济区发展规划》以及 2014 年国家出台的八条对台优惠政策等无一不体现着党中央对加深闽台交流合作的迫切期望。为响应国家号召、顺应历史发展潮流，福建省也在积极优化闽台合作的政策框架，截至 2010 年，福建省先后制定 7 部涉台专项法规、60 多项涉台地方性法规，成为全国涉台立法最早、最多的省份。福建省积极为台湾同胞来闽工作、生活、旅行等创造便利的制度环境和优惠的政策方式，如率先出台取得大陆高校学历的台湾学生在闽就业办法等，展现了闽台合作的最大诚心。

4.3　产业项目支撑

产业的优化升级有利于引导人才发展逐渐走向高端化，扩大人才集聚的正面效应，而人才质量的提高又有助于推动产业的进一步升级，二者相辅相成、互为影响。因此，要想加大闽台人才开发合作深度，积极推动闽台产业项目对接必不可少。截至 2009 年底，福建省累计批准台资项目10042 项（不含第三地转投资），成为我国第三大台商投资集聚区，吸引了10 多万台湾人才来闽创业，促进了闽台产业合作层次的进一步提升。据统计，截至 2011 年底，福建省共有台资企业 3884 家，居大陆第 3 位。台湾百大企业在闽投资的已增至 50 多家，多次出现上百家台湾机械、电子、食品等企业按行业整体迁移海西的情形。台湾在闽投资的产业项目由初期的劳动密集型发展为如今的技术密集型产业类型，这将有力地弥补福建省产业发展的科技滞后性缺陷，带动福建整体科技产出率大大提升，也有助于缓和在台湾当地设厂的劳动力资源短板，发挥闽台各自的人力资源优势，培育更多优秀人才产出。

4.4　人才互访与科技学术交流

近年来闽台科技合作领域不断拓宽、层次逐渐提升、规模渐渐壮大、形式也日趋多元化，学术交流合作内容囊括了农业、服务业、教育事业、气象、信息、地震、医学、海洋、生物、通信、能源、计算机、水利等各个领域，类型丰富、区分鲜明，有综合性的、专业性的、定期的和不定期的等，很大程度上提高了闽台科技人才开发合作的有效性。同时福建省积极组织各类人才赴台进行交流活动，截至 2009 年底共组织赴台专业交流 5364 批次、48198 人次，而台胞来闽 997.8 万人次，其中约 1/5 从事专业交流，两岸交流密切度正在逐年攀升，福建省在台交流的访问学者始终居于大陆前列，是我国重要的对台交流地区。另一方面，由于闽台政策环境的改善，两岸的科技学术交流活动日渐活跃，各类学术研讨会、两地科技合作展示会或交易洽谈会积极开展，如"台湾海峡地质地震学术研讨会"、"海峡两岸绿色食品发展战略与科技对策研讨会"、"闽台经济与科技合作论坛"、"4·8"台交会、"5·18"海交会、"6·18"项目成果交易会、海峡论坛等，学术研讨会或交易洽谈会已经成为闽台科技文化对接、经贸往来的重要载体。

4.5　共建园区及实验基地

伴随着闽台经贸合作层次的日益深化，共建闽台合作园区或实验基地正在异军突起，有利于提高人才开发的专业性与针对性。2012 年福建省拥有海峡两岸（福建）农业合作试验区、海峡两岸（三明）现代林业合作实验区，福州、海沧、杏林、集美、泉州、漳州 6 个台商投资区，漳浦、漳平、仙游、清流、福清、惠安 6 个台湾农民创业园，很好地结合了当地的区域资源特色和人力资源特征，显现出一定的产业优势互补性。目前闽台在农业领域的合作园区或实验基地构建相对比较成熟，据统计，至 2011 年底，福建省累计批办台资农业项目 2337 个，合同利用台资 30.9 亿美元，实际到资 17.6 亿美元。共建园区及实验基地已经成为闽台特定产业对接与合作的重要平台，这将有利于"由点及面"、全方位推动闽台其他各个领域的开发与合作朝向规范化、实体化发展。

5 闽台创新型人才开发合作运行机制存在的问题

5.1 运行机制趋向于"一条腿走路"

虽然近年来闽台创新型人才开发合作机制日益完善，人才交流逐渐频繁，但仍然呈现出单向运行有余、双向运行不足的尴尬局面。在双方合作意愿方面，福建省始终处于积极倡导的主导位置，而台湾尚还处在试探阶段，对闽台科技文化交流、人才开发合作、经济贸易往来等深怀戒心；在出台政策方面，福建省积极主动营造惠台的政策环境，不断提高台湾企业来闽投资办厂、台湾人才来闽工作、台湾人民来闽旅游的政策吸引力，相关惠台政策法规较为完善，而台湾当局目前还未出台相关务实性高、针对性强的政策来深化闽台的进一步合作，闽台合作机制明显不够协调。基于此，福建人才想要赴台进行学术交流、科研探讨、经济合作等的限制性较高，很大程度上取决于台湾同胞的合作意愿，致使闽台合作陷入单向运行的不良循环，"一条腿走路"的合作运行机制大大降低了双方资源的互补效益，严重阻碍着闽台人才开发合作机制的长期有效运行。

5.2 合作机制不够全面

目前闽台人才开发合作模式主要为高校间合作开发、校校企联合开发以及产学研相结合，合作模式相对较单一化，且合作程度并不深入，如校校合作主要表现为闽台学生互换的培养模式，而忽略了教学资源的共享、教师学术的交流等领域，合作模式尚且停留在表层，冰山一角的合作模式亟需改善。另一方面，尽管近年来闽台产业项目对接日益频繁、种类日益丰富，但从整体来看，闽台间合作多数只处于经济体系的某一个环节或角落，如福建区域的台资企业科技含量并不高、产业要求仍然以劳动密集度为考虑要素之首，闽台间产业项目合作尚且处于中下游阶段，所涉及的科技要求在闽台合作中体现不明显，合作层次还有待提高。并且，闽台间人才开发合作的产业项目仍趋片面化，台湾同胞来闽投资办厂的居多，福建接纳台湾合作项目的数量远远多于台湾接纳福建的相关项目，而人才往来却恰恰相反。

5.3　沟通渠道偏间歇性

长期以来，闽台间人才交流、科技讨论、学术研究等的沟通渠道虽有相当程度的改善，但仍然不够畅通，多是依靠学术研讨会、交易洽谈会、论坛等中介民间组织来从中加以协调，而规范的、官方的沟通合作渠道并不多见。由于会议或论坛的沟通形式只能是在某一特定地点和某一特定时期内进行，这将容易致使闽台创新型人才开发合作机制出现"间歇性多、持续性少"的时间特征、"雷声大、雨点小"的合作效果等，比如"4·8"台交会、"5·18"海交会、第六届海峡论坛等都是在特定时间内进行的。除此以外，闽台交换生的教育培养模式、项目支持培养行业人才、共建实验基地等合作运行机制是在持续的一段时期内培养与开发，持续性相对较强。经统计，目前闽台人才开发主要以交流式的合作模式为主，项目式或实体式比较缺乏，故可看出，当前闽台人才开发合作机制的持续性亟需加强。

6　推进闽台创新型人才开发合作机制良好运行的建议

近年来闽台创新型人才开发合作取得了很大的进展，同时在某些环节也存在着不少问题。为了进一步推进闽台创新型人才开发合作机制长效运行，特从以下几步骤予以思考，如图 12.2 所示：

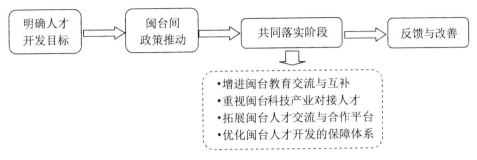

图 12.2　完善闽台创新型人才开发合作运行机制思路图

6.1　加强闽台人才市场衔接与合作

确定闽台用人需求、继而有针对性地明确闽台人才开发目标，是闽台创新型人才开发合作机制高效、顺畅运行的前提保证。因此，加强闽台人才市场的衔接性、完善人才市场信息体系建设，有利于促进闽台深层次地进行人才开发合作，为实现闽台人才配置最优化、合作最大化提供基础保障。一方面，设立闽台人才市场中介机构，不断加强闽台人才资源部门或机构合作与交流，逐步打破两地人才市场隔阂，联合双方人才市场的优劣势，建立规范的、完善的人力资源中介体系，为实现闽台人才贯通、人才资源共享创造条件。另一方面，充分整合闽台现有的人才市场信息，建立现代化的人才资源数据库或网络共享库，及时更新数据库信息，并对闽台人才信息、用人单位信息、闽台招聘信息、岗位薪酬信息等建立共享，以保证两岸人才资源信息的互通有无，为进一步加强闽台人才市场的衔接与合作提供信息基础。

6.2　促进闽台政府间合作

政治因素是影响闽台人才开发合作运行的关键要素，和谐与否的政治环境对于闽台双方的人才交流、科技合作、经济贸易、人员往来等都具有决定性的影响。因此，为了推进闽台创新型人才开发合作向更深层次的方向发展，改善闽台政府间关系、促进政府友好合作刻不容缓。一方面，由于历史性原因，台湾政府对于闽台合作始终持以保守的态度，福建省应当树立主导模范作用，发挥对台交流的先导功能，积极倡导闽台合作的优势互补、互惠互利，努力营造惠台惠民的政策环境，放宽台湾同胞来闽的政策约束，简化手续办理，便利台胞来闽创业、工作或生活的条件。另一方面，台湾政策应当意识到闽台合作不仅有利于大陆的经济发展，也有利于打破台湾当局的发展瓶颈，并且逐渐放宽闽台合作的政策限制，逐步开放闽台人才开发合作机制，鼓励闽台人才联合培养、有效激励、合理使用，打造闽台区域人才资源踊跃流动的祥和气氛，为实现闽台人才开发合作的其他方面有效运行提供政策支持。

6.3 增进闽台教育的交流与互补

教育是进行人才培养与开发最重要的手段，也是最常见的途径之一，因而为了提高创新型人才开发的有效性，增进闽台教育交流必不可少。由于闽台教育存在很强的互补性，故以教育互补来增进双方教育的缺陷与不足、发扬双方教育的可取之处，形成互补互利、联合开发、共同使用的共赢教育模式，将大大有利于促进闽台人才开发合作机制长效运行。一方面，以高校为依托，加强高校间的联合办学，鼓励高校学生交流学习，在本土化要求的基础上逐步融合闽台高校的办学宗旨、教育使命、教学模式等，创新闽台传统的教育观念，开发、培养出与社会发展相协调的高质量人才。同时，以研究课题、科研项目为切入点，鼓励两地学者共同负责某一领域的科研项目，定期举办相关培训或交流会等形式多样的项目探讨方式，共同培养相关领域的研究生，有利于更深层次、宽领域、多角度地提高闽台人才开发合作的实践性。另一方面，鼓励两地教师资源、教学资源等的有序流动，倡导闽台两地教师更频繁地进行学术探讨，交换各自教学心得与经验，并鼓励积极建立、更新闽台人才资源数据库，将多元化的教学理念、教育信息传输至特定网络，以供两地学者或学生使用、共享。

6.4　重视闽台科技产业对接人才

目前闽台产业对接始终位于产业的中下游阶段，仍然以劳动密集型产业为主，科技所占比重较低，不利于拓展闽台人才开发合作，因此，闽台应当积极进行产业的优化升级与梯度转移，重视以高科技产业深化闽台人才开发深度，培养经济社会急切需要的优秀人才。一方面，以台商投资区、实验园区、创业基地等产业集聚区为载体，加大科技经费投入、优化现有产业格局，提高产业集聚区用人门槛和评估指标，久而久之，集聚效应的积极影响不仅会对产业的优化升级有很好的促进作用，同时也会催生与产业升级相适应的高质量人才、精英团队。另一方面，鼓励建立专门的闽台科技园区，不断吸引闽台两地优秀的科技人才入园，整合两地人才素质供给资源，以科技园区为重点平台，推进闽台高科技产业的产业对接，深化闽台技术密集型产业对接的深度与广度，加强闽台高科技研究项目体系的建设与合作，以高质量人才集聚逐步促进闽台高科技产业对接，从而形成闽台优秀人才共同推进产业升级、高科技产业培育更高质量人才的良性循环系统，以实现闽台人才开发合作的效益最大化。

6.5　拓展闽台人才交流与合作平台

虽然近年来闽台积极开展各类各样的交流大会或研究会议，但对于闽台经济发展尚未起到应有的实际效果，这主要是由交流会后期的落实跟踪不到位所致。因此，积极拓展闽台人才交流合作平台、落实交流成果也是推进闽台人才开发合作良性运行的一大要素。闽台应当充分利用"5·18"海交会、"6·18"项目成果交易会、"9·8"投洽会、"台湾海峡地质地震学术研讨会"、"海峡两岸人才高峰论坛"、"两岸专家携手海西行"专家系列活动等交流平台与合作载体，搭建并拓展闽台两岸人才集聚平台，相互就某一主题积极地进行课题探讨，不断磨合闽台人才的思想隔阂、交换思想所得，思想领域的角逐不仅能够拉近闽台人才间的距离，还能对某一课题探讨产出高质量的交流成果。同时，加大落实交流成果力度，将其运用于实践问题之中，并评估交流成果对于实践问题的解决程度，以跟踪人才交流平台所发挥的作用，从而进一步明确、进行各交流会议开展的必要性分析，逐渐剔除效果不佳、不必要的交流大会，增加实施效果明显的、有实际意义的相关会议，不断增进闽台人才间的有效交流。

6.6 优化闽台人才开发合作的公共服务体系

为了实现闽台人才开发合作的有序运行，优化闽台人才开发合作的公共服务体系、完善相应的人才开发管理信息系统具有不可或缺的重要性。一方面，建立制度化、规范化的管理服务体系，成立闽台公共服务中心处理特定的闽台往来事宜，统一管理闽台交流合作工作，为闽台人员往来提供便利的公共服务，简化台胞来闽、福建人才入台的手续办理，优化闽台人才互通的就业、医疗、求学等的社会保障，建立覆盖面广、层次深的闽台人才流动保障体系，以解决两地人才流动的后顾之忧。另一方面，建立健全闽台人才开发合作的咨询服务系统，进行咨询服务分类，及时解决闽台人才交流的疑惑，为实现闽台人才交流合作的顺畅、有序、和谐等提供服务保障，这将极大地惠及闽台区域的人才流动，为第一次进行闽台往来的人员提供方便，也为排除两地交流的客观性障碍提供信息咨询，是进一步贯彻落实闽台人才开发合作运行机制的服务支撑。

7 本章小结

创新驱动发展，人才主宰创新，因而创新型人才的开发合作对于区域经济发展有着关键性影响。通过明确高校、政府、企业、中间组织及人才个人等作为闽台创新型人才开发合作运行机制的主体对象，深入探讨闽台人才开发合作运行的基本现状，发现闽台人才开发合作运行机制尚不成熟，还存在"一条腿走路"、全面性不足、偏间歇性等问题，最后提出进一步推进闽台创新型人才开发合作机制长效运行的思路与建议：加强闽台人才市场衔接与合作、促进闽台政府间合作、增进闽台教育的交流与互

188

补、重视闽台科技产业对接人才、拓展闽台人才交流与合作平台、优化闽台人才开发合作的公共服务体系。

参 考 文 献

[1] 国家发展和改革委员会.《海峡西岸经济区发展规划》［DB］.http：//www.fujian.gov.cn/ztzl/jkjshxxajjq/zcwj/201108/t20110818 _ 380916 _ 1.htm，2011.03.

[2] 肖鸣政、金志峰.当前区域人才开发合作的成果、问题与对策［J］.中国人才，2009，23（15）：12-15.

[3] 赵曙明.泛长三角人才培养、开发和流动机制研究［J］.安徽大学学报（哲学社会科学版），2009，33（03）：119-126.

[4] Molly N. N. Lee. Regionalcooperation in higher education in Asia and the Pacific［J］. Asian Education and Development Studies，2012，01（01）：18-23.

[5] Peter Newman. Understanding city - regional cooperation：what works where［J］. International Journal of Public Sector Management，2009，22（03）：183-191.

[6] 王圣军、田军华.粤港澳区域合作创新机制研究［J］.经济与管理，2012，26（08）：83-87.

[7] 赵峰、姜德波.长三角区域合作机制的经验借鉴与进一步发展思路［J］.中国行政管理，2011，（02）：81-84.

[8] 蒋瑛、郭玉华.区域合作的机制与政策选择［J］.江汉论坛，2011，（02）：25-28.

[9] Handler，David. Talent development［J］.Cygnus Business Media Inc，2006，29：34-36.

[10] Evert Pruis. "The five key principles for talent development"［J］. Industrial and Commercial Training，2011，43（04）：206 - 216.

[11] Çetin Bektaş，Gulzhanat Tayauova. A Model Suggestion for Improving the Efficiency of Higher Education：University - Industry Cooperation［J］. Proce-

dia-Social and Behavioral Sciences，2014，116：2270 -2274 .

［12］邢燕芬．建立中部人才合作开发机制的思考［J］.人才资源开发，2005，(10)：10.

［13］徐晞、詹彦凯．基于行业协会平台的闽台人才交流合作研究［J］.福建农林大学学报（哲学社会科学版），2012，15（03）：7-10.

［14］李春森．对区域人才合作及其机制创新的思考［J］.中国人才，2009，(15)：20-22.

［15］李金辉、王亮、张冰．京津冀人才开发合作的研究与探索［J］.中国人才，2009，(15)：16-19.

［16］李建国．模块理论与区域人才开发研究［J］.求索，2005，(06)：105-106.

［17］连锦添、吴亚明．台湾高校上得去下不来［N］.人民日报海外版，2014-06-03（第003版）.

［18］王芳．闽台经贸合作前景的探讨［J］.福建广播电视大学学报，2001，(04)：56-60.

［19］林中燕、陈永正．海峡两岸高等院校本科教育交流与合作模式研究［J］.闽江学院学报，2010（03）：46-49.

第十三章

闽台创新型人才开发合作博弈分析

1 引 言

随着社会经济信息化与全球化的快速发展，人才的竞争日益激烈，创新型人才开发与培养对于国家政府、企业和社会都起着关键性作用。习近平总书记在出席中国科学院第十七次院士大会时指出"我国必须大力培养造就规模宏大、结构合理、素质优良的创新型科技人才"。在全球经济一体化时代中，人才开发合作一体化已经逐渐成为了区域经济合作的重要模式之一。区域人才合作是实现社会主义和谐社会，缩小区域经济水平差异，实现人才资源协同优化配置的重要途径，闽台人才交流与合作是福建省的特色、优势和责任所在[1]。闽台创新型人才合作开发培养在海西经济区的建设中经历了非均衡合作发展到博弈发展、再到合作博弈发展的三个阶段，成为理论学者与实践家的关注热点。在国际经济背景下，随着海西经济区建设的逐步深化，如何顺应闽台两地经济社会发展趋势，对闽台人才合作模式及其机制进行分析与创新，从而实现整合闽台人才资源、深化闽台产业、文化等合作成为当前闽台合作的前沿趋势与重要课题。国外学者相继提出了创新型人才合作的模式，譬如 Etzkow[2] 等提出包含企业、高校和政府在内的三重螺旋结构合作模式；Lundberg 和 Andresen[3] 认为人才合作的产学研合作模式离不开金融的支持，因此他们提出了基于企业、高校、政府、金融间的合作模式。Çetin[4]等认为相比较产学合作的二维模式，政府、产业、大学、社会团体的合作模式更有效。这些观点为我们在寻找闽台创新型人才合作开发模式过程中提供了新的思路和视角。近几年，国内一些学者开始试图寻找闽台人才合作的新途径、新机制、新模式和新政策，为两地创新型人才开发合作提供了良好的理论指导。从远东[5]在分析闽台人才交流现状基础上，提出构建两岸人才交流合作区域中心，并对人才交流中心的目标定位、工作重点进行了探讨。苗月霞[6]总结了福建在对台人才交流合作中的经验，提出了构建海峡两岸人才交流合作"实验区"相关对策。李玲、陈晏辉[7]分析了闽台"校校企"人才培养模式的现状、成果以及存在的困难。黄威[8]深入分析了闽台农业领域人才交流合作的形式和特点。本文在前人研究的基础上，进行闽台创新人才开发合作博弈分析，以期进一步探讨闽台创新型人才开发合作新模式，对深化闽台地区创新型人才开发合作提供有价值的参考。

2　闽台创新型人才开发合作博弈分析

2.1　闽台创新型人才开发合作博弈模型的基本要素

根据博弈论理论，无论是合作博弈还是非合作博弈，必须具备五大基本要素[9]：

（1）参与者。即利益主体，是指参与整个博弈过程并进行决策的主体，具体指人、企业或是其他具有独立决策能力的组织。闽台创新型人才开发合作博弈模型中的利益主体包括闽台两地政府、企业、高校，这些主体首先是理性的，能够充分认识到彼此之间存在的本质联系并择优决策；其次，这些参与者在现实社会环境中包含了一定的天然纽带关系，这种关系将产生利益分配与竞争的问题，将影响博弈方的选择与决策。

（2）支付函数。即收益情况，是指博弈方在一定战略组合下能够得到的确定效用水平或是参与者自身的期望效用水平。闽台创新型人才开发合作博弈的支付并不能运用一组简单数字进行核算，这种合作收益应是综合考虑各参与主体在经过博弈后获得共同最优结果的的函数，其中可能包括政府获取的社会效益、企业获取的经济效益以及高校获取的人才效益，这些效益是闽台创新型人才开发合作博弈的目标，也是最重要的影响因素。

（3）行动。即策略空间，是指任何参与者在博弈的某个时点的决策变量，这种决策遵循了有限理性和最优收益原则。合作博弈本身就是各方策略相互影响、共同作用进而实现最优合作收益的过程。闽台创新型人才开发合作博弈的行动是在不同合作阶段、合作环境、合作需求和信息掌握情况下形成的不同策略组合，福建和台湾两地的政府、高校、企业都有权利选择合作和不合作的行动，并确定自身行动顺序。

（4）博弈的次序。即行动顺序，是指在现实的博弈中，当存在多个参与者独立决策时有先后之别就可能出现博弈次序问题。博弈次序的不同将对整个博弈的结果和支付函数产生较大影响，因此对博弈的次序必须在分析过程中事先做好一定的假设。闽台创新型人才开发合作博弈过程中，对双方的行动顺序进行严格规定才能确保整个博弈分析的有效性。

（5）博弈结果。即博弈方的行动组合、策略组合和收益组合三个主要方面的内容，是指博弈参与者选择某种行动策略后产生的所有可能情况的集合。闽台创新型人才合作博弈过程中可能实现长期战略合作的博弈均衡结果，这样才能保证闽台各博弈方的博弈结果能够持续健康长久，实现真正的合作。反之，没有获得均衡的博弈结果，就可能使得闽台其中一方博弈参与者改变相应策略。博弈结果是博弈完整性的重要影响因素。

2.2 闽台创新型人才开发合作博弈的实践基础

（1）闽台创新型人才开发合作博弈符合经济发展规律。人才是经济发展的动力，创新型人才的开发培养有利于推动一个国家或地区的经济发展，同时生产力的提高也有利于促进创新型人才的进一步开发。闽台的发展离不开人才的力量，双方在深化和突破传统合作领域与形式的过程中应选择更加具有拓展性和潜力的合作领域，创新型人才开发合作是一个必然的选择。从博弈论的角度看，福建虽然作为大陆对台交流的先行先试窗口，人才资源总量丰富，但是开发培养思想与机制还不够完善，因此在合作博弈过程中主要是看到了台湾比较成熟的人才开发模式与平台，看到了国家所采取的优惠政策，因而利用这一契机加快与台湾的人才开发合作；另一方面，随着创新产业的异军突起，台湾地区老龄化日益严重，初级劳动力日益短缺，缺乏对产业的智力支撑，福建省的庞大人才队伍与市场基础能够为台湾经济发展奠定坚实基础。因此，闽台创新型人才开发合作博弈既满足两大区域经济发展的需求，也符合经济发展的规律。

（2）完善的制度安排为闽台创新型人才开发合作博弈提供了条件。在众多博弈模型中，区域经济发展中的问题域矛盾实质根源于我国区域经济发展中的利益调整。闽台创新型人才开发合作博弈是一个福建省与台湾寻求利益均衡的博弈过程，其本质是一个制度安排创新的过程。闽台合作一直备受国家政府重视，近几年，国家出台了一系列支持性政策文件作为支持闽台创新型人才合作的优惠条件。2009 年，国务院正式出台《国务院关于支持福建省加快建设海峡西岸经济区的若干意见》，意见中明确提出支持扩大两地经贸合作，按照建立两岸人民交流合作先行区的要求，允许在对台经贸、航运、文化、教育等方面交流与合作中，采取更加灵活开放的政策，先行先试，取得经验。2014 年，在举行的第六届海峡论坛上，国家又出台了八条对台的优惠政策，为台湾人才来闽的出行、贸易、投资等方面创造更为便利的条件，为闽台创新型人才的合作开发创造更为有利的条件。这些政策制度成为闽台创新型人才开发合作博弈持久、稳定、深入发展的外部力量，对于规范参与者的博弈行为与策略选择起到了重要的规范与保障作用，是实现利益均衡与共赢博弈的必要条件。

（3）闽台产业对接为实现创新型人才开发合作博弈创造了可能性。近年来主要由于台湾过去执行错误的政策，由"拼政治"代替"拼经济"，严重打击了企业家及投资者的信心，台湾面临被边缘化的危境。但是台湾一直在探索产业升级与转型方向，2009 年台湾当局推出六大新兴产业作为台湾产业调整和发展的新方向，并提出向"科技岛"迈进的目标。而福建借助海峡西岸经济区建设的契机，经济不断攀升。福建制造业升级和振兴急需大量专业技术人才，为台湾相对过剩的机械、电子信息等先进产业技术人才提供了广阔的发展空间；同时福建也为台湾产业的梯度转移提供了优惠政策。这种战略性产业对接是闽台创新型人才开发合作达到非零和博弈的重要条件，成为缓解博弈方因资源差异、环境区别等因素造成的博弈收益矛盾的利益平衡机制。这一机制能够确保闽台两地人才资源高度整合，通过优势互补和协同获得新的发展基础和优势，最终实现两地创新型人才开发合作。

2.3　闽台创新型人才开发合作博弈的基本假设

（1）博弈参与者是理性的。闽台创新型人才开发合作博弈过程中，闽台政府、企业、高校都是理性主体，其决策或选择行动的利基点是自身收益最大化。从福建的角度看，政府、企业和高校都希望能够从台湾地区引进大量创新型人才或是完善的人才开发培养机制，从而满足各主体的利益需求；台湾主要是为了依托福建省的广阔市场和潜在人才资源帮助自身实现跨越式转型，从而实现创新型人才开发。在有限理性经济人前提假设下，双方一定是更加关注自身的支付函数，争取自身利益最大化。

（2）市场信息是对称的。对闽台创新型人才开发合作博弈分析应该排除市场信息不对称的情况，假设闽台双方能够获取对方全部相关信息，包括经济环境、市场需求、人才状况等信息，博弈双方之间愿意共享信息使得对方完全掌握整个宏观环境。

（3）博弈参与者具有合作理念。从合作博弈模型的角度看，只有参与者首先具备积极合作的思想与理念才能够有利于开展博弈活动。假设闽台双方基于自身收益的考虑，在以实现共赢为前提下的博弈中愿意打破个人有限性的制约，充分尊重整体理性效率与公平的效用。只有在这样的假设前提下，闽台创新型人才开发合作博弈才能在静态或动态博弈中实现长期稳定合作的均衡结果。

3　闽台创新型人才开发合作的基本静态博弈模型

基于上述的前提条件和假设分析，本文拟应用囚徒困境模型理论和纳什均衡分析闽台创新型人才开发合作静态博弈的基本过程。该模型假设闽台双方同时进行选择，根据有限理性经济人假设独立作出决策。如果双方都合作，收益均为 H；如果双方不合作，收益均为 L；如果有一方选择合作而另一方选择不合作，则选择合作方收益为 M，另一方为 N。如果双方均选择合作，那么闽台创新型人才能够在更加公平、有效的宏观环境下得到更好的开发与培养，在就业、教育、交流等环节上能够实现资源协同整合的效益；如果只有一方选择合作，则会造成合作方的培养成本比不合作方要高，且收益比较低。该模型如下：

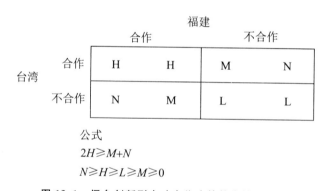

图 13.1　闽台创新型人才合作决策静态博弈模型

（1）当福建省和台湾双方均采取不合作的策略时，二者都可以获得收益（L，L）。此时，闽台两地不需要投入合作成本，而是通过自身完成对于创新型人才的开发培养。作为有限理性经济人主体，在博弈过程中对合作成本、合作收益、合作风险的慎重考虑，这些主体为了避免相应成本和风险而选择不合作策略，但是这种策略将使得双方没有实现创新型人才开发培养核心能力和资源优势的协同整合。

（2）当福建省首先认识到闽台创新型人才开发合作的意义，将采取积极主动的合作策略，此时福建省的投入成本不断增加，包括加大闽台人才合作基地建设、制定引进台湾创新型人才优惠政策、建立台湾创新型人才就业服务中心等。此时，如果台湾并不能完全突破政治桎梏，政府、企业和高校仍然只关注眼前利益和个人利益，对于成本投入较大、回收周期较长的闽台创新型人才并不重视，就可能采取被动观望的不合作策略。此时，福建省和台湾地区的收益是（N，M），福建省在采取合作策略时将拥有更多发挥自身优势、利用中央政府政策的主动权，但是也必须面临更大的成本和风险，这种策略空间并不是博弈双方的最优均衡解。反之，当台湾地区政府、企业和高校率先认识到加强闽台创新型人才开发合作的重要性，将采取主动合作策略，包括加强闽台文化、科技、产业交流；鼓励台湾创新型人才到闽就业；制定吸收福建企业在台投资政策等措施。但是，福建省受到政治、文化、地域的影响，并没有充分意识到闽台创新型人才开发合作的价值，采取不合作策略。此时，福建省和台湾地区的收益是（M，N），台湾地区在闽台创新型人才开发合作中扮演更加积极主动的角色，承担更多成本和风险，收益自然低于福建省的收益。第一种情况在现实当中比较普遍，第二种情况比较少见，在海西经济区建设的进程中，由于各种原因福建省一直处于比较积极主动的状态，台湾地区在某些程度上过于"理性"，对闽台合作事宜一直都比较被动，这给闽台创新型人才开发合作造成了不少的阻力。

（3）当福建省和台湾地区都采取积极主动的合作策略，就能够实现核心能力与资源优势的协同整合，形成共赢性博弈，此时收益是（H，H）。福建省和台湾地区在经济全球化和信息化时代背景下，两地政府、企业和高校必须开始着重培养创新型人才以促进地区经济发展方式转型和创新创意产业发展，借助中央政府的相关政策双方都愿意采取积极合作策略，以实现整体利益最优化均衡。此时，福建省将在吸收台湾创新型人才培养的丰富经验与机制的基础上，及时开发创新型人才培养模式，并调整与台湾合作对接领域，真正实现福建省创新型人才开发、培养和应用；同时，台湾地区可以利用福建省充分的教育资源和硬件设施为创新型人才营造创业、就业和科研转化的工作环境与平台，建立"企企合作""校校合作"

"校企合作"等模式，切实提高两地创新型人才培养契合度，实现人才与经济、人才与产业、人才与文化的对接。这种策略选择使得福建和台湾在成本投入、风险承担、贡献程度以及参与积极性各维度上都较为均衡，有利于真正实现闽台创新型人才开发高度合作，资源共享、优势互补的长远局面。但是，在实际现实操作过程中，这种合作策略空间并不是稳定的，基于有限理性经济人假设，博弈双方较少在不考虑个人利益的情况下选择合作策略，因此大多数情况只是实现了形式上的（H，H），这并不是该博弈模型的均衡解。

结论：以上讨论分析了闽台创新型人才静态博弈过程，这个过程属于简单的单次博弈，在排除一些干扰情况之后，我们得出在这个基本静态博弈模型中，（不合作，不合作）是博弈中唯一的纳什均衡，双方受益为（L，L），这就是著名的"囚徒困境"模型。但是由于双方都采取合作策略的收益（H，H）明显高于（L，L），因此在经过多次合作博弈之后，根据有限理性假设，闽台双方可能会逐渐认识到合作的长远收益，从而选择（合作，合作）策略，产生帕累托最优。从该模型中，我们能够确定闽台创新型人才合作在一开始时可能受到一定的阻力，但是通过设计一定的机制实现多次合作后能够破解"囚徒困境"，从而在闽台之间形成创新型人才开发合作战略联盟，即连续的合作可能成为重复"囚徒困境"的均衡解。

4　基于讨价还价模型的闽台创新型人才开发合作博弈分析

4.1　基本假设

从上文分析，我们可得知福建和台湾双方在经过多次博弈之后会选择创新型人才开发合作。区域间的关系特征表现在个体性、关系性、信息性三个方面，[10]因此本文运用 Rubinstein 讨价还价模型对闽台创新型人才合作之前制定相应合作协议或对所产生巨大效益进行分配方案设计[11]。只有实现公平、均衡的利益分配才能实现长久、稳定的合作关系。首先，我们假设：

A. 福建省和台湾地区作为决策主体，具有较好的学习和自我完善能力，能够及时调整目标和策略。两个博弈方在一定程度上能动态寻找针对目前闽台创新型人才开发情况的最佳反应策略。

B. 闽台双方符合有限理性经济人假设，在博弈过程中追求个人收益最大化。福建省的目标是通过企业和高校从台湾引进先进的人才开发模式和经验，追求整合台湾创新型人才资源满足自身经济发展方式转变以及产业升级的人才需求；台湾地区的目标是依托福建省巨大的人才市场和产品市场培养创新型人才，借助中央政府和福建省各地政府的优惠政策吸引福建创新型人才到台湾发展，以推动台湾地区创新技术产业的长足发展。从本质上看，二者目标存在一定差异性，闽台创新型人才合作博弈也必然出现策略不同的情况。

C. 该模型是运用卡莱－斯莫罗迪斯基解对闽台创新型人才开发合作的盈利分配体系进行求解，因此必须将创新型人才开发界定为具有一定经济价值和成本风险的经济活动，其中资源、价值和成本都是可量化的。闽台博弈双方在达成合作协议过程中都希望能够使自己利益最大化，于是产生了讨价还价的谈判，整个模型体现了闽台博弈参与者为了利益而合作，但是在合作过程中又存在冲突和矛盾。根据文献查询和现实经济情况，福建省拥有的资源和面临的风险都将高于台湾地区，由此我们假设台湾地区拥有均值为 5（单位均从略）的开发资源和开发创新型人才的方差为 4（代表风险和成本），福建省拥有均值为 10，方差为 8 的创新型人才开发现状。记 x_1、x_2 分别为台湾和福建合作之前创新型人才开发的总量，y_1 和 y_2 表示合作之后闽台创新型人才开发的总量，K 是一个固定的货币量，其合作公式如下：

$$y_1 = (1-\alpha) x_1 + \beta x_2 + S$$（其中，0α 和 $\beta \leqslant 1$，K 是一个固定的货币量。）

$$y_2 = \alpha x_1 + (1-\beta) x_2 - S$$

4.2　模型分析

在本模型中，我们运用方差来评估开发创新型人才的成本和风险，随着 α 和 β 的变化，两地合作状况也会随之发生改变，显然闽台双方都有达成合作的意愿，但是在合作的过程中又都希望选择对自己最有利的（α，β）配置，并就这个问题进行讨价还价谈判。我们令合作之后闽台两地的方差缩减量分别为 p_1 和 p_2。这样就可以将模型转化为"局中人 i（$i=1$，2）通过谈判达成合作协议，使得自己的 p_i 尽可能地变大"的情况。首先计算合作之后闽台两地开发创新型人才的方差：

$$Var(y_1) = (1-\alpha)^2 Var(x_1) + \beta^2 Var(x_2)$$
$$Var(y_2) = \alpha^2 Var(x_1) + (1-\beta)^2 Var(x_2)$$

于是，闽台创新型人才开发的方差缩减量为：

$$P_1 = Var(x_1) - \{(1-\alpha)^2 Var(x_1) + \beta^2 Var(x_2)\}$$
$$= 4(2\alpha - \alpha^2) - 8\beta^2$$
$$P_2 = Var(x_2) - \{\alpha^2 Var(x_1) + (1-\beta)^2 Var(x_2)\}$$
$$= 8(2\beta - \beta^2) - 4\alpha^2$$

接下来，我们通过拉格朗日（Lagrange）方法试图寻找 Pareto 最优曲线，在确定其中一方的 p_i 时计算出另一方的方差缩减量，从而得出哪一方在闽台创新型人才合作过程中的获利比较多。令

$$L = 8(2\beta - \beta^2) - 4\alpha^2 + \lambda[4(2\alpha - \alpha^2) - 8\beta^2]$$

分别对 α 和 β 求偏导并使之等于 0：

$$\frac{\partial L}{\partial \alpha} = -8\alpha + \lambda(8 - 8\alpha) = 0$$

$$\frac{\partial L}{\partial \beta} = 8(2 - 2\beta) - 16\lambda\beta = 0$$

由此得出：$\alpha + \beta = 1$

因此，Pareto 最优曲线的参数式方程为：

$$\begin{cases} P_1 = 4[1 - 3(1-\alpha)^2] \\ P_2 = 4(2 - 3\alpha^2) \end{cases}$$

进一步得出，Pareto 最优曲线的隐函数式：

$$\sqrt{4-P_1} + \sqrt{8-P_2} = \sqrt{12}$$

当闽台创新型人才开发合作博弈处于完全不合作状态时，该点为（0，0）被称为"意见不一致点"，而该博弈模型的理想点为（4，8），在 Pareto 曲线满足 $\frac{P_1}{P_2} = \frac{4}{8}$，由此我们可以求解卡莱和斯莫罗迪基解：

$$\frac{1-3(1-\alpha)^2}{2-3\alpha^2} = \frac{4}{8}$$

解得：$\begin{cases} \alpha = 0.586 \\ (P_1, P_2) = (1.941, 3.882) \end{cases}$

4.3　分析结论

根据我们运用合作博弈中讨价还价模型对闽台创新型人才开发合作博弈进行假设和求解可知在闽台创新型人才开发合作过程中的获利并没有福建多，福建省在与台湾共享资源、加强交流的同时对中央政府的政策对接能够更加有效及时，并且在海西经济区快速建设的进程中，台湾产业也已经开始向福建等地转移对接，这有利于为福建产业基地带来更多经验丰富的创新型人才资源。另外，在整个共同合作开发创新型人才的过程中，台湾企业和高校可能由于历史问题和土地等问题在建设闽台科技园区、人才交流区和闽台科研基地等方面没有加大投入，导致未能吸引和聚集更多创新型人才。因此，我们认为基于上述分析，福建省在闽台创新型人才开发合作博弈谈判过程中，应作出一定的让步，在尽可能增加台湾主体利益的同时促成合作协议的形成，那么闽台双方开发培养创新型人才的效果将更好。

5　闽台创新型人才开发合作博弈的互惠战略与对策

5.1　转变闽台创新型人才开发合作观念

转变经济发展方式，建设海西经济区，离不开创新型人才的支撑，因此人才开发培养必须满足闽台经济发展的需求，必须树立"资源共享，成果共赢"的闽台创新型人才合作观念。从闽台创新型人才开发合作静态博弈分析结果看，福建省和台湾地区都没有率先对合作抱有积极主动态度，不能实现帕累托最优结果即（合作，合作），博弈结果也不能达到（H，H）的收益。在整个闽台创新型人才开发合作博弈的过程中，需要经过重复多次博弈才能促进双方合作行为，这无形中增加了社会成本和政策风险，降低了闽台创新型人才开发效益。因此，闽台应注重转变合作观念，加强闽台创新型人才共同开发的意识，立足于整体利益大于个人利益的发展理念促进两地战略性合作，实现资源整合与共享。首先，闽台博弈中的各个主体不能过于"理性"，只关注自身利益，应该放眼于长远利益和整体利益，才能实现互利共赢；其次，在合作过程中应着重利用内部利益机制进行协调，不能过度依赖外部力量，将闽台创新型人才开发合作嵌入市场化调节机制，推动闽台深入合作；最后，闽台在研究两地创新型人才开发合作的同时应清醒地认识到人才开发培养是一个规律性的过程，双方应积极探究人才发展规律，并按照其规律推进闽台合作。

5.2 发挥中央政府与地方政府的统筹作用

从闽台创新型人才开发合作博弈分析结果看，闽台合作离不开政府的协调与统筹。政府应在闽台创新型人才合作中承担更多责任与义务，为两地合作参与者营造良好的合作平台与环境，争取闽台合作中实现整体利益最大化。首先，中央政府与各地方政府应加强实施相关法律法规，规范闽台创新型人才合作的各主体间的权利与义务关系，对整个合作过程进行有效约束，实现创新型人才开发合作从双方隐形契约上升至法律层面，使得博弈方的利益得到保护；其次，两地政府在整个合作博弈过程中也是参与者之一，但是更多的是发挥协调、引导的作用。政府应针对高校、企业以及个人制定相应的鼓励和优惠政策，支持和鼓励各个参与者积极主动促成合作，使得闽台创新型人才合作"社会化""全民化"；最后，中央政府和福建省各级政府应积极主动加强闽台创新型人才合作基地建设，其中包括产业对接平台、台湾人才工作服务中心、闽台科研交流基地、闽台校企合作基地等等，为闽台创新型人才的共同开发提供物质基础，鼓励和引导更多台湾创新型人才打破传统桎梏积极参与到闽台创新产业合作中来。总而言之，政府只有不断提高政策的可操作性和可行性才能在一定程度上缓解或解决闽台创新型人才合作中利益不均、态度不和的问题，进一步推动双方突破式合作。

5.3　设计闽台两地激励相容机制

激励相容机制主要是从内部协调出发建立博弈双方协议约定的机制，能够保障闽台创新型人才开发合作持续长期稳定进行。根据讨价还价模型博弈分析结果，我们可以对闽台双方的谈判过程进行合约式管理。首先，在闽台创新型人才开发合作的前期对合作之后的收益分配、成本投入等问题都制定完整的合约协议，在政府、企业和高校等角色主体行为中全面实施合作协议，才能确保博弈双方参与共同制定的博弈规则与策略空间；其次，设计闽台两地激励相容机制还需要从博弈参与者自身出发，建立一套完善的奖罚体系，根据人才开发培养的需要对整个合作过程中的参与者行为进行有效奖励与惩罚，充分保障各个参与者在合作博弈中获得应有的收益；最后，加强闽台之间的沟通交流，及时解决合作过程中产生的各项问题。在闽台创新型人才开发合作过程中，有一些利益主体并不能正确认识到合作的价值与重要性，从而采取消极合作的态度，此时双方应进行深入沟通，及时倾听闽台人才及其家庭的心声与需求，强化重视闽台人才的权益保护，科学合理分析合作的可能性、可行性、空间以及实际价值。另一方面，闽台两地应协调就创新型人才开发合作问题扩大宣传力度，提高各地利益主体的认识水平和参与积极性。

5.4　加快福建省合作角色转换

从讨价还价模型博弈分析结果看，福建省在闽台创新型人才开发合作过程中的获利远远高于台湾地区，因此福建省在协调与台湾共同开发人才的前期应作出一定让步，转变合作角色，帮助降低台湾地区参与主体的风险与成本，充分保障台湾在此合作中应获得的利益，这将使得双方合作效果更好。首先，福建省应该加大财政投入，积极建设闽台人才开发合作基地，主动加强组织福建省各类高层次人才到台湾进行科研、学术和技术交流，同时鼓励和支持台湾人才到福建各地学习与发展，为台湾地区的高层次人才提供良好的生活和工作条件；其次，福建省在合作过程中推动本地高校与台湾高校之间的校际合作，提高对台人才开放的程度，在设置重点学科建设和创新型人才培养上加强整合闽台资源，促进高校重大科研项目和重大课题以及核心产业合作；最后，福建省应制定税收优惠政策，吸引更多台湾创意、创新产业到福建发展，为闽台创新型人才开发合作构建人才供需对接机制，实现两大地区自主创新能力和核心竞争力紧密对接，以满足海西经济区建设发展的创新型人才发展，实现互利共赢。

6　本章小结

随着知识经济的到来，建设海西经济区关键在于开发培养创新型人才。但是闽台双方一直以来由于合作观念不强、合作机制不完善、合作利益分配不均等问题，使得闽台创新型人才开发合作稍显落后。本文基于合作博弈理论的视角，通过闽台创新型人才开发合作静态博弈模型和讨价还价模型分析，进一步确定两地合作博弈的互惠战略与对策，包括转变合作观念、发挥政府统筹、设计相容机制和转换福建角色等。试图为闽台创新型人才开发合作博弈中寻找利益均衡机制，通过内外机制联合确保闽台合作博弈演化，实现双方创新型人才资源共享、利益共分、成本共担、风险共承的健康稳定局面。

参 考 文 献

[1] 尤小波，王华. 加强闽台人才交流与合作的思考. 厦门特区党校学报［J］.

2009（3）：69-73.

［2］ Etzkowitz H，Leydesdorff L. The dynamics of innovation：fromnational systems and "Mode 2" to a triple helix of university-industry-government relations ［J］. Research Policy 23-109（2000）.

［3］ Heléne Lundberg，Edith Andresen. Cooperation among companies，universities and local government in a Swedish context ［J］. Industrial Marketing Management：429-437（2012）.

［4］ Çetin BEKTAŞ，Gulzhanat TAYAUOVA. A Model Suggestion for Improving the Efficiency of Higher Education：University-Industry Cooperation ［J］. Procedia-Social and Behavioral Sciences：2270-2274（2014）.

［5］ 从远东. 建设"两岸人才交流合作区域中心"的实践与思考 ［J］. 第一资源：111-121（2011）.

［6］ 苗月霞. 构建海峡两岸人才交流合作现行"实验区"研究 ［J］. 中国行政管理：92-95（2011）.

［7］ 李玲，陈晏辉. 台高校"校校企"人才培养模式探究—以泉州为例 ［J］. 闽西职业技术学院学报：76-79（2014）.

［8］ 黄威. 两岸农业领域人才交流与合作现状研究—基于福建省的调查 ［J］. 南阳理工学院学报：47-54（2014）.

［9］ 姚海鑫. 经济策略的博弈论分析 ［M］. 北京：经济管理出版社，2001：124-129.

［10］ L. S. Shapley. Cores of Corvex Game ［J］. International Journal of Game Theory，1971（1）.

［11］ 施锡铨. 合作博弈引论 ［M］. 北京：北京大学出本社，2012：13-38.

第十四章

基于生态管理理论的
闽台创新型人才开发研究

1 引 言

众多的理论和实践证明，创新型人才是推动经济发展的核心资源。创新型人才在社会经济建设中具有很强的引领、辐射和推进作用，因此创新型人才的集聚能有效地提升区域自主创新能力。福建省充分认识到了建设海峡西岸经济区，实现福建跨越式发展，创新型人才是关键。为了有效开发创新型人才，福建出台了多个政策文件，涵盖了人才的引进、培育、使用、激励等各个方面。更是重视与隔海相望的台湾在创新型人才开发方面的交流和合作，先后制定70多项涉台的专项法规和地方性法规，成为全国涉台立法最早、最多的省份。二战后台湾经济快速发展，综合实力曾一度居四小龙之首，但经过多届执政党轮替和2008年全球性金融危机的影响，如今台湾综合实力已为四小龙之尾。为了振兴经济，台湾提出了中长期经济发展构想（黄金十年），大力发展六大新兴产业，但与发展经济相配套的创新型人才资源却面临严重的不足。福建和台湾有深厚的历史文化渊源，在自然背景上也具有极大的相似性，这种特殊的背景为闽台创新型人才开发提供了先天优势。在经济全球化和区域经济一体化逐渐增强的背景下，闽台创新型人才一体化已经成为新的趋势。现代生态管理理论从生态学的视角出发，充分借鉴生态学的有关概念、原理和方法，以整体观、合作观及可持续发展观等来研究社会经济活动。本文尝试以生态管理理论来研究闽台创新型人才开发问题，以期为闽台的创新型人才开发提供有价值的参考。

2　生态管理理论的简介

自 1869 年德国生物学家 Haeckel 提出生态学的概念后，生态学历经一百多年的发展，跨越了自然科学与社会科学之间的鸿沟，出现了生态管理学。其学科前提是建立在"生态人"假说的基础上，即认为人也具有生态属性，同样受自然法则约束，必须与自然协调发展，人行为的善意标准是其是否有利于自然的完整、和谐与稳定，人类活动的终极目标是建构和调控人与自然之间、人与人之间的理想化秩序[1]。生态管理旨在运用系统工程的手段和生态学原理去协调人与自然、经济与环境、局部与整体在时空、结构、数量间的耦合关系，使资源得以高效利用，人与自然高度和谐，环境经济持续发展[2]。生态管理学的诞生使管理学迈进了一步，其核心观点主要表现在：第一，生态管理学强调经济与生态的平衡可持续发展。第二，它体现了一种管理思维的转变，即从传统的"简单线性"思维转向一种"循环的渐进式"管理理念。第三，生态管理非常强调整体性。生态管理的落脚点是对由要素构成的整体结构进行科学管理，通过整体中各要素的共同作用，达到最佳的管理效果。第四，生态管理是一个层次分明的复杂系统。第五，生态管理囊括了管理主体的各个方面，主张广泛参与，体现了一种民主的管理方式[3]。第六，生态管理具有合作共生的特点。

将生态管理理论和方法运用到现代人才管理中产生了人才生态学，主要研究人才的开发使用等与环境的关系。人才生态学将人才与所处的环境抽象成一个模拟生态系统，运用和借鉴自然生态学的知识和视角，研究人才的成长，从而使人才得到可持续发展。张一方[4] 提出了人才生态学的 3 个基本原理：环境控制原理、相互联系与整体性原理和数量决定质量原理。彭剑锋[5] 指出人才吸引力的竞争，从本质上讲是人才生态环境的竞争。沈邦仪[6] 认为人才生态系统是指人才生命系统与环境生态系统交互作用而构成的有机复合系统，是受自然、社会与自身思维影响和控制的生态系统，它包括人才的内生态系统和外生态系统。朱达明[7] 认为人才生态环境是一个由众多复杂因素构成的社会系统，是一个完整的、有内在规律的体系，主要分为社会物质环境和社会人文环境。马伟光[8] 提出了人才生态系统存在人才系统共生效应；人才势场效应；杂交优势理论；人才系统共生效应；人才种核理论等规律。在将生态管理理论运用到创新型人才的开发上，邬江兴[9] 提出通过实施精英教育、设立创新园区、推广新技术等措施完善创新生态链，培育创新型人才。黄梅和吴国蔚[10] 通过建立创新人才开发的生态学模型，从内部环境、边界、外部环境三个角度考察对创新人才开发的影响，进而从系统和整体角度探讨创新人才开发的有效路径。刘冬梅等[11] 通过实证研究分析了科技人才流动现象与所在生态位关系，并指出导致科技人才流失的最主要原因是现实生态位、潜在生态位和理想生态位的严重错位，并提出相关建议。

3 闽台创新型人才开发现状

台湾与福建隔海相望，两地同处于全球最活跃的东亚经济走廊的中心地带。历史上，台湾曾划归福建省管理，"闽台合治"的时间长达 200 年之久。但目前两地由于实行不同的社会制度，具有不同的经济发展基础。台湾目前已经步入后工业化初期，而福建还处于工业化中期，两地经济发展相差近 20 年。与两地经济发展水平相对应，两地在创新型人才开发方面同样体现了两个地区之间发展的差距（表 14.1）。

表 14.1 2012 年闽台创新型人才开发概况

主要指标	福建	台湾
劳动力人口（万人）	2568	1134
三次产业人员及构成比	25.0：38.8：36.2	5.0：36.2：58.8
科技人员数（人）	239938	287565（2011 年）
每万人口研究人员数（人）	64.0	238（2011 年）
R&D 经费	2709891（万元）	4132.90（新台币亿元）（2011 年）
R&D 经费占 GDP 比重（%）	1.38	3.02（2011 年）
每万人口高等教育学生数（人）	230	582

数据来源：2012 年《中国统计年鉴》和《福建统计年鉴》

福建创新型人才队伍在数量上和质量上都有了较大的提高，但是总体上福建在创新型人才队伍建设与人才总量上仍落后于台湾，人才结构与经济社会发展不相适应。具体表现为：人才总量不足，每万人口拥有高等教育学生人数为 230 人，还不到台湾的 40%；科技人才的总量约为 24 万，占整个劳动人口的 9%，比例偏低。人才素质不适应发展要求，一般性的劳动力充足而高级技术技能人才短缺。根据《福建 2013 年度紧缺急需人才引进指导目录》，福建尤其缺乏在信息工程、装备制造、石化工业、船舶工业等 25 个重点产业的顶尖人才。教育的作用未充分体现。目前福建有各类高等院校 85 所，但 211 大学只有 4 所，许多本科院校为新组建而成，大部分高职都由原来的中专升格，办学时间短，师资力量薄弱，专业单一、创新型人才培养模式不够完善；在培养适应区域经济发展的高素质、高技能的人才方面还有很大的空间。加之福建整体产业结构层次低，劳动密集型、传统产业比重较高，而科技含量高、附加值高的产业所占份额低；研发经费投入也偏低，2012 年福建的 R&D 经费投入强度为 1.38%，不到台湾的一半，这些都十分不利于创新型人才的引进和成长。

台湾和福建相比，具有一定的人才优势，但也存在严重的问题。台湾自主创新型能力不足，缺乏发展新兴产业的创新型人才。台湾长期依赖从先进国家引进成熟技术再发展，导致基础研究不扎实，高科技产业的关键技术受控于发达国家。人力资源结构与产业结构严重失衡,高科技产业人才不足,传统产业失业率居高不下,严重阻碍了台湾的经济发展。台湾由于长期忽视除信息硬件产业以外的高科技产业,如软件业、生物技术、环保产业等的发展,造成了创新型人才培养单一化。2012 年岛内就业人数 1134 万,失业人数 48.1 万,失业率达 4.2%。台湾人才流失严重,已成为人才"净输出地",每年有两三万人离开台湾,其中大多数还是高级人才。由于高等院校数量增长过快,出现严重的供过于求,许多学校面临生源不足的问题。毕业生的质量也不断下降,高学历不再是就业保证,2010 年大专以上学历失业者,已经占总失业人口的 41.11%,平均失业周数为 30.72 周。台湾正处于新的经济转型期,大力发展高科技产业和向科技岛目标迈进的过程中,都反应了台湾创新型人才存在总量不足、顶尖级人才缺乏、人才结构不合理等问题。

4 基于生态管理理论的闽台创新型人才开发系统

4.1 基于生态管理理论的闽台创新型人才开发影响因素分析

知识经济的到来加剧了人才竞争,传统的创新型人才开发理论已显示出其局限性,无法为创新型人才的开发提供指导。生态管理的思想为创新型人才开发提供了一种新范式。这种新范式在创新型人才开发的目标和战略上具有不同的特点,在过程和措施方面亦超越了传统的思维,成为解决当前闽台创新型人才危机的有效武器。根据生态管理理论的基本思想,创新型人才总是直接或间接地依赖于所处的环境,他们的成长和发展受到外生态环境的影响和内生态环境以及个体相互作用的制约。

4.1.1 闽台创新型人才开发的外生态环境分析

创新型人才开发的外生态环境是指直接或间接影响人才成长的各种生态因子的总和,包括了政治、经济、科技、教育、文化五个因素。政治因子是指国家及政府颁布的政策法规及施行的人才体制,是创新型人才开发的基础，影响创新型人才的培养、管理、使用和流动。经济因子包含了社会经济条件及其运行状况、发展趋势、产业结构、交通运输、资源等情况，是创新型人才生存和发展的重要因素，影响着创新型人才的分布、结构和种类等。科技因子包含了科技水平、科技力量、科技体制、科技政策四大要素，是创新型人才从事创新活动的巨大推动力。教育因子对创新型人才的开发起着最直接的作用，教育的主要功能就是促进个体的全面发展，培养具有创新思维和创新精神的个体。教育不仅包含了学校教育，还包含家庭、社会和自我教育。良好的人文环境因子包括的生活环境、工作环境、文化环境、舆论环境等，是构筑创新型人才成长及开发的社会基础，极具意识形态方面的影响力。外生态环境与创新型人才开发系统相互影响，相互促进，和谐共进，逐步实现二者的同构化，这是创新型人才开发与外生态环境的互促优化效应。

4.1.2　闽台创新型人才开发内生态环境分析

创新型人才开发的内生态环境是对创新型人才开发起着关键作用的微观环境因素构成的集合，涵盖了企业、政府、科研机构、高等院校、人才服务机构等。创新型人才开发有赖于政府科学合理的政策导向，政府需要完善人事制度改革，不断优化人力资源配置，才能为创新型人才提供良好的政策环境。高等院校和科研机构一方面作为众多高层次创新型人才的聚集地，一方面作为培养创新型人才的重要场所，对创新型人才的开发至关重要。高等院校和科研机构应不断转变观念，加强同行间的交流与产业间的互动，在社会实践中培养创新型人才。企业是自主创新的主体，在西方发达国家80%以上的创新成果都出自企业，从这个角度来说，企业应该成为创新型人才开发的主要场所。人才服务机构作为人才交流配置的服务性组织，在区域人才开发中的作用表现在通过市场运作模式，提升区域人才合作的效率和效益，引导人才向重点产业和优势产业集聚。

4.1.3　闽台创新型人才开发的战略合作

随着经济一体化的不断演进，长三角、泛珠三角、环渤海等区域相继建立了人才开发合作机制，在人才交流与合作方面不断深入，为经济发展提供持续的动力。闽台在创新型人才开发方面存在诸多共性和互补性。（1）互补的人才资源基础。福建的优势体现在拥有大量廉价的劳动力和技术人才；而台湾在金融、贸易等方面人才充裕，应用研究也聚集了不少人才，闽台人才资源存在一定的互补性，构成了两地人才战略合作的前提条件。（2）稳定的政治基础。改革开放后，两岸关系逐步改善，大陆的改革开放政策和积极的对台优惠政策以及福建对台的政策倾斜，使闽台具有建立创新型人才开发战略合作的政治基础。（3）良好的经济基础。随着海峡西岸经济区建设的全面推进，闽台可以充分借助先行先试的政策优势，加强和深化两地的经济和贸易交流合作，从而为两地人才开发战略合作奠定了坚实的经济基础。（4）坚实的文化基础。"五缘"优势是闽台产生和建立创新型人才开发战略合作的文化基础。随着两岸实现"三通"及"EC-FA"签署为两地创新型人才开发战略合作提供了重要契机，福建与台湾之间客观存在的政治、经济、文化基础决定了闽台创新型人才开发的可行性和协同性。

4.2　基于生态管理理论的闽台创新型人才开发系统

根据上文对闽台创新型人才开发的影响因子分析，从生态管理理论的研究视角出发，创新型人才与之所处的社会环境共同构成了一个类似于自然生态系统的创新型人才生态系统。系统内部的创新型人才个体、种群以及外部环境之间都存在相互作用及相互影响的关系。和自然生态系统相类似，可以构建闽台创新型人才开发系统，如图14.1所示，闽台创新型人才开发系统以闽台战略合作为基础，形成"官－产－学－研－介"联合培养模式，在政府、经济、科技、教育、人文的外部环境作用下，通过个人、组织、社会共同作用，实现创新型人才的持续高效开发。

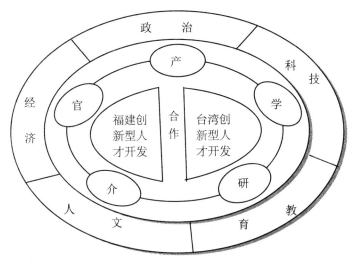

图 14.1　闽台创新型人才开发系统

5　基于生态管理理论的闽台创新型人才开发原则

5.1　可持续性原则

生态管理理论把长时间的可持续性作为基本价值观,而不是把注意力集中在当前问题的解决上[12]。从创新型人才自身的成长规律和知识结构来看,创新型人才的培育需要一个不断积累不断提高的过程,因此对创新型人才的开发应在政府、企业、高等院校、科研机构、人才服务机构的共同作用下,使之具有可持续发展的内在条件。从创新型人才的外部支持系统来看,创新型人才与成长的经济、科技、教育、文化环境构成一个相互作用、相互依存、互助共生的生态系统,并不断进行着智力、财力、物力、信息等的传递和交换,以维持人才成长的无穷后劲。创新型人才的生态系统既受社会大生态环境的影响又和自身所处的微观环境紧密联系,同时具有相对独立性。它是一个有机的系统,也是一个可持续发展的系统。因此应将创新型人才开发的内外环境有机的结合起来,实现体内与体外的和谐开发,最终实现创新型人才开发的可持续性。

5.2　整体性原则

在生态系统中，没有独立存在的个体，生物之间、生物与环境之间都存在着相互联系、相互依存、相互制约的关系，生态系统是作为一种整体性存在的。根据生态系统论思想，整体性原则的着眼点是对由要素构成的整体结构进行科学管理，通过整体中各要素的共同作用，达到最佳管理效果。因此应将影响创新型人才开发的各个因素联系起来，形成创新型人才开发的价值链。价值链把整个创新型人才开发的利益相关者紧密联系在一起，创新型人才开发是价值网中的一个要素，创新型人才开发的主体必须要协调价值链中的其他要素的方方面面的关系，优化人才的生存环境，同时还要善于整合外部资源。另外根据整体性原则，区域联合进行的生态管理效果远远高于单方面进行的生态管理效果。

5.3　合作共生原则

在一个运作良好的生态系统中，物种之间通过合作、竞争、中性、共生的四种形式相互作用，维持系统内部的平衡，并与外部环境和谐共处。闽台创新型人才的开发，可以充分借鉴生态系统优化的原理，进行设计和优化。两地在科技、经济、教育等方面亦存在差异性和互补空间，蕴藏着比较经济利益。两地进行创新型人才的合作开发，实现系统内各要素的优化配置和高效整合，共同提升创新型人才的竞争力。今后随着《关于支持福建省加快建设海峡西岸经济区的若干意见》的出台和 ECFA 的签署，闽台经济科技交流更加频繁，创新型人才开发的生态链延伸到闽台区域的各个方面，实现更大范围上的要素配置和优势互补。

6　闽台创新型人才开发的配套管理措施

6.1　加强两地在创新型人才开发上的战略合作

受台湾当局政治意向的影响，两地创新型人才交流合作还处于初级阶段，难以朝向纵深领域发展，也使得两地创新型人才资源的互补性没有得到应有的挖掘和发挥。闽台应借助"五缘"优势，抓住《国务院关于支持福建省加快建设海峡西岸经济区的若干意见》的契机，突破行政区划界限，消除行政壁垒，制定闽台创新型人才开发先行先试政策，加快闽台创新型人才资源开发的区域性衔接与合作，促进人才、资本、技术的有机交融。首先，应促进闽台政府在创新型人才开发方面的合作，并建立官方管理机构，对人才开发过程中面临的重大问题，如政策法规、实施细则、合作方案等方面进行沟通和协商，形成闽台创新型人才开发合作协议，实现两地人才合作开发的常态化。其次，加大闽台两地教育合作的力度。重启海峡两岸学历互认大门，促进两地联合招生，学生互换、学分互认；并加强学术交流，通过互派师资，互设教学研究基地等多种形式，联合培养所需人才。其三，拓展闽台科技交流与合作。台湾有很强的创新应用能力，而福建在基础研究方面也具有一定优势，两地可根据发展高科技产业的需要设立闽台科技园区，结合双方的优势联合攻关，以高科技产业的群聚优势吸引和聚集人才。其四，加快闽台人才服务机构的合作。鼓励闽台人才服务机构互设分支机构，并建立闽台统一的人才供求信息网络，以便高效及时地共享人才供需信息，为闽台人才的合理配置创造条件。

6.2　以闽台产业的转型升级和深度对接聚集人才

创新型人才结构和数量会根据产业环境的变化进行相应调整，使人才群落的组成和生长适应主导产业的发展方向。闽台应以产业集聚区为载体，实施创新型人才集群战略，通过共享资源要素，形成布局合理的现代产业集聚区，以集群效应催生优秀人才、培育创新团队。一方面，闽台应加强产业结构的升级，向"微笑曲线"的高端延伸，不断在研发、设计、市场推广、售后等方面创新，建立适应现代市场的产业体系。着力培育新兴产业增长极，通过共建研发园区、高新产业园、技术中心、企业博士后站点等服务平台，聚集创新型人才。另一方面要加强闽台产业的深度对接。台湾六大新兴产业与福建七大战略性新兴产业具有很大的互补性和相似性，闽台的产业结构、发展水平存在的差异，为两地新兴产业的合作，以及产业的梯度转移提供了必要条件。闽台可以科技园区为依托，以先进制造业、战略性新兴产业、生产性服务业为重点，着力推进电子信息、装备制造、石油化工等三大主导产业对接，深化工业设计、现代物流、电子商务等生产性服务业对接，加强闽台高端制造业和现代服务业领域合作。同时组建联合人才开发中心，发挥各自领域的优势，对两地相关专业人才和管理人才进行培训，提升他们的专业技能和管理技能。

6.3　加大引进高层次创新型人才的力度

在生态管理环境中的创新型人才会以核心人才为种核，显示出强烈的人才种核效应。行业中的领袖级人物，会对同类人才产生强大的号召力、向心力和凝聚力，成为人才种群的生长基点和凝聚核心。因此，要重点引进一批人才紧缺行业的领军人才，以高层次创新型人才引领生态系统的优化和完善。其一，闽台应形成引才合力，充分利用台湾的创新优势，海西的发展契机，围绕闽台的重点行业、新兴产业和重大工程建设的需要，加大引进国内外高端人才智力，并加强与海内外科研机构的科技与人才和交流合作。其二，搭建人才引进的平台。积极在两岸三地间开展形式多样的经济、科技、教育、文化交流活动，形成闽港澳台人才交流、开发互动机制；并依托"9.8"投洽会、"6.18"项目成果交易会、"5.18"海交会等平台，用产业、项目、课题引进高层次人才。其三，闽台应建立人才引进的"柔性"机制，精简人才引进程序，开启人才引进的快车道。把"为我所有"和"为我所用"结合起来，充分采用项目合作、短期兼职、考察讲学、技术入股、合作经营等多种方式引才引智。

6.4　充分发挥教育培育创新型人才的作用

根据闽台目前初级技能人才和高级创新型人才短缺，人才结构与就业结构非均衡性显著的现状，闽台应深化教育体制改革，注重创新素质教育；调整高校学科设置，优化人才培养结构；整合区域内教育资源，形成创新型人才培养的新格局。在职业教育方面，加强闽台职业教育资源的整合。利用台湾成熟的职业教育体制，招收福建的学生，重点围绕闽台的产业集群发展中等职业教育，增加本科、硕士职业教育，并与普通高等教育体系在本科层面交叉，即职业教育大专可以升入普通高校。逐步提高职业教育的办学层次，建立适应闽台经济发展的现代职业教育体系。在本科教育阶段按照通识教育与专业教育相结合原则调整理工科专业的课程体系结构，并根据发展经济的人才需求设置学科及专业方向，培养目标为中级科技、学术及专业人才。在研究生阶段实施精英教育，积极探索大众化高等教育背景下的顶尖人才培养模式，加速从知识传承型向知识创造型培养目标转变，通过转变培养方向、修订教学计划、优化课程体系、创新教学方法等促进学生素质的全面提高[9]。在继续教育方面，将重心转向举办各类高端培训、研究生层面的继续教育，大力发展专业学位研究生教育，重视培养交叉、边缘学科和新兴学科人才。

6.5　建立官产学研介联合开发创新型人才的体系

闽台创新型人才的开发有赖于各个人才开发主体的互动合作，逐步形成以企业为主体，高等院校和科研机构为基础，学校与企业紧密联系，政府推动和人才服务机构支持的创新型人才开发合作联盟，通过共建科技创新平台、开展合作教育、共同实施重大项目等方式，培养创新型人才和创新型团队。具体的模式有：官产学研开发模式，即由政府引导和支持，由闽台企业通过自身的雄厚资金和较强的产业化能力，结合区域内及科研机构或大学的科技基础、研究能力形成的技术创新联盟，并依协议分享研究成果。建立高科技园区。依托闽台科研机构以及高等院校的技术和智力支持，在福建某地划出区域以集聚一大批闽台的高科技企业，并由政府提供优惠政策和良好的软硬件环境。建立闽台创新型人才培养基地。培养基地以闽台高等院校及科研机构的实力为基础，闽台高新技术企业的人才需求为导向，培训机构和人才市场共同推动，实行"人才＋项目"的培养模式。加强校企合作，以高校为依托，通过高校之间、学校和企业之间、学

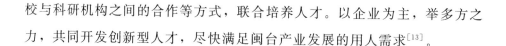

校与科研机构之间的合作等方式，联合培养人才。以企业为主，举多方之力，共同开发创新型人才，尽快满足闽台产业发展的用人需求[13]。

6.6　优化创新型人才开发的保障机制

（1）完善闽台人才开发公共服务体系。不断健全完善服务体系，努力提供优质高效的服务。为各类创新型人才的流动提供咨询服务；为引进的人才开辟绿色通道；为高层次人才在住房、生活、工作等方面提供针对性的服务。（2）加强闽台人才开发的公共服务平台建设，着力打造闽台信息化平台、闽台高校毕业生就业服务平台、闽台人才培训教育平台、闽台项目人才对接平台，实现区域人才资源共享和人才资源服务贯通。（3）加大人才资源市场化配置力度，健全人才市场服务体系。推动区域内人才市场进一步发展，拓宽服务领域，积极为闽台的各类人才交流合作提供咨询和指导，并开展闽台间的劳务派遣、就业指导、猎头服务等项目，不断提高服务的层次和水平，为闽台的创新型人才开发搭建桥梁。（4）建立人才信息网络系统。加快闽台人才信息网络平台建设，实现区域内人才市场联网贯通；并发展与境外人才中介机构的合作关系，建立沟通世界的人才信息网络系统。（5）构筑闽台人才流动的保障机制。完善人才流动过程中的通行、居留、就业等方面政策。优化法律环境，尤其是加大对知识产权的保护力度。认真执行已签署的《两岸知识产权保护协定》，尊重与保障知识产权权益，维护创新型人才的合法利益。

7　本章小结

当今，创新型人才已成为社会经济发展的核心资源，开发出量多质优的创新型人才，成为了闽台决胜知识经济时代的必由之路。相信在闽台创新型人才战略合作的基础上，通过政治、经济、科技、文化、教育互促共进，协同发展；闽台政府、高等院校、科研机构、企业、人才服务机构齐心协力，相互合作，共同推进创新型人才的开发；进而达到增加人才数量，提高人才质量，改善人才结构，优化人才环境的目的，最终实现闽台经济的腾飞。

参 考 文 献

[1] 魏光兴．论管理学融合生态学的三个层次［J］．科技管理研究．2005（5）：119-122．

[2] 王如松．资源、环境与产业转型的复合生态管理［J］．系统工程理论与实践．2003（2）：125-138．

[3] 余正荣．生态智慧论［M］．北京：中国社会科学出版社．1996．

[4] 张一方．人才生态学与中国荣获诺贝尔奖的可能途径［J］．科学学与科学技术管理．2001（7）：59-61．

[5] 路济平．良性的人才生态环境的十个标准—访中国人民大学教授彭剑峰［N］．北京人才市场报．2003-11-26．

[6] 沈邦仪．关于人才生态学的几个基本概念［J］．人才开发．2003（12）：22-23．

[7] 朱达明．人才生态环境建设策略［J］．中国人才．2004（6）：57-59．

[8] 马伟光．生态学规律与人才生态圈［J］．人力资源．2004（Z1）：32-33．

[9] 邬江兴．完善创业生态链，培育创新型科技人才［J］．科学咨询（决策管理）．2007（3）：26-27．

[10] 黄梅，吴国蔚．生态学视角下的创新人才开发路径研究［J］．科技进步与对策．2008（12）：222-226．

[11] 刘冬梅，汪波，张保银．基于生态位理论的高新区科技人才流动现象探究［J］．软科学．2010（6）：97-100．

[12] 于贵瑞．生态系统管理学的概念框架及其生态学基础［J］．应用生态学报．2001（5）：787-794．

[13] 吴盛雄．海峡西岸经济区建设与福建高校人才培养的定位与对策［J］．福建教育学院学报．2011（2）：29-31．

第十五章

美国创新型人才开发对闽台的启示

1 引 言

仅有 200 多年历史的美国能够迅速崛起，后来居上，并且持续领跑全球经济，与其备受世界各国效仿的人才战略密切相关。美国工业革命的开端源自于人才的突破，现代经济的腾飞更得益于其人才的集聚。20 世纪 50 年代舒尔茨提出人力资本理论，促使美国进一步确立"人力资源是第一资源"理念；进入 20 世纪 80 年代，随着知识经济的到来，高科技的迅猛发展，美国在感受到人才短缺的同时，大力实施人才战略，在引进、培养、使用人才等诸环节都采取了一系列强有力的措施，并取得了显著效果。目前，美国培养和汇集了世界上最多的创新型人才。关于美国创新型人才的开发研究，国内外专家学者主要有以下观点：张林祥[1]、刘红梅[2]等通过分析政府、社会、企业在人才开发中所发挥的主要作用，总结出美国人才资源开发的主要措施，并结合我国具体国情提出了人才资源开发的对策与建议；为了吸收全球最优秀的高科技人才，以应对 21 世纪更加严重的人才竞争威胁，联邦政府特别制订了新政策与法令[3]；通过透析美国的移民政策，也能进一步了解美国对国外科技人才的引进举措[4]；关于教育在对创新型人才开发的作用上，田德新[5]、王治衡[6]等通过对美国基础教育方式的探析，指出美国创新型人才的培养更是从小抓起；卢进南[7]、龙大为[8]庞雄奇[9]张晓鹏[10]等，指出美国高校的高度自治、以人为本的办学理念、优良的师资队伍、个性化与多元化的文化氛围等是美国高等教育培养创新型人才的有效途径与方法。特别是美国的研究性大学注重多学科建设和文理渗透、培养学生的科研能力、营造创新的环境等是培养创新型人才的有效途径[11]。美国的企业也建立完善的创新型人才开发机制，特别在育才、用才上体现了对创新型人才管理的独到之处[12]。本文在前人研究的基础上，通过分析美国创新型人才开发的策略，以期对闽台创新型人才开发提供借鉴。

2　美国创新型人才开发的历程及现状

2.1　人才开发初级阶段（一战前）

这一时期美国人才开发主要体现在联邦政府初步建立了支持科技发展的政策以及鼓励技术移民上。1787年，美国第三任总统托马斯·杰弗逊在他起草的宪法中写道："通过保障作者和发明者对他们的作品和发现在一定时间的专利权利，来促进科学和有用艺术的进步。"从此制定了美国最早的科技政策和规定了联邦政府支持科技发展的责任。1864年，联邦政府成立移民局，并通过了《鼓励移民法》，使大量移民如潮水般流向美国。这些移民不但提供了充足的劳动力，而且带去了先进的管理经验和技术。其中还产生了不少闻名世界的发明家，如，电话的发明者贝尔是苏格兰移民；无线电发报机的制造者马可尼是意大利移民；被称为"美国制造业之父"的斯莱特出生于英国的德比郡；发明大王爱迪生也是移民后裔。同时联邦政府为加快工业化的步伐，大量采用新技术，对发明创造者给予各种鼓励，并收到了良好的效果。据统计1860－1890年这段时期，美国国内对各种科学技术领域的发明所发出的专利许可证就有44万份左右。

2.2 人才开发起飞阶段（1914—1945）

一战后，美国变成了一个城市化国家，政治经济地位在全球不断提升，这为创新型人才开发奠定了基础。美国对创新型人才开发更加重视，首先体现在开始重视吸收他国优秀的留学生。如，设立的对华庚子赔款奖学金以及清华学堂，就是专门负责在中国选拔和培养留美预备生；其次是对技术移民的开发。1921 年美国实施的《移民配额法令》，规定优先吸收精于农业耕作技术的移民，这标志着美国吸引外来人才的原则被纳入政府法律的开始。其三是对科学研究的高度重视。1937 年，美国总统罗斯福在写给国家资源委员会的信中强调："科学研究是最伟大的国家资源之一，联邦政府在鼓励支持科学研究方面的作用需要重新考察"。第二次世界大战尚未结束，罗斯福就要求国家科学研究局局长万尼瓦尔·布什就"如何将科学对战争胜利所起巨大作用的经验用于和平时期，使科学服务于美国战后的国富民强"提出意见。1945 年 9 月 6 日，时任美国总统的杜鲁门向国会递交了《21 点战后复兴计划》，第一次把发展高科技放在战略地位来考虑，通过制定国家的战略计划，促进科技加速发展和人才高度聚集。

2.3 人才开发高速发展阶段（1946—1991 年）

从美国在这一时期获得了半数以上的诺贝尔奖中可以得知其在创新型人才开发上投入巨大并取得了举世瞩目的成就。这一时期美国创新型人才开发的特点首先体现在对教育的高度重视上。20 世纪 50 年代末，美国就视教育为国家发展的基础和人才培养的关键，把发展教育作为国家的战略重点，相继通过了《国防教育法》《美国 2000 年教育战略》等法案；60 年代，创新作为一门学科在美国开始得到重视和认真研究；1973 年，科学基金会资助麻省理工学院等四所高校各建立一个"创新中心"，进行创新教育的实验研究；1989 年，制定了著名的"2061"计划，旨在用一代人的时间根本改变美国的教育体制，造就新一代具有高度科学素养的国民，并在当年投入 3530 亿美元教育资金。其次是美国开放的移民政策。二战后美国对人才的需求，突出体现在：1952、1965、1990 年颁布移民法，并通过对移民法的不断修订和完善，使美国吸收大量的创新型人才。其三是大量吸收留学生。20 世纪 40 年代后期，美国开始普遍实施对外留学生奖学金制度；60 年代，美国又推出《共同教育和文化交流》《国际教育法》，扩大与外国交换留学生；美国各大学也相继推出各自的留学教育政策。其四是企业成为创新型人才开发主体。1973 年美国国家科学基金会实施了"大学与企业合作研究计划"，鼓励学校和企业在双方急需领域里进行合作。最成功的范例就是高科技园区与高水平的大学及科研院所之间建立起了相互依存的关系，并涌现了一大批著名的高科技园区，如硅谷、研究三角园区、盐湖城园区等。

2.4　人才开发成熟阶段（1991 以后）

随着冷战的结束和苏联的解体，美国成为了世界上唯一的超级大国。对创新型人才的开发进入稳定成熟期，形成了以政府为主导、教育系统大量培养创新型人才、企业成为自主创新主体的"官、产、学"三位一体的创新型人才开发模式，并能根据当今国际创新型人才竞争的形势与自身状况，制订出行之有效的政策与措施，全力吸引并留住国际创新型人才。"9.11"恐怖袭击事件后，美国为了国家安全与反恐而收紧移民政策，使申请到美国读书与工作的外国优秀人才数目急剧下降。但美国很快意识到面临的人才危机。为了刹住自"9.11"以来留美人才不断下降的趋势，美国一方面加强自身人才的培养，另一方面开始修改和完善对外人才政策。2006 年 1 月，时任美国总统的布什提出《美国竞争力计划》，该计划旨在培养创新型人才，加强美国在世界的经济竞争力，为实施《美国竞争力计划》，2007 年就拨款 59 亿美元[13]。2006 年 4 月，美国国会参议院司法委员会通过一项移民法案，其中重要条款包括增加 11.5 万个 H－1B 临时工作签证，并增加 29 万个绿卡名额。同时，决定给所有在美国大学接受高级（硕士学位以上）科学、技术、工程与数学教育的外国学生免除临时工作签证与绿卡配额的限制。2009 年 11 月，奥巴马发表了题为"教育促创新"的演说，此后在全国发起了"教育促创新"行动计划。美国新的人才政策与战略措施，将给国际人才争夺战带来巨大的冲击与影响，使美国继续保持在 21 世纪的人才争夺战中的优势地位。

2.5 美国创新型人才开发的现状

从美国创新型人才开发所取得的成果看，自 1901 年诺贝尔奖诞生起至今的 800 多名获奖者中，来自美国的有 300 多位，占了近 40%。2013 年获得诺贝尔奖的 12 人中，美国人就占了 8 位。而且，美国的诺贝尔奖大多是在二战后获得的。换句话说，从 20 世纪 50 年代以后，美国无疑对这一具有世界影响力的大奖形成了垄断。目前，美国有高科技人才 660 万，其数量雄居世界首位，其研究和开发总投资约占国民生产总值 3%，是当今世界的最高水平。根据 2004 年美国政府人口普查局公布的数字：2002 年在 25 岁以上人口中，中等教育毕业生占 84.1%，大学本科及研究生毕业生占 26.7%；在美国全体就业者中大约有 180 万名博士，占劳动力总数的 1% 左右，2001 年全美有 54 万科学工作者及 11 万工程师具有博士学位。从科技成果看，美国的高科技成果总量占世界的 37%，专利申请数量也处于世界领先地位，拥有着 43% 的世界经济生产力和 40% 的高科技产品。美国的产业结构优良，第三产业尤其发达，集聚了众多创新型人才。2010 年美国的三次产业从业人员结构为：1.6∶16.7∶81.2。目前，美国是当今世界吸引外国留学生最多的国家，全世界 1/3 以上的国际学生来美学习，随着国际留学生的不断增加，2012 年国际留学生为美国经济的贡献总额增至 218.07 亿美元。据《全球人才指数：2015 展望》的报告，美国在 2011 年和 2015 年的全球人才指数排名中均位居首位，且领先优势尤为明显。

3 美国创新型人才开发策略及不足

3.1 政府积极推进创新型人才开发

美国政府在创新型人才的开发上投入巨大。1993 美国的 R&D 投入为

1658.49 亿美元，1999 年为 2470 亿美元，2009 年美国用于 R&D 的金额为 4005 亿美元，占当年国内生产总值的 2.87%，虽然略低于金融风暴来袭的 2008 年（4030 亿美元），但是仍然高于 2007 年的 3770 亿美元。美国 1500 个独立的 R&D 设施，每年的研究开发经费总额超过 1000 亿美元。对教育的投入更是如此，1990 年，美国教育开支达到 3530 亿美元，占 GDP 的 6.8%，首次超过军费开支，此后美国的教育经费投入一直维持在 GDP 总量 7%—10% 的水平上，成为世界上教育经费支出最多的国家。其二，美国为留住精英人才，设立各种国家奖励项目。美国国家科学基金会设立了许多荣誉奖励，如，"总统青年科学家奖""总统工程创造奖""国家技术奖"等，获奖者可拿到高达 50 万美元的奖金，但规定凡获得上述奖项者，必须是美国公民或持有"绿卡"者。如获奖候选人是外籍学者，基金会会主动帮助其办理"绿卡"或"入籍"手续。据我国驻纽约总领馆教育组介绍，该领区内我国留学人员获得上述奖项者，都已加入了美国国籍。其三，美国政府的税收激励政策，对企业界、高等院校以及各种非营利机构等支持基础性科学研究起了很大作用。1986 年美国制定的"国内税收法"规定，一切商业性公司和机构，如果其从事研发活动的经费同以前相比有所增加的话，则该公司或机构即可获得相当于新增值 20% 的遗税。同时规定无论企业还是非营利机构或个人，如果捐助研究机构、教育机构、以及独立的"公益性研究机构"这三种研究机构，都属于公益性慈善捐款，可以获得相应的减税特遗，上述三类机构本身也享受免税待遇。

3.2　大量引进创新型人才

（1）美国善于利用战争机遇引进创新型人才。一战后，随着欧洲大陆遭受战争的重创，大批欧洲人要求移居美国，美国采取了敞开大门迎接欧洲技术人才移民的政策，其中接收了著名物理学家爱因斯坦、航天工业专家冯·卡门、核物理学家费米等科学家。二战后期，美国精心部署并执行"阿尔索斯"计划，派出数千名随军技术人员前往德国物色人才，出动 100 多架次飞机，紧急接转了 2000 多名科学家。1991 年苏联解体后，美国和日本又趁机挖走了前苏联各加盟共和国的 9 万多名科技专家，仅高级核专家就被美国挖走了 2000 余名[13]；（2）通过移民政策吸引创新型人才。1952 年移民法是战后美国第一个吸引技术移民的重要法律。该法规定：全部移民限额中的 50％用于美国急需的、受过高等教育的、有突出才能的各类技术人员。1965 年移民法，把受过高等教育、具有突出才能的移民，以及美国急需的熟练与非熟练劳工列为优先限额移民，1965 年移民法的修订使得移民者的素质普遍提高。1990 年移民法体现了美国对科技人才的高度重视，对技术类移民的优先权作了明确规定。2006 年 6 月 6 日联合国发布世界移民报告：2005 年全球移民人数达到 1.9 亿人，在这近 2 亿的全球移民中，其中近 1/5 的移民流入了美国。（3）利用非移民签证引进人才。美国目前涉及科技人才和教育人才流动的签证是工作类签证：H－1B、L1、01、TN 以及学生和交换类签证 F1、J1。在这些签证持有者中蕴涵着巨大的创新型人才资源，尽管签证持有者只能暂时居住在美国，但却是日后获得在美国永久居住权及美国公民身份的重要媒介。尤其是 H－1B 签证在美国引进创新型人才的成效上贡献巨大。H－1B 签证每年签发的数量为 6.5 万人，后来增至每年 19.5 万人。H－1B 签证的发放对象是美国国内最紧缺的技术人才。2003 年在美国 2160 万科学及工程学领域从业人员中有 36.1 万为持临时签证的外国人才。目前至少有约 150 万以上 H－1B 持有者在美国工作，他们是美国技术人才队伍的重要组成部分。（4）吸引大量的留学生来美留学。美国设立多种奖助学金为留学生提供资助，每年美国对外国留学生投资多达 25 亿美元。留学生在美国高校毕业后，多数留在美国继续深造或工作，这些人很多成为美国科技界的中坚骨干力量。国际教育协会（IIE）在 2000 年的年度报告中称：自 1954 年以来，留美的学生平均每年递增 11000 人。据 2013 年《国际人才蓝皮书报告》，2012 年美国留学生来源国排前五名的是中国、印度、韩国、沙特阿拉伯和加拿大，这五个国家的留学生人数占美国留学生总数的 56％。中国连续四年成为美国留学生总数最多的国家，近年来的年增长率保持在 20％以上，2012 年中国在美国的留学生占美国全部留学生的 25.4％。

3.3　美国教育体系培养创新型人才

美国是最早实施创新教育的国家之一，美国强大的人才实力首先归功于它对人才的培养与教育，是公认的教育大国与教育强国。美国的高校发展到今天已有 2600 多所颁发学士、硕士和博士学位的四年制大学，而两年制的社区学院则多达 3400 所。在世界排名前 500 名的大学中，美国占 168 所；前 10 名中，美国占 7 所。2007 年美国的高等教育入学率已达 81％。其教育体系及培养创新型人才的特点见表 15.1。到 20 世纪初，美国创建了由大学、学院、初级学院构成的三级高等教育人才培养结构，形成了由副学士、学士、硕士、博士构成的四级学位制度。研究型大学实行严格的选拔和淘汰制，培养少数精英；两年制学院大多开放入学，任何适龄人口只要愿意和交纳学费都可入校学习；介于二者之间的四年制学院则既有培养少数精英的计划，也有普及性的教育计划。美国的研究型大学在创新型人才培养上贡献巨大，美国研究型大学是美国国家创新体系甚至世界知识创新体系的核心，它们是知识生产的源头。1993 至 1996 年世界诺贝尔物理学奖、化学奖、心理学或医学奖、经济学奖等 35 名获得者中，有 23 名来自美国研究型大学，约占获奖者总数的 66％；1995 年至 1996 年 16 名美国国家科学奖获得者中，有 14 名来自研究型大学，约占获奖者总数的 88％。成绩优秀或智商高超的学生可以通过各种考试进入研究型大学学习，研究型大学，在某种意义上实行的是精英教育。它集中了美国一流的教学资源和设施，能够保障一流学生的学习和研究，是保障相关领域创新优势的关键所在。

表 15.1　美国高等教育培养创新型人才的特点及功能

层级	类型	入学条件	授予学位	数量	培养特点
1	社区大学（普及学院和技术专科学院）	没有严格限制，几乎免试入学	副学士	3400 所以上	提供职业教育和四年制本科过渡教育，形式内容广泛

层级	类型	入学条件	授予学位	数量	培养特点
2	本科大学（综合大学、专科学院及文理学院）	SAT 考试、ACT 考试和其他资格审查	学士、硕士、博士	2600 所以上	主要是通才教育，培养目标为中级科技、学术及专业人才
3	研究性大学	严格的选拔和淘汰制	学士、硕士、博士	450 所以上	注重学生科研能力培养，实施精英教育，培养顶尖人才

3.4 企业成为创新型人才开发的主体

首先，企业积极引进创新型人才。一方面，美国企业向全球公开招聘高素质人才，一些大企业和研究机构，采取公开招聘的方式，到外国挖掘人才。如，微软公司专门成立有 200 多人的人才招聘机构，每年到一些世界知名大学，招聘富有创造力的优秀人才。另一方面，美国企业积极采用本土化战略。美国的大型跨国公司大多在其他国家和地区设立研究开发机构，就地招聘所需专业人才。如贝尔实验室在我国上海和北京两地设立的研究机构中就有 500 名中国科研人员。美国国家自然基金会 2003 年的一份报告说："美国的雇主依赖全球科学与工程劳力以满足工业发展的需求。1999 年，在美国工业界工作的 1/3 的科学与工程博士是外国出生的，外国出生的计算机科学家的比率达 50%，工程师的比率超过 50%。"其二，企业积极开展员工在职教育。1966 年美国颁布的《成人教育法》就将企业教育培训纳入法制化和制度化的轨道。20 世纪 80 年代，以摩托罗拉大学的创建为标志，一批企业大学顺势建立起来了。20 世纪 80 年代中后期起，美国企业界职员教育培训年支出总额已超过联邦政府全国国民教育的总预算。美国 100 家最大的工业企业用于科技人员更新、拓宽知识及深化专业知识的经费每年增长 25%。其三，采用高薪激励人才。美国企业普遍都采用高薪激励人才。花旗集团 CEO 桑迪·韦尔薪俸高达每年 1.5 亿美元；通用电器公司的杰克·韦尔奇年薪 1.25 亿美元。很多高科技公司还实行配股方式，根据技术人才工作的重要程度，配给股票期权，由于高科技产品附加值高，许多公司股票成倍或几十倍上涨，每天都有专家、工程师成为百万富翁。2012 年，美国的人均收人为 46381 美元，在世界排名第九，是中国的 12 倍。美国以其拥有的世界上独一无二的巨大财富，吸引着全球的人才。其四，企业为人才创新提供充足的经费保障。企业是技术创新和经费投入的主体。在美国，70％以上的科研院所、科研人员，其研发投入和成果，都在企业。2009 年的 R&D 总投入 4005 亿美元，其中政府投入 1281 亿美元，高等院校 114 亿美元，其他非营利机构 136 亿美元，而私营企业投资了 2474 亿美元，占全部 R&D 投入近 62％。充足的财力支持保证了企业能为科研人员配备世界一流的实验室，提供充足的科研经费和后勤保障，使创新型人才安心投入工作。

3.5 营造人才创新的环境

美国是个典型的移民国家，更是一个世界人才的集散地，多元文化的兼容并蓄，使得世界各地的人才都可以在这里落地开花。首先，美国尊重个人的社会价值。对个人价值的尊重和认同构成了美国文化的重要内容。美国用法律制度保障公民拥有财产和获得财产的权利，包括《民权法》《反种族歧视法》《退休法》《保健和安全法》《劳动人口投资法案》等。其二是对个人知识产权的有效保护。《独立宣言》就十分重视保护个人的私有权利和私有财产，由此形成传统并奠定美国知识产权体系的基础。美国宪法也早就规定了对作家和发明家的知识产品在限定期间内给予专利权。目前美国已基本建立起一套完整的知识产权法律体系，通过对其知识产权在全球范围内实施保护，为企业和个人营造了创新环境，推动产业技术创新和科研成果产业化，并维护了本国的利益。其三是学术的自由。美国大学教授协会于 1915 年成立，并发布了关于学术自由和终身聘任制的原则声明，明确提出保护学术自由的原则。此后，美国大学教授协会相继通过

1940年、1958年等一系列保护学术自由与终身聘任制原则的声明。这些举措从思想层面为保证基本学术自由奠定了思想和道德准则。从制度层面来看，美国的学术自由主要体现在以独立决策的学校（或研究机构）董事会为基本决策模式、以开放流动的全球青年精英人才政策为保障、以终身教授制度为核心、以严格设计的同行评议为资源分配依据。所有这些，使得美国的科学研究具有较多的学术自由，能够独立于科技资源分配以及宗教、经济和政治因素之外[14]。

3.6 美国创新型人才开发的不足

美国创新型人才开发的不足，首先表现为教育对创新型人才培养的后劲不足。美国的基础教育质量落后于其他国家，在数学和科学课程方面，这种弱势更加明显。据统计，2000年，高3的学生仅有18％的人在数学与科学课程中达标，2003年，只有40％不到的4年级和8年级学生能熟练掌握数学知识，致使他们在上大学时，很少人就读科学与工程专业。美国的大学已经不能够从本国学生中培养出足够的所需要的科学与工程人才，在许多至关重要的学科领域，特别是数学、科学与工程领域，50％硕士以上的学位授给了外国学生。其二是紧缩移民政策对人才开发的不利影响。"9.11"事件后，美国收紧移民政策，对入境进行严格限制，导致各种签证申请大幅下降，国外创新型人才的流入受阻。从2001年到2003年，申请到美国读书的外国学生签证率下降了23％；2001年有22.5万名外国优秀人才获得了工作签证，2003年H－1B签证下降了67％，2004年，联邦政府将每年发出的H－1B签证回复到原来的6.5万个。其三是美国对人才的吸引力下降。2008年金融危机爆发后，美国经济的不景气，使用于应用科学的研发资金迅速减少；2010到2013年间美国的失业率平均在9％以上，失业率居高不下，雇主雇用外国人的意愿下降，这无疑加重了人才的外流。《今日美国》曾载文报道：由于科技人才签证严格，排期过长，加上现在生活费用昂贵，外国出生的科技专才纷纷返回祖国创业，尤其是中国和印度，每年回国的人数达数万至数十万。其四是国际人才竞争愈加激烈。世界其他国家正在科技方面赶超美国，中国、印度以及其他发展中国家的机会显然正在增多。为了生活更好而愿意背井离乡的科学家越来越少。20 世纪 80 年代，75％的印度理工学院毕业生最终都到美国寻找工作，但最近几年只有不到 10％的毕业生愿意留在美国。美国已从人才净流入国转变为人才有进有出的国家，2005—2006 年美国有 22.3 万名学生出国留学，2005 年有 35 万移民离美返国，目前有 1/5 的新移民计划离美，还有 100 万高层次技术移民处于不稳定状态[15]。

4　闽台创新型人才开发存在的主要问题

4.1　创新型人才开发合作机制不完善

区域间的人才合作能有效整合区域资源，达到开发量多质优创新型人才资源的目的。而闽台在创新型人才开发合作的实际效果并不理想。首先，闽台政府间的合作意向并不对等。相对于福建方面积极主动的合作意向，台湾方面一直持保守态度。由于缺少政策制度保障，造成一系列后续的问题，如，人才开发缺乏合理的规划和组织、缺乏资金的支持、没有相应的主管部门等，这些都严重影响了闽台创新型人才开发的进度。其次，闽台在创新型人才开发合作体系不完善。闽台间的合作不同于一般的区域合作，具有很多特殊性。因此闽台的创新型人才合作应该适应闽台区域的特点，建立起适应闽台特殊性的人才开发合作体系。而目前双方在人才的流动、评价等方面还存在许多不适应的地方，两地的人才开发政策亟待协商和衔接。再次，根据目前闽台合作的现状，双方合作的程度并不深入，在参与人才开发的主体、合作的模式等方面都还有很大的拓展空间。

4.2　创新型人才储备实力不强

高等院校作为创新型人才培养的基地和蓄水池，对一个地区和国家创新型人才的数量和质量起着决定性的作用。而闽台两地的高等院校在培养创新型人才上的实力明显偏弱。由于福建长期受到"重商轻学"思想的影响，造成福建的高等教育发展缓慢，无论是高校的数量还是学生的数量都远远不足。截止到 2013 年，福建仅有普通高等学校 87 所，在校学生 73 万人，每万人口拥有在校高等教育学生人数为 241 人，远不能满足发展所需的人才数量。台湾和福建相比，具有一定的优势，但也存在严重的问题。近年来台湾高等院校的数量增长过快，出现严重的供过于求。由于生源不足，大学的录取率普遍偏高，导致了人才质量不高。同时，高等院校在不合理的绩效评估压力下，为争取政府经费补助，对于学生的知识技能提高以及是否符合社会的实际需求并不十分关心，进一步造成人才培养质量的下降。

4.3　创新型人才的配置不合理

创新型人才的合理配置能有效提高人才工作的积极性和主动性，促使人才成长，达到培养更多人才的目的。而闽台的人才配置十分不科学。2013 年福建三次产业机构比为 8.9：52.0：39.1，而劳动力在三次产业间的结构比为 25：38.8：36.2。人才配置与产业结构严重偏离，大大降低了人才的使用效能。而台湾方面由于近年来经济不断下滑，人才流失严重，同样呈现了人才结构与产业结构失衡的现象。2012 年台湾三次产业机构为 1.9：29.0：69.2，劳动力在三次产业结构间的比值为 5.0：36.2：58.8。此外 2012 年台湾的失业率达到 4.2％，有近 50 万失业人口，这其中不乏高级的管理、技术人才。但由于两地没有形成市场化的人才配置体系，人才在区域内自由流动受到阻碍，导致大量创新型人才的闲置和浪费。

4.4　企业自主创新能力不足

知识经济的特征是以智力资源为依托，以高科技产业为支柱，以企业自主创新为动力。而闽台企业的自主创新能力不强，创新的投入严重不足，自主创新体系不能有效支撑产业发展。2013 年福建的研究与发展经费支出为 314 亿元，占国内生产总值的 1.44%；其中大中型工业企业的投入为 219 亿元，占其产值的 2.3%。这与美国的投入情况相去甚远，连全国的平均水平也没有达到。从专利申请来看，2013 年，福建专利授权数为 37511 件，其中发明专利占 2941 件，占授权总数的 7.8%，这一比例也偏低，从中也看出福建在基础研究无重大创新、技术创新缺乏理论支持。台湾在基础研究上也明显偏弱，由于长期从先进国家引进成熟技术再发展，高科技产业的关键技术受控于发达国家，缺少自主研发能力。据台湾"智慧财产局"统计，台湾 2010 年海外知识产权支出费用约为 48 亿美元，比 2009 年增长了 40%，而海外知识产权收入费用约 4 亿美元，这两者收入与支出的比率（可视为技术输出/输入比率）为 0.08。由此可见，台湾虽然拥有大量专利，但自身的自主创新能力并不高。

4.5　人才开发的环境不理想

首先，闽台的综合实力不强，薪酬福利水平相对较低，交通、卫生医疗等配套措施不完善，对人才的吸引力有限。2013 年，福建实现地区生产总值 21759 亿元，在全国排名第 12 位，人均生产总值为 57800 元，城镇单位在岗职工年平均工资为 49328 元，还是低于长三角地区以及珠三角地区。台湾近来年的经济实力也一再下滑，居民生产总值一直增长缓慢，2010 年为 10.5%，2011 年为 3.6%，到 2012 年仅为 1.6%，造成了不少人才外流。不仅如此，台湾在对待两岸关系上，也始终持保守态度。设置种种人为的障碍，针对大陆的各项政策不松反紧，这在影响两岸经贸往来的同时，也对人才的流动与引进产生不小的阻碍。而闽台地区的人才市场体系还不健全。人才市场规模小，层次低，较为分散，高层次从业人员短缺，所提供的服务不能满足人才开发的需求。

5 美国创新型人才开发对闽台的启示

5.1 政府应发挥在创新型人才开发中的主导作用

政府应积极引导区域内创新型人才的开发工作，加大创新资金投入，改善科研工作条件和创新型人才待遇，保护和激励人才的创造性。在坚持和提倡企业为创新主体的同时，根据政府投入不足的实际情况，仍要强调加大政府研发经费投入的比例，改革传统的投资体制，运用市场机制，积极引导和逐步实现依靠社会投入来搞好技术创新；同时建立长期风险投资和发展基金机制。其次，政府应积极推动区域内企业与高校、科研机构之间建立合作机制，加强产学研合作。政府要出台相关政策给予引导，从制度上解决教育与产业脱节的问题，提供产学研合作的互动平台，明确规定产学研合作主体的义务和责任，并提供相关的资金支持和税收优惠，以保证产学研合作健康持续地发展。再次，政府还应为区域内人才的居留创造有利条件。逐步建立起相互衔接的人才服务平台，解决人才在自由流动过程中的职称评定、安家落户、子女教育、社会保障等一系列公共服务问题。

5.2 重视教育系统培养人才的作用

首先，整合区域内教育资源，利用闽台在教育资源上的互补优势，增强人才培养的实力。由于福建有充足的生源，台湾有完善的职业教育体系，闽台高校应继续推行学生互换的培养方式，但在合作的方式、领域和高校的数量上应该进一步拓展。在此基础上共享双方的教育教学资源。除了加强教师间的互聘外，还应该在教学资源、图书文献、科研仪器等方面实现共享。其次，要改变高等教育教学模式。美国的大学非常注重构建综合化的课程体系，增加前沿新知识和现代科学技术内容，以激发学生创造潜能。闽台高校可以借鉴这一思路，在课程设置上适应学科的综合化和跨学科趋势，加强通识课程的设置，加强文、理、工科课程的相互渗透。教师可以根据新的科研成果或人才市场需求开设新的选修课，以适应不断涌现的边缘学科和科学技术日新月异的发展。其三，要重视创新教育。要积极引导学生积极参与科研活动，完善高校学生参与科研的管理体制，并在组织机构、运作机制、资金保障、交流平台等方面加以保障。积极鼓励大学生创业。将创业理论知识、创业能力和创业实践操作等课程纳入到公共基础课或专业方向选修和必修课之中，以培养学生的创业意识和创新能力。

5.3　加强区域内人才合作与区域外人才引进

　　闽台应首先优化内部的人才配置，加强区域内人才的交流合作。闽台的政府应形成创新型人才开发的联动机制，制定宏观的人才开发规划。通过建立闽台共享的创新型人才信息网，为双方用人单位和人才本身提供及时、准确、丰富的信息；逐步放宽双方人才在出行、居留、就业、创业、投资等方面的限制措施，为区域内人才的合理流动创造条件；逐步改革现行的户籍制度、档案管理制度和社会保障制度，建立针对闽台区域人才自由流动的人事管理系统。在推进人才资源的区域化管理中，让市场机制为各类人才自由流动创造公正、开放、平等的竞争机会；在促进内部人才合理配置的基础上，加快人才引进的步伐，进一步完善留学人员回流政策，加快海外高层次人才引进工作，建立面向海内外的创新型人才引进高地。双方应充分整合闽台的资源，利用闽台区域的政策优势，产业集群、科技资源、人文环境等综合实力等，对海内外创新型人才形成巨大的引力，逐步把闽台打造成具有国际影响力的引才平台。

5.4　提升企业的自主创新能力

　　良好的产业素质对人才有巨大的吸引和培育能力。提高产业的素质需要企业不断进行自主创新，要向价值链高端发展，实现产业的转型升级。闽台可以利用产业对接与合作，提升产业素质，利用高科技项目和新兴产业吸引和培育人才。在新一轮的闽台产业合作中，闽台应突出高科技与新兴产业的对接与合作，建设特色产业园区，形成闽台两地产业互补型的专业化分工协作关联体系，形成产业集聚效应。提升企业的自主创新能力，还需要加强创新型人才的开发与培养。闽台的企业应划拨专项的资金用于人才的开发，资金的比例不应该低于政府的规定，并建立创新型人才培养体系和终身培训体系。闽台的企业可以通过自办培训学校和机构，或者通过合办的形式，培养企业所需的人才；对于依靠自身实力不能培养的人才应该积极与高校和科研机构合作。对于高新技术企业还应该建立技术中心和企业博士后科研工作站，培养高层次的创新型人才。

5.5 优化创新型人才的开发环境

完善的人才服务平台和优良的人才开发环境对创新型人才的开发至关重要。从硬件方面来说，要加强城市基础设施的建设，在交通、通信、医疗、教育、卫生等方面要不断改善和提高；在软环境建设方面要建立适应人才创新的绩效管理制度，尤其要加强知识产权的保护工作，增强创新型人才研发成功的安全感。通过司法、行政两条途径，及时处理专利、商标侵权纠纷，严厉打击假冒、冒充专利、商标等侵犯知识产权的行为，有力维护知识产权人的利益；并积极推进企事业单位建立和完善知识产权管理制度。台湾方面应该鼓励闽台官方和民间性质的人才交流合作，针对福建出台更多优惠条件和便利措施，在岛内形成一种"本是同根生，闽台一家亲"的氛围，为区域人才开发的一体化奠定良好的基础。闽台地区要遵循市场经济的规律，积极培育大型的人才服务机构，建立互通的人才信息网络，利用人才市场的中介作用，为两地用人单位和人才形成相互交流合作的平台，并面向海内外定期举行大型的人才交流洽谈会，提升闽台区域的对人才的吸引力。

6 本章小结

透视美国的发展历程，可以发现，美国经济发展史就是美国人才资源开发史。从建国之初的人才贫国逐步走向人才大国、人才强国。经过两百多年的探索和发展，美国已经形成了一整套相对成熟的创新型人才开发体系，蕴含着许多创新型人才开发的宝贵经验。可以说，美国是全球人才市场上的最大赢家，利用全球的人才资源，促进了本国科学的进步和经济发展。当今世界各国竞争越来越体现为创新型人才的竞争，为在新一轮的创新型人才争夺战中占据优势，闽台应充分借鉴美国创新型人才开发的经验，通过发挥教育系统培养人才的作用；提高企业的自主创新能力；加强区域内人才的交流合作等策略不断提升闽台总体的人才开发水平。

参 考 文 献

[1] 张林祥．美国人力资源开发特点之启示［J］．西南民族大学学报：人文社科版．2005，26（9）：65-69.

[2] 刘红梅．美国人才开发战略及其启示［J］．发展研究．2011（4）：98-102.

[3] 江峡．美国吸引全球高科技人才的政策与战略［J］．湖北行政学院学报．2007（2）：92-96.

[4] 王春法，潘铁．美国吸引国外科技人才的政策及其启示［J］．创新科技．2007（7）：14-19.

[5] 田德新．美国基础教育创新人才培养机制［J］．基础教育改革动态．2002（21）：26-29.

[6] 王治衡．观察美国开放式教学［J］．江苏教育研究．2006（11）：42-46.

[7] 卢进南．美国大学创新人才培养模式及启示［J］．常州工学院学报：社科版．2006，24（6）：98-102.

[8] 龙大为，何兰英．个性化、多元化教育与创新性人才的培养［J］．思想战线．2006，32（2）：55-60.

[9] 庞雄奇．美国培养创新型人才的五大保障及启示［J］．国家教育行政学院学报．2010（9）：83-88.

[10] 张晓鹏．美国大学怎样培养创新人才［J］．中国发明专利．2010（10）：43-47.

[11] 王娟，潘奇志．美国研究型大学创新人才培养模式特色初探［J］．教书育

人：高教论坛 . 2010（11）：43-45.

［12］周玉宝 . 美国企业人才战略的观察与思考［J］. 江苏科技信息 . 2006（10）：37-40.

［13］刘丽君，黎大有 . 国外人才战略及启示［J］. 科技人才市场 . 2001（4）：47.

［14］杨卫平 . 从美国科研环境看中国人才政策［J］. 科学新闻 . 2010（11）：46-49.

［15］胡又牧 . 透视美国人才现状［J］. 国际人才交流 . 2008（3）：36-37.

第十六章

两岸协同构建适应创新驱动需要的科技人才发展机制研究①

1 引 言

党在十八大报告中明确提出实施创新驱动发展战略。创新驱动是指利用知识、技术、企业组织制度和商业模式等创新要素对现有的资本、劳动力、物质资源等有形要素进行新组合，以创新的知识和技术改造物质资本，提高劳动者素质和科学管理水平。各种物质要素经过新知识和新发明的介入和组合提高了创新能力，就形成内生性增长[1]。从目前我国实施创新驱动发展战略的情况看，仍存在严重的科技资源分散现象、科技投入较低、科技人才严重不足、自主创新能力偏低等突出问题。因此，单一主体参与的创新活动已经不能适应创新驱动的需要，多元主体共同参与的协同创新成为创新驱动的必然趋势。协同的本质就是通过构建各种创新平台打破机制、体制的壁垒，促进人才、资本、信息等要素有效配置及充分共享，实现创新主体间的多元协同，最大限度地实现全面创新[2]。两岸四地（中国大陆、中国台湾、中国香港、中国澳门）同处于大中华区域，共同面临着经济转型时期对科技人才的巨大需求，由于协同所具有的种种优

---

① 本章曾受邀参加第九届海峡论坛并作为主题演讲内容

势，必然成为两岸四地间科技人才发展的重要途径。国内外已有学者研究协同对科技人才发展的影响。如，周晓辉认为科技人才的协同培养，能更好提升其质量和数量、完善科技人才培养体制、营造创新氛围等，对此他提出，从建立政策调控机制、利益动力机制、资源共享机制以及激励机制等着手[3]。赵志泉研究了我国中部地区科技人才的协同开发策略，他认为应围绕战略产业构建科技人才资源联盟，协同实施科技人才资源流动与配置机制，提高全社会科学信用的意识[4]。刘志迎等通过实证研究发现大学与企业的协同存在一个最优的技术距离，其对协同绩效起的促进作用最大。现阶段我国的技术距离与协同创新尚处于倒 U 型曲线的前半段，即技术距离越大，越有利于协同创新成果产生[5]。目前区域协同主要的形式有：政府直接组织、产学研合作、产业技术创新战略联盟、虚拟网络组织形式、工业技术研究院和协同创新中心等[6]。国外最早提出协同概念的是德国学者 Haken，他认为协同是系统的各部分之间相互协作，使整个系统形成个体层次所不存在的新质的结构和特征。Diamond 进一步指出协同不仅可以运用在自然科学、人文科学，在组织管理中也广泛适用，协同使具有不同能力的两种力量实现优化，从而达到一加一等于四的效果[7]。Michaela 等指出当今任何竞争优势都是暂时的，管理的最佳战略是通过协同作用建立一个动态框架，这个框架可以整合包括人员、流程体系、创新系统、金融系统和生态系统等各个方面优势[8]。Weis 等人的研究发现领导、管理和经营、合作效率，非金融资源，合作主体面临的挑战以及和相关区域面临的挑战等对协同效率均有影响，其中领导和合作效率两项因素的影响最为显著[9]。当前，协同成为各国政府和地区广泛采用的战略，美国一直积极提倡开放式创新，政府将参与和协同作为其创新政策的两大重要战略[10]。面对新形势，两岸四地也面临着如何通过协同构建起适应创新驱动的科技人才发展机制，希望本文的研究能为此提供参考。

2　两岸四地协同构建适应创新驱动需要的科技人才发展机制现状

2.1　大陆地区在科技人才培养方面的现状

进入 20 世纪以来，我国加大了对科技人才的培养和引进。2006 年，国务院根据国家全面建设小康社会，加快推进社会主义现代化建设的精神制定并颁布了具有重大战略意义的《国家中长期科学和技术发展规划纲要（2006—2020）》，其中把创新、自主创新放在了第一要务，确立了我国由技术引进为主转型为自主创新为主的发展道路。大力吸引、培养和激励科技人才无疑成为了自主创新的基础和关键因素。为了大量引进高层次的科技人才，2008 年，中央决定实施引进海外高层次人才的"千人计划"，即围绕国家发展战略目标，用 5 到 10 年时间，在国家重点创新项目、重点学科和重点实验室、中央企业和金融机构、以高新技术产业开发区为主的各类园区等，有重点地引进并支持一批海外高层次人才回国（来华）创新创业。为了落实"千人计划"，中央设立海外高层次人才引进工作专项办公室，作为工作小组的日常办事机构，负责千人计划的具体实施。截止目前，"千人计划"已分 12 批引进 6000 余名高层次创新创业人才，在科技创新、技术突破、学科建设、人才培养和高新技术产业发展等方面发挥了积极的作用，正成为创新型国家建设的一支重要生力军。与此同时，为了有效培养国内的高层次人才，2012 年 8 月，中组部、人社部等 11 个部门和单位联合印发国家高层次人才特殊支持计划，亦称"万人计划"，总体目标是从 2012 年起，用 10 年左右时间，有计划、有重点地遴选支持 10000 名左右自然科学、工程技术、哲学社会科学和高等教育领域的杰出人才、领军人才和青年拔尖人才，形成与引进海外高层次人才计划相互补充、相互衔接的国内高层次创新创业人才队伍开发体系。为了发挥高等教育作为科技人才培养的基础和源泉的作用，2015 年 10 月，国务院印发《统筹推进世界一流大学和一流学科建设总体方案》（简称"双一流"），"双一流"建设总体目标是到 2020 年，若干所大学和一批学科进入世界一流行列，若干学科进入世界一流学科前列；到 2030 年，更多的大学和学科进入世界一流行列，若干所大学进入世界一流前列，一批学科进入世界一流学科前列，高等教育整体实力显著提升；本世纪中叶，一流大学和一流学科的数量和实力进入世界前列，基本建成高等教育强国。可以预见上述项目将显著提升我国科技人才的数量和质量，提升我国自我创新的整体实力，为两岸四地协同打下基础。

2.2 大陆与台湾协同现状

随着 2010 年 6 月《海峡两岸经济合作框架协议》的签署，两岸科技界的交流活动日益频繁，其形式主要有：交流互访、开展学术活动、举办科技会展、成立对口机构、延揽对岸人才等。其中由海峡中心和李国鼎基金会共同主办的"海峡两岸科技论坛"是首次由两岸科技主管部门主导、两岸科技和产业界人士广泛参与的科技盛会。前两届论坛分别于 2011 年和 2013 年在北京和台北召开。2015 年 8 月 31 日至 9 月 1 日，"第三届海峡两岸科技论坛"在陕西西安成功举办。来自海峡两岸的约 300 名专家、学者、业界代表共聚一堂，围绕科技计划管理和科技资源共享、科技与创新创业、防灾减灾、食品安全 4 个议题对两岸的科技事业发展建言献策。经过两岸多年来的共同努力，论坛已经逐步成为两岸科技产业界人士互动合作的重要平台，得到了科技界人士的高度认可。从 2009 年开展的"海峡论坛"至今已经成功举办 8 届，第九届"海峡论坛"也在厦门召开。"海峡论坛"充分带动了两岸的经贸合作和文化交流，从而也促进海峡两岸的科技合作及人才交流。两岸间还有"海峡科技论坛""两岸产业合作发展论坛""海峡项目成果交易会"等众多平台，对两岸的科技人才协同发展起到了促进作用。目前两岸的科技交流与合作进入到一个快速发展时期，合作领域日趋广泛，交流形式越发多样，合作渠道不断拓宽，实质性合作取得较大进展：台湾大学生到大陆高新区和企业实习、台湾青年参与大陆创新创业大赛等两岸青年交流的活动更加活跃。在南京、成都、沈阳、武汉等地建立的海峡科技园区和对台科技合作基地的建设已成为两岸科技合作与成果转化的重要载体。大陆的多个省市，如福建、深圳、上海、北京等纷纷推出对台科技合作的优惠政策。近几年两岸在半导体照明、移动通信、农业食品安全等涉及民生领域的研发合作取得实质性进展。鉴于两岸在发展新兴产业、调整产业转型升级方面具有高度的重叠性、关联性、互补性，可以预见，未来两岸的科技和人才方面的合作将实现更大的突破。

2.3　内地与港、澳协同现状

内地与港澳建立相对完善的协同机制。2003 年内地分别与港澳签订了《关于建立更紧密经贸关系的安排》（CEPA），为三地间科技协同奠定了基础。2004 年 5 月，内地与香港正式签署了《内地与香港成立科技合作委员会协议》，商定了双方在国家科技计划的政策层面以及重点实验室、产业基地、工程技术研究中心等平台基地建设方面加强合作，并成立了"内地与香港科技合作委员会"，负责制定和统筹两地的科技交流和合作。委员会每年召开科技合作会议，及时协调和解决两地科技合作有关事宜。"十二五"以来，香港科技人员已有 242 人次参与了"973""863"等国家科技计划项目的研究，其中 18 人作为课题负责人、4 名教授分别担任"973"计划项目的首席科学家。香港机构和人员获得国家"973"计划立项 4 项，承担国家重大科学研究计划课题 7 项。香港设在内地的分支科研机构通过申报"973"项目，获得国家科研经费资助共计 1.38 亿元人民币。在科技协同平台建设方面，香港已成立 16 所国家重点实验室的伙伴实验室，实验室涵盖医疗卫生、超精密加工技术、海洋污染、生物分析等领域。在内地与澳门合作方面，2005 年 10 月，内地同澳门签署《内地与澳门成立科技合作委员会的协议》，并成立了科技合作委员会。2007 年 6 月，内地与澳门在北京成功举办了第一次科技合作委员会，截至目前，两地陆续召开了 10 次科技合作委员会会议。十年来，在"一国两制"的原则下，合作委员会不断创新合作形式、扩大合作领域、提高合作水平。内地与澳门也在科普、中医药、节能环保、电子信息等领域开展合作。双方连续合办了三届中药质量鉴定技术研修班，促进了两地中药科技官、产、学、研之间的合作。同时，双方合作的培养葡语科技管理干部培训班已经进行到第五期，为国家培训了葡语人才。此外，两届澳门科技奖评审工作都得到了科技部的大力支持，使活动发挥了实际效益。今后两地科技合作必将继续为我国建成创新型国家、跻身世界科技强国作出积极贡献。

2.4　两岸四地协同现状

在大陆的积极宣传和鼓励下，两岸四地间的经贸、科技、文化等合作日益频繁。香港是台湾最重要的贸易伙伴之一，两地在金融、投资、运输、教育、文化等方面的交流也十分密切。2009 年 11 月香港科技商贸团与台湾电机电子同业公会举行"台湾－香港科技合作交流会"，双方还就电子及通讯业、机械及金属业进行了更为深入的交流与讨论。2010 年 5 月，台港成立了经济文化合作策进会，策进会与香港成立的港台经济文化合作协进会互为对口单位。策进会成立后，积极部署安排港台间的经济文化交流互访，并从 2010 年起多次举行联席会议，就港台都关心的事务进行了研究和探讨，并在教育、法制以及创意产业方面达成合作共识。2011 年 8 月，为加强港台生物产业科技与医药健康产业的合作与发展，港台生物产业签署合作协议，策进会和协进会成为促进台港科技文化交流沟通的重要平台。在大陆政府的积极推动下，2011 年 3 月中国国际企业孵化器网络成员、中华创业育成协会及香港科技园在上海共同签署了成立"两岸三地共同孵化网络"协议，孵化网络为两岸三地科技型中小企业搭建起了一个新的沟通平台，其主要职责体现在两个方面：一是建立信息共享平台，实现孵化器、在孵企业的各类资源共享；二是组织网络成员间的技术、市场、人才等对接活动等。2010 年，"深港产学研基地"被国家认定为国家级科技企业孵化器。澳门和香港同属中国特别行政区，由于经济、政治、地理等的相近，澳港经济联系非常紧密。2008 年，首届港澳合作高层会议在澳门召开，双方在劳工事务合作、公务员培训合作等方面等达成合作意向。2016 年 7 月，在澳门举行了第九次港澳合作高层会议，与会双方同意成立"促进港澳经济合作小组"，并探讨了如何利用《港澳 CEPA》加强两地在贸易、专业服务、投资等方面的合作。港澳也积极与大陆的省市区域开展协同，2009 年，珠三角 9 个城市科协分别与港澳的科技协进会签署《珠三角科技团体交流合作备忘录》，备忘录的签署有效促进了三地间科技人才的交流和互动。

3　两岸四地协同构建适应创新驱动需要的科技人才发展机制存在的问题

3.1　区域内经济发展差距大

大陆区域与港澳台地区虽同属于大中华区域，但由于各种因素，其区域内部经济发展很不平衡。2015 年，大陆地区的人均国内生产总值为接近 5 万元，同期台湾人均生产总值分别为 735183 新台币元（约合人民币 14.71 万元），香港人均生产总值分别为 316635 港元（约合人民币 27.42），澳门的人均国内生产总值分别为 544790 澳门元（约合人民币 45.98 万元）。而这种经济上的差距反应到科技投入上同样非常明显，2015 年大陆地区的 R&D 投入为 14169.9 亿元，占国内生产总值的 2.07%；台湾 2012 年 R&D 经费就达 900 亿，占生产总值的 2.99%，科技人员数量也达到了 30 万，科技人员平均每年可支配的经费达到 50 万元。这种区域间经济的巨大不平衡性，影响了区域内整体创新实力的提高。由于处于不同经济发展水平的区域，其追求的经济利益也不尽相同，利益追求的不同导致了两岸四地内部市场的分割，其主要表现为区域政府设置的行政壁垒。这种地方保护主义的存在使得科技资源无法在区域内正常流动，科技人才的行动受到阻碍，区域间的协同受到严重影响。

3.2　科技人才培养存在差异

大陆与港澳台由于实行不同的行政管理制度，其科技人才的培养体制存在显著的差异。大陆地区虽然近年来不断深化科技体制的改革，重视科技人才的培养与开发，但与台湾等区域还存在不小的差距，主要表现为：大陆地区总体自主创新能力较弱、创新投入仍显不足；在科技人才的评价、激励机制等方面不完善；项目的分配、成果评价存在行政主导化倾向，严重影响科技人才的积极性和创造性。而台湾地区的科技人才开发体制相对成熟，在 20 世纪六七十年代，台湾就已经建立基于官产学研的科技人才开发体系，如图 16.1 所示。政府不仅在人才开发方面投入巨大，而且在科技人才开发的过程中发挥着积极的作用，在教育育人、延揽留学生回归、积极引才、促进产学研合作方面都积累了丰富的经验，对科技人才产生了积极的影响。港澳地区在回归前，殖民政府对科技发展并不重视，造成港澳地区的科技体制不完善，使港澳地区既严重缺乏优秀的科技人才，也缺乏科技管理经验。面对知识经济的到来，港澳都认识到了发展科技的重要性，相继出台一些科技政策，但因为各种原因，实际效果并不理想[11]。两岸四地间处于不同的科技发展阶段，如何更好地整合体制的差异，是协同需要重点解决的问题。

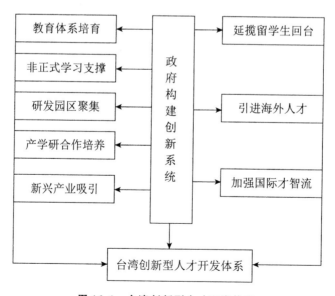

图 16.1　台湾创新型人才开发体系

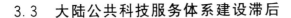

3.3　大陆公共科技服务体系建设滞后

大陆地区在科技服务体系上还十分不完善、服务水平不高、发展不够充分、公共科技服务难以适应区域协同创新的要求。其中最突出的问题就是法制建设严重滞后，不能依法办事，造成了很多弊端。我国在科技方面的基本法是 2007 年修订并实施的《科学技术进步法》。该法部署了我国发展科学技术的目标、方针、战略等重大问题。但随着改革的深化，该法律在许多方面不能适应新时期的要求。许多深层次的问题需要在明确的法律规定下解决，包括与创新驱动发展战略相符的科技体制所需要的基本法律框架，政府与市场的关系，社会力量的发挥，政府在国家科技发展中职能的定位，科技资源的配置、使用和监督等，这些都是制约我国科技发展的重要因素。此外，大陆地区在相关科技平台建设方面也发展缓慢。科技资源无法有效整合，科技信息不能及时交流，科研设施投入分散，不能有效利用；大量中小企业，限于自身条件无法有效展协同开展创新活动，从而制约了科技人才的发展。因此，加强公共的科技服务平台建设，是两岸四地实现协同非常重要的举措。

3.4　区域间协同意向不均等

从协同的社会形成理论的角度来看，科技人才的成长发展取决于社会与技术的互动。它要求区域内的各个人才主体具有强烈有效的合作意愿、形成协同发展系统所需的适当的目标、建立畅通的信息交流渠道、进行长期有效的协同合作，区域间协同发展系统才能得以形成，并产生持续的协同作用。目前，大陆与台湾的科技合作和交流主要还局限于民间模式，实质性的合作研发还仅占总体科技交流与合作项目的 10% 左右，这远远不能满足两岸科技人才共同发展的实际需求。两岸四地协同最大的阻力来自台湾当局，台湾当局多年来一直对发展同大陆的经贸关系深具戒心，对大陆商品、资本、劳动力实行了严厉的市场准入限制。台湾当局不但对台湾的核心科技人员赴大陆任职有严格限制，对大陆科技人员赴台从事科技活动的资格也做了具体限制。此外,"行政院"通过的"敏感科学技术保护法草案"对生物科技、卫星太空、水文、国家测量及其他尖端科技等项目,都列为敏感科技项目进行管制。台湾当局还长期严格限制台商对大陆的投资,企图从两岸经贸关系中单方面受惠,并保持与大陆产业分工中的优势地位,这些限制性措施令两岸的科技合作受到严重阻扰[12]。

4 两岸四地协同构建科技人才发展机制的现实基础

创新驱动体系是一个系统的过程,包含了科技、人才、经济、文化等领域,它代表着产业价值体系中的社会资本、知识外溢的学习效益、人才流动在区域的产业利益再分配,而且创新体系必须在一定的区域一体化条件下,方能形成和发挥强大的作用。同时,两岸四地在人才、经济、教育等方面都存在较高的互补性,两岸四地协同具备很多的优势和机会,如图16.2所示。

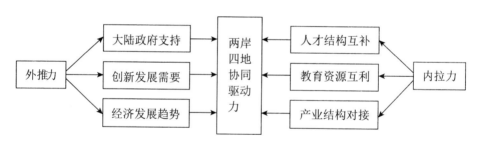

图 16.2　两岸四地协同驱动力

4.1 大陆政府积极推动

两岸四地同属于大中华区域,地理位置临近、文化相通,且面临共同的外部环境,易产生共同的合作需求。随着区域经济一体化和世界科技革命的兴起,为共同应对外部环境挑战和实现区域内科技资源的协同,大陆政府积极展开面对港澳台政策的部署与安排。在对台政策方面,大陆早在1988年就颁布了《关于鼓励台湾同胞投资的规定》,规定在大陆投资的台胞个人以及台胞投资企业从境外聘请的技术和管理人员,可以申请办理多次出入境的证件；20世纪90年代以后，大陆就制定相关的法律，鼓励台湾人才入境。从2010年大陆与台湾签署的《海峡两岸经济合作框架协议》条款也可以看出，大陆方面充分理解台湾经济和社会的现状，着眼两岸经济长远发展，未涉及台湾弱势产业、农产品开放和大陆劳务人员输台等问题，体现了大陆方面对台合作最大的诚意。2012年，大陆在《关于深化科技体制改革加快国家创新体系建设的意见》进一步指出促进各国在创新原则上取得共识，在具体创新政策、支持措施和项目组织上沟通互动，推动合作尽快取得实效。该政策推动科研活动国际化，支持国际学术机构、跨国公司等来华设立研发机构，加大国家科技计划开放合作力度，支持全球优秀科技人才来华创新创业。这为两岸四地的协同提供了又一政策基础。2014年，在第六届海峡论坛上，国家又出台了八条对台的优惠政策，为台湾人才的出行、贸易、投资等方面创造更为便利的条件，也为两地科技人才的合作创造更为有利的条件。在2016年国家公布的《"十三五"国家科技创新规划》中，明确表示推进科研设施向港澳台开放，支持港澳台青年科学家到内地开展短期合作研究，以互利共赢方式深化科技交流。

4.2　适应创新驱动发展的需要

台湾的经济具有很强的外向型特征，由此导致了科技的外向型，从而使台湾在科技政策制定方面必须具有全球视野。台湾科技的外向型特征与大陆经贸合作具有很强的协同性。从2005年以来台湾高技术企业到大陆的投资持续升温，单电子产业方面，2005年台湾上市的638家电子公司就有455家在大陆投资设厂，占整体上市公司的71.3%。在两岸经贸合作日趋深入的情况下，两岸经贸将逐步向科技合作和科技人才的交流转变，科技已经成为两岸经贸往来新的主导力量。目前两岸在石化、钢铁、电子信息、地质、汽车、家电等多个产业的技术合作均取得显著成绩。两岸的经济科技合作已进入整体升级阶段，利用大陆科技人才优势共同研发，加强两岸科技交流与合作的举措，也被认为是提升台湾科技水平和推动产业结构升级的途径之一。再者，由于两岸都面临着经济结构调整和产业升级的机遇和挑战，科技上的不断合作将对优化两岸商品结构，提高商品质量、档次和附加值，增强国际竞争力等方面都起到至关重要的作用[13]。对香港而言，由于产业机构非均衡化过于突出，香港本地制造业大幅度萎缩，出现空洞化特性，特别是代表高技术产业的机电和电器制造业失去竞争优势，导致经济基础过于薄弱，经济运行出现很大程度上的不稳定性。占优势的服务业也存在知识密集程度不高的问题，且由于科技投入不足、科技水平低下等原因，传统服务业部门在服务业结构中仍占据主导地位，知识密集型服务业并没有得到较快发展。针对这种状况，香港也确立了通过积极寻求对外科技合作促进香港产业结构升级。大陆与港澳在科技领域各具特色、优势互补，未来如四地在协同的方式、领域、深度等方面深入发展，将为科技人才的发展做出显著贡献。

4.3 经济发展的趋势

大陆地区虽然经济相对落后，但从 GDP 发展情况看，经济发展增速快，且具有较大的潜力。2012 年以来，大陆经济进入新常态，平均每年保持在 8-7% 的速度增长，而台湾的 GDP 增长不断放缓，近几年来平均在 4% 左右。同时大陆与台湾的人均 GDP 差距不断缩小，2008 年台湾与大陆的差距在 5 倍左右，2015 年已经缩小到 2.94 倍。香港的地区生产总值较为平稳发展，近几年增速维持在 5% 左右。而澳门的产业结构不平衡，对外依存度高，经济发展不稳定。2013 年本地生产总值增长为 11.2%，2014 年和 2015 年都出现了负增长，2015 年为 -20.3%。随着大陆地区经济的高速发展，两岸四地间的经济交往更加频繁，从而推动大量的生产要素频繁流动，人才、资本、技术等通过流动在区域内实现了自身的优化配置和价值创造能力的提升。其主要表现为区域内企业的相互迁移，港澳台等经济较为发达地区的企业近年来纷纷移往内陆地区。台湾近年来高速发展的企业大都采取了在岛内集中技术与制造技艺的提升，而其主要生产基地几乎都设在了大陆沿海地区。从这些趋势可以看出，大陆所提供的资源优势，已经成为港澳台科技产业核心竞争力[14]。在资本等一般要素流动的同时，科技和人才等高级生产要素也加入其中，形成了交易活跃的技术市场和人才市场。活跃的技术交易在很大程度上推动了区域内科技人才的发展。

4.4　两岸四地人才结构互补

两岸四地人才资源存在较大的互补性。大陆人才资源丰富，截止 2016 年末就业人口达 77603 万人，其中科技人才近接近 400 万人，研究与实验发展经费投入达到 15500 亿元。虽然大陆总体情况较好，但是平均下来与台湾还存在一定差距，如表 16.1 所示。大陆的人才结构是初级劳动力供应充足，而中间的专业技术人才短缺，高级创新型人才总量较大，但比例较低。而台湾地区随着老龄化日益严重，初级劳动力日益短缺。2015 年台湾的就业人口有 1163.8 万人，约占同期大陆就业人口的 1.5%；但科技人才就有接近 30 万，占总就业人口近 26%。与此同时，台湾的专业技术人才相对过剩。2015 年台湾的失业率达 3.8%，有近 44 万人处于失业状态，这其中不乏管理、金融、信息等方面的高级人才，而这些人才正是大陆及港澳非常紧缺的。香港作为商贸型城市，其面向市场的人才战略，造成无论高等教育培养的还是引进的人才都倾向于应用型、技艺型、操作型人才；与科技创新相关的科技开发人员及工程技术人员则相当缺乏。香港势必要借助大陆及台湾的科技人才队伍优势，推动和增强其科技实力，以获取促进产业转型和升级的动力。澳门由于将经济过度集中在以博彩旅游为主的服务业，使澳门的人力资源素质薄弱。同时也造成了从事其他行业的专才越来越少。若人才结构继续失衡，将不利于推动澳门产业多元化的发展。此外，也容易导致澳门的经济受外围经济的影响，造成结构性失业。澳门没有必要依靠区内自我开发人才来解决问题，将特区置于大中华区域，尤其是合理利用大陆及港台地区的人才优势十分重要。由此可见，四地在人才资源结构上存在较大的互补性，两地的科技人才合作能有效弥合人才资源的结构不平衡，使四地均得到利益。

表 16.1　2015 年大陆和台湾科技人才开发概况

主要指标	大陆	台湾
就业人口（万人）	77451	1163.8
三次产业构成比	8.9：40.9：50.2	5.0：36.0：59.0
科技人员数（人）	3759000	299178（2013 年）
每万人口研究人员数（人）	64.0	76.5（2013 年）
R&D 经费	14169.9（亿元）	4548.91（新台币亿元）（2013 年）
R&D 经费占 GDP 比重（％）	2.07％	2.99（2013 年）
高等教育粗入学率（人）	40％	83.8％

数据来源：2016 年《中国统计年鉴》

4.5　四地的教育资源合作互利

台湾教育体系中，职业教育约占 60％，综合教育占 40％左右。两类教育都包含了大专、本科、研究生层次，都能培养硕士研究生和博士研究生。特别是职业教育已形成一套完善的体系。而大陆地区与台湾相反，普通高等教育资源相对充足，而高等职业教育处于起步阶段，在职业教育的本科层次和研究生层次缺乏资源，远远不能满足科技发展对高级技能人才的需求。另一方面，20 世纪八九十年代台湾高校盲目扩张，而随着台湾每年出生率的递减，高等院校数量的急速扩张与岛内人口出生率的持续下降，形成强烈的反差，导致目前台湾的高校普遍面临招生困难、生源质量不高的问题，造成教育资源的闲置与浪费。而大陆的生源富余，高等教育资源相对缺乏，长期以来，大陆学生面临巨大的高考压力，人们用挤"独木桥"来形容中国的高考。高等教育的粗入学率才 40％，2015 年高中在校学生就有 2374.4 万之多，按照粗入学率算，意味着每年接近 500 万高中学生失去接受高等教育的机会。由于两地教育资源互有专精，优势互补，两地如能在教育领域进行深入的合作，不仅能缓解台湾高校面临的生源危机，还将大大促进两地更好地合作开发创新型人才，造福社会。

4.6　两岸四地产业对接互赢

两岸四地处于工业化发展的不同阶段，经济社会发展水平存在较大差距，使得区域内客观上存在很大的互补性。从产业结构来说，台湾较早就已是一个服务业为主的经济体，台湾的服务业自 1987 年起就占到 GDP 的 50％以上，到 2015 年占到 59％。但由于台湾过去执行错误的政策，由"拼政治"代替"拼经济"，近年来台湾经济不断下滑，由"四小龙"之首滑到"四小龙"之尾，严重打击了企业家及投资者的信心，台湾面临被边缘化的危机。台湾一直在探索产业升级与转型方向，2009 年，台湾当局推出六大新兴产业作为台湾产业调整和发展的新方向，并提出向"科技岛"迈进的目标。大陆经过近 40 年的改革开放，产业结构日趋优化，形成了众多产业链，且具有广阔的腹地和市场。2016 年，大陆 GDP 已达 685505 亿元，相当于同期台湾 GDP 的 21 倍。大陆稳定的经济增长率，对台湾的产业转型升级有着不可替代的意义。大陆制造业升级和振兴急需大量专业技术人才，为台湾相对过剩的机械、电子信息等先进产业技术人才提供了广阔的发展空间；同时，大陆也为台湾产业的梯度转移提供了优惠政策。香港经济自 20 世纪 70 年代末期迅速转型，2014 年以金融业为代表的服务业占到 GDP 的 90％，就业人口达 300 多万，该产业中的优势行业，如金融、保险、证券、商贸、资讯、航运等，不但具有较高的整体科技应用水平，而且拥有一支高素质的国际型人才队伍。因此，香港的第三产业是两岸四地创新型人才战略合作的主要领域。对于香港而言，第二产业尤其是高科技产业领域是香港应该首选作为两岸四地合作的主要领域。大陆和台湾有一支数量可观的专业技术人才队伍，科技力量雄厚，具有研究和开发高新技术产品的良好条件和基础，可以为香港的科技人才资源开发和发展高新技术产业提供强大支持。澳门为了缓解产业单一化越来越明显的局面，提出"以博彩旅游业为龙头、以服务业为主体，其他行业协调发展"的产业结构发展定位。要实现澳门产业的顺利转型，还需要借助于资源丰富，地广人多的大陆及港台地区。

5 两岸四地协同构建适应创新驱动的科技人才发展机制构想

构建适应创新驱动需要的科技人才发展机制，就必须加强两岸四地间的协同，通过协同集聚科技资源，充分激活各类要素，有效促进科技人才的发展，为经济转型升级和持续发展提供人才支撑。如图 16.3 所示，从协同所需的外部动力来说，两岸四地的协同首先以政府间的战略合作为基础。协同的效能不是由单一主体行动决定的，而是由各个主体的行动融合在一起的整体能力所决定的。要实现两岸四地间科技人才发展的协同，应从顶层的战略设计开始，建构系统集成、整体推进、协同发展的框架。其次，以发展共性科技产业为推动力。跨越不同行政区的人才主体的协同动力在跨区域科技协同创新中至关重要，各人才主体动力通常来自两方面，一是基于顶层的政治目的，二是各个人才主体的自身意愿，这种意愿主要

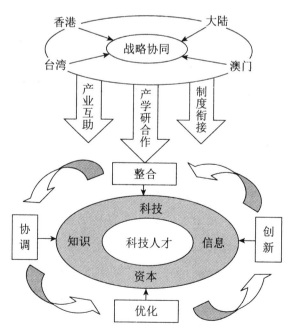

图 16.3 两岸四地协同构建适应创新驱动需要的科技人才发展机制构想

建立在发展共同的科技产业需求的基础上。而后者更能激发人才主体的主动性，因为基于共性科技需求基础上的意愿是建立在对自己利益追求的基础上的，它可以最大限度地发挥各个人才主体在协同中的积极性，保证跨区域协同的顺利开展。再次，以产学研协同为根本途径。产学研协同培养科技人才是世界上公认的切实有效的做法。科技人才的培养资源分散在不同的主体手中，任何一个单一主体都不能有效掌握创新型科技人才发展所需要的全部资源，必须依靠其他主体提供支持，形成协同效应，进而实现科技人才发展的目标。两岸四地的高校、科研院所、企业都拥有自身独特的人才培养优势和条件，若三者形成协同发展系统所需的适当的目标、建立子系统间畅通的信息交流渠道、进行长期有效的协同合作，必将对科技人才的发展产生积极作用。最后，以制度建设为保障。通过以往两岸四地合作的状况可知，当前四地协同最为紧要的是尽快建立沟通和衔接区域间的制度体系。进而统筹规划、设计四地间的科技人才交流与合作，推动科技人才协同发展的实现。

从两岸四地实现协同构建科技人才机制的内部机理来说，需要对资源进行优化配置，打破人、财、物、信息等资源之间的壁垒和边界，为实现其共同目标而进行相互补充、相互合作，使资源最大化开发和利用。协调、整合、优化是协同的前提条件，由于两岸四地具有不同的经济、科技、文化特征，区域内的科技人才培养主体需要更新观念，创新模式，协调不同的差异，投入各自的优势资源和能力，形成利益共同体，进而产生协同效应。创新是协同的最后一环，协同是否取得预期的效果，就看是否有新的创新成果产生，协同创新的成果包括新的技术、新的知识、新的方法、新的理念等，这也是协同的最终目的。而知识、科技、资本、信息是科技人才发展所必备的要素，这也是协同的对象和要素。在进入创新驱动阶段，知识需要不断更新，科技需要充分融合，信息需要便捷畅快，资本更需投入充足。在适应创新驱动需求的科技人才发展过程中，协同意味着协调、整合、优化、创新区域内的知识、科技、信息和资本，进而产生协同效应，催生优秀的科技人才和团队，满足创新驱动发展的需要，形成多方共赢的格局。

6 两岸四地协同构建适应创新驱动需要的科技人才发展机制措施

6.1 建立一带一路背景下的境内外大协同机制

"一带一路"倡议的实施对实现大中华地区科技、经济和人才发展起着重要作用。通过与"一带一路"沿线国家建立合作关系，把区域内的资金、技术、产品输送到世界，并且吸纳世界的资金与技术进入大中华区域内。通过这种交流将互利于双方的经济、文化、科学和技术领域，最终推动科技人才的发展。而相关的协同机制能为双方合作提供保障。一方面，要充发挥政府在境内协同中的关键作用，政府应该加强海外人才服务的保障机制建设，完善海外人才创业的扶持政策，建立政府财务投入的稳步增长机制，搭建好公共服务平台体系；并通过国内兼职、与国内合作研究开发、帮助国内培养人才等方式引进海外人才智力。另一方面，要充分发挥海内外华人华侨的作用。现今海外华人社团发生了新的变化，高学历、高素质的新移民成为社团的主力军。以前的侨商大多是带着资金回来投资，利用国内廉价的劳动力从事低端的制造业。现在很多侨商则是带着知识和技术回来，希望跟国内充足的资本结合创新。国侨办副主任郭军曾指出，通过"万侨创新行动""世界华侨华人工商大学""华侨华人创业发展洽谈会"等活动，充分凝聚海外侨胞的作用，助推"一带一路"建设和服务国家创新发展战略。中国作为一个海陆兼备的大国，无论对内还是对外都扮演着极其重要的角色，在全球经济缓慢复苏的大背景下，加强区域合作，不仅促进了本国的经济科技发展，也为推动世界经济发展提供重要动力。

6.2 两岸四地的政府建立协同的战略意识

两岸四地的政府首先应深刻认识自身在科技人才发展过程中的重要性和目前在科技人才发展中还存在的主要问题，要进一步解放思想，提高区域协同创新的资源共享意识，打破行政壁垒，克服地方保护主义等传统观念，增强大中华区域的科技人才资源共享意识。两岸四地以政府间的战略合作为基础，形成"官－产－学－研－介"联合培养模式，在政府、经济、科技、教育、人文的外部环境作用下，通过个人、组织、社会共同作用，实现科技人才的持续高效开发。具体而言，政府要鼓励各人才培养主体树立市场、开放、合作观念，促使科技人才和科技资源在区域内自由流动。其次要建立协同的政策调控机制。科技人才协同培养离不开政府具体的政策和规章制度的调控安排。政府要从管理者转变成参与者，通过制定产业政策、科技政策、经济政策等引导、推动和调控科技人才的协同培养；通过建立科技资源共享机制、科技人才交流机制等推动要素的合理流动和优化配置；通过搭建平台，推动区域内的高校、企业、科研院所等科技人才培养主体自觉地走向协同。其三要做好协同的整体规划。两岸四地应成立科技人才发展的协同合作委员会，全面规划和部署区域内协同构建适应创新驱动的科技人才发展机制的整体工作。并定期召开科技人才协同发展联席会议，讨论具体的协同政策。重点召开企业、高校、科研机构的协同会议，引导区域产学研围绕科技人才的发展建立战略合作关系。

6.3　加强两岸四地间的制度衔接和整合

两岸四地虽同属于大中华区域，但由于实施不同的经济制度，各地区的政治、经济、文化制度存在很大的差异。构建适应创新驱动需要的科技人才发展机制就要求在新时期更好地整合和衔接各区域的制度，以保证协同的效率。从大陆地区的角度看，政府应致力于营造良好的制度环境，通过建立健全法律制度、评价机制和激励机制等，为两岸四地的协同提供政策保障和制度保障。在法律建设方面，要完善知识产权制度建设，保护创新型科技人才的合法权益。在人才评价方面，应建立以品德、知识、能力和业绩并重为导向和突出经济社会效益原则的人才评价机制，构建实现可操作性、系统性、科学性和定性与定量相结合的体系评价机制。在激励机制方面，既要重点针对科技成果建立科技奖励制度，对有重大的科技成果和有突出贡献的科技人员进行奖励，还要建立和健全有利于创新型科技人才可持续发展的激励机制，并不断提高创新型科技人员的社会地位。从港澳台的角度看，应进一步放宽两岸科技资源交流的门槛。推动金融、信息、科技、文化等方面的深层合作与发展，从而形成新的更高层次的竞争优势。

6.4　促进产学研的全面合作

创新产学研的协同模式，两岸四地可根据情况采用表16.2所示的协同方式。大陆应积极鼓励内地的高校、科研机构和企业走出去，和港澳台的企业开展合作。在合作的初期，可采用技术合作带动科技人才开发，通过项目成就一批科技人才。这是合作初期最简单易行的模式。这种模式的最大优点是适于几乎所有类型的人才主体，且受边界条件的约束相对较小。在合作深入发展阶段，可采用共建实体基地等形式培养人才，并通过协建技术研究中心、实验室等，推行产学研联合培养人才的"双导师制"，培养科技人才和团队。港澳台的企业可将研究中心设立在大陆的高校内，企业提供必要的运转以及研发经费，高校负责提高人才技术，技术成果由双方共享。在合作的高级阶段，可建立产学研战略协同联盟。这种模式以利益共享、技术共有为基本特征。由众多校企结成紧密或松散的联盟，共同推进某一领域的技术创新。根据各自的资源优势，在协同中取长补短，有的侧重于研发和设计，有的负责生产和制造，有的改进和推广，在系统推进中形成相对稳定的利益共同体。随着协同的深入还应该建立产学研国际合作基地。港澳台地区地处国际交流的前沿阵地，是由区域协同带动全球协同最好的窗口，这也是适应创新驱动的需要。两岸四地应与世界先进高校、顶尖院所、高技术企业建立广泛而密切的协同，建立科技人才的国际化发展模式，引导和扶持企业在境外建立培训基地，请国外专家进行指导，鼓励科技人才参加国际高科技领域的交流活动，保持他们的创新活力。

表 16.2 两岸四地协同培养科技人才的主要方式

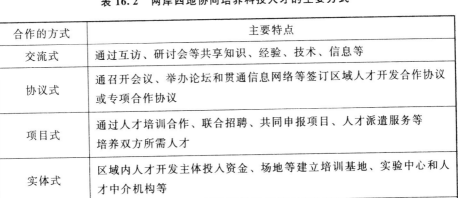

合作的方式	主要特点
交流式	通过互访、研讨会等共享知识、经验、技术、信息等
协议式	通召开会议、举办论坛和贯通信息网络等签订区域人才开发合作协议或专项合作协议
项目式	通过人才培训合作、联合招聘、共同申报项目、人才派遣服务等培养双方所需人才
实体式	区域内人才开发主体投入资金、场地等建立培训基地、实验中心和人才中介机构等
政策式	区域内政府协商制定人才合作开发的政策和并不断完善合作机制

6.5 打造协同的基础平台

人才市场与中介机构在区域人才合作中作为人才资源流通载体，引导人才向特色产业和优势产业集聚；提升区域人才合作的运作效率和效益，传播科技合作知识、信息和技术，并为区域人才合作牵线搭桥。两岸四地的创新型人才战略合作，首先需要建立和完善开放有序的人才市场体系，加强和促进两岸四地人才市场服务的一体化，打破地域间的壁垒，突破人才市场的封闭格局，强化四地人才市场之间的合作与互动。逐步实现人才招聘、信息咨询、毕业生和各类人才就业等信息共享和互认有效的人才交流服务品牌市场。其次是建立多个专门服务于两岸四地创新型人才的人力资源市场，并不断拓展人事代理业务，积极开发和完善人才派遣、人才猎头、人才评估等新型服务项目，提升人力资源市场的服务层次和水平，进一步发挥供求、竞争机制在人才资源配置中的调节作用。再次是搭建人才市场信息网络平台，促进有形市场和无形市场的共同发展。创建人才信息共享和信息联合发布机制，建立两岸四地的高层次人才信息库，汇集人才供求信息并联动发布，形成人才信息、用人单位信息、人才招聘信息、薪酬信息、政策信息的共享机制。把两岸四地的招募信息网、大学生就业网、科研院所的人才信息网等纳入联网范围，充分发挥各地网站技术优势和信息优势，通过人才信息互联互通，有效整合区域内人才信息资源，真正实现两岸四地人才信息资源的共享。

7 本章小结

科技人才的质量和数量是我国自主创新进程的关键因素。两岸四地具有不同的科技人才资源优势，共同面临着科技人才短缺的现状，协同构建适应创新驱动需要的科技人才发展机制是多赢的选择。两岸四地协同构建科技人才的发展机制取决于政府之间的协同意向，为此大陆地区应该承担主导者的角色，积极推动协同的开展，港澳台地区应积极参与其中，以发展共性高科技产业为渠道，通过产学研的深度合作来实现。大陆地区还应该不断加强与港澳台地区科技人才制度、体制的衔接，加大产学研的合作以及协同基础平台建设，为两岸四地的协同提供良好的制度和物质保障。

参 考 文 献

[1] 洪银兴. 现代化的创新驱动：理论逻辑与实践路径 [J]. 江海学刊，2013 (6)：20-27.

[2] 陈劲；阳银娟. 协同创新的驱动机理 [J]. 技术经济，2012，8 (31)：6-11.

[3] 周晓辉. 创新型科技人才培养中协同体协同机制研究 [J]. 高教探索，2013 (6)：57-61.

[4] 赵志泉. 基于协同理论的中部地区科技人力资源开发策略研究 [J]. 科学管理研究，201，30 (3)：105-108.

[5] 刘志迎；单洁含. 技术距离、地理距离与大学-企业协同创新效应—基于联合专利数据的研究 [J]. 科学学研究，2013，31 (9)：1331-1337.

[6] 韩博. 区域协同创新体系构建的路径选择 [J]. 中国经贸导刊，2013 (10)：7-9.

[7] Patrick Diamond. Synergy：Working Together To Make One Plus One Equal Four [J]. Human Resource Management Australia，1987：73-79.

［8］Michaela Blahova′；Milan Zeleny′. Effective strategicaction：Exploring synergy sources of European and Asian management systems ［J］. Human Systems Management，2013（32）：155-170.

［9］Elisa S. Weiss；Rebecca Miller Anderson；Roz D. Lasker. Making the Most of Collaboration：Exploring the Relationship Between Partnership Synergy and Partnership Functioning ［J］. Health Education & Behavior，2002，29（6）：683-698.

［10］Ines Mergel. Opening Government：Designing Open Innovation Processes to Collaborate With External Problem Solvers ［J］. Social Science Computer Review，2014（1）：1-15.

［11］李春景；曾国屏；杜祖基.199 年以来香港科技政策转向及其特征分析 ［J］. 科学学与科学技术管理，2006（5）：24-29.

［12］汤黎虹，汤优佳；海峡两岸科技合作法律制度体系考究 ［J］. 海峡法学，2010（2）：42-47.

［13］王仲成；央希. 台湾科技的外向型特征及其对外科技政策走向 ［J］. 中国科技论坛，2008（9）：140-144.

［14］胡石青. 台湾科技产业的竞争力与两岸科技交流的关系探讨 ［J］. 海峡科技与产业，2006（4）：14-17.

第十七章

研究总结

1 研究的目标

围绕大三通、ECFA 及《福建中长期人才发展规划纲要（2010—2020年）》等背景，深入分析闽台创新型人才开发合作现状、成功与不足；以福建和台湾作为有机整体加以考察，研究两地的人才结构和产业结构，以及结构间的作用规律，探索大三通、ECFA 以及《福建中长期人才发展规划纲要（2010—2020年）》下闽台创新型人才合作实现资源和要素优化配置的途径、方式和特点，分析大三通、ECFA 以及《福建中长期人才发展规划纲要（2010—2020年）》下构建闽台创新型人才开发合作机制的必要性和可行性，对闽台进行创新型人才开发合作的可行性进行阐述，详细分析两地创新型人才开发合作的优势、劣势、机遇和威胁，预测闽台创新型人才开发合作的发展趋势，揭示大三通、ECFA 以及《福建中长期人才发展规划纲要（2010—2020年）》下闽台创新型人才开发合作发展规律的新层次。

2　研究的主要结论

2.1　闽台创新型人才开发现状分析

首先，台湾创新型人才开发研究。研究认为人才是台湾经济发展的关键，通过分析台湾创新型人才开发的历程，指出政府构建的创新系统是台湾创新型人才开发的有力保障，在政府的引导下，对内，通过内部的正规教育体系、非正式学习平台、创建研发园区、创造产学研合作渠道等培养和聚集创新型人才；对外，通过不断吸引留学人员回归、大力引进海外人才智力等途径引进创新型人才。同时也指出了目前台湾创新型人才开发面临产业发展失衡等问题，提出革新高校教育模式、加强两岸人才交流合作等对策。其次，福建省创新型人才引进机制研究。通过分析福建省创新型人才引进的现状，指出福建省目前存在人才总量不足，人才结构不尽合理，人才开发投入不足等问题，初步构建了创新型人才引进的逻辑框架，提出福建省应该不断完善创新型人才引进制度，加大资金投入力度，改善人文环境，构建创新型人才管理体系等。第三，闽台创新型人才开发合作现状分析。研究分析了创新型人才成长规律和闽台联合开发创新型人才的历程，分析闽台创新型人才开发的区别以及联合开发面临的困境，由此建议推动体制机制创新，优化社会、物质、人才交流环境，推进闽台产业升级转型，深化产业对接，构建多层次教育体系，促进产学研联合，以此推动闽台创新型人才的联合开发，实现闽台经济快速的发展。

2.2　研究闽台合作培育创新型人才共促产业发展

首先，进行闽台合作培育创新型人才共促产业发展分析。研究认为，闽台合作培育创新型人才对于福建台湾产业结构优化意义重大。目前，福建与台湾在人才合作与交流上取得了一定成绩，但在产业优化升级的过程中仍面临人才资源存量不足、结构滞后、创新型人才紧缺的问题。通过人才需求分析指出闽台产业优化升级中所需共同培育的创新型人才类型，提出闽台合作培育创新型人才共促产业发展的政策建议有：构建闽台区域经济合作中创新型人才培育的可持续发展模式；以闽台产业结构优化升级为导向，完善区域产学研合作培育创新型人才；围绕闽台现代产业体系建构，优化创新型人才培育的政策和社会环境。其次，分析闽台旅游业合作。指出闽台旅游业合作深受福建旅游环境和台湾政策等方面的影响，提出了闽台旅游业合作机制：认为闽台两地应搭建旅游业合作平台，建立闽台两地旅游企业的联盟，福建省加强优化硬环境和软环境建设，台湾地区应正确认识 ECFA，放宽旅游业合作政策，从而促进闽台旅游业在 ECFA 时代的深化合作。第三，分析闽台创意产业合作。研究认为当前闽台创意产业的合作已得到跨越式的发展和进步，但是依然存在规模小、形式单一、创意人才缺乏等等问题，这些问题制约了闽台创意产业的发展步伐。未来可以通过加大政策支持、培养人才、建立民间资本的支持机制等途径，优化闽台创意产业合作的外部环境和内部条件，从而促进两岸创意产业的共同发展，促进海峡经济区的快速发展。第四，分析闽台创意人才开发合作。研究通过分析闽台创意人才开发合作的优势条件、阻碍因素以及面临的机遇和挑战，提出以政府为主导，产业为载体、高校和科研机构为支撑的政产学研四位一体策略，建立官方协调机制、优化人才生态环境、加强产业对接合作、创新人才引进政策、闽台高校互补合作等措施，闽台合作进行创意人才的开发合作。

2.3　闽台创新型人才开发体系与合作模式研究

首先，闽台创新型人才开发体系构建研究。研究认为创新型人才具有有别一般人才的知识、能力、意识、个性、品质等特质。闽台创新型人才开发体系的构建应结合创新型人才的内在特质，达到优化人才配置、共享区域资源、创新型人才开发机制、增强人才开发综合实力的目的，并坚持合作共赢、切实可行、循序渐进、市场与政府协调的原则，在闽台政府、高校、社会三方面积极配合前提下，不断完善政策法规体系、教育培训体系、人才配置体系和人才服务体系。第二，闽台创新型人才开发合作模式研究。通过对目前闽台创新型人才开发合作政策、合作平台、合作方式、合作成果等现状的回顾，分析闽台在合作中存在合作意向不对等、合作机制不完善、合作程度不深入等问题；但同时两地在人才资源、教育资源、产业等方面都存在一定的互补优势。在此基础上构建了全方位、立体式的闽台创新型人才开发合作模式，并重点阐述了当前闽台迫切需要建立并完善的官－官、校－校、产学研、介介企、民民企 5 种创新型人才开发合作模式。

2.4　闽台创新型人才培育的协同创新机制与运行机制研究

首先，闽台创新型人才培育的协同创新机制研究。研究认为协同创新是促进海峡两岸经济协同发展的有效途径。近年来和平的两岸关系为闽台共同培育创新型人才创造了合适的土壤。当前闽台两岸面临创新型人才缺口等挑战，通过构建创新型人才培育的协同创新机制，完善闽台两岸政府的人才交流政策、重视闽台两岸社会机构的信息服务作用、拓宽闽台两岸高校之间的师生互动渠道、建立闽台两岸企业之间的员工交流机制、开辟闽台两岸校企合作的人才培育路径，形成政府、社会机构、高校和企业四位一体的长效合作机制，实现闽台创新型人才培育绩效的有效提升，促进两岸社会经济的发展。其次，闽台创新型人才开发合作的运行机制研究。通过阐述高校、政府、企业、中间组织及个人作为闽台创新型人才开发合作运行机制的主体对象，并从这五大对象出发，深入分析当前闽台创新型人才开发合作的运行现状，发现闽台创新型人才开发合作运行机制还存在"一条腿走路"、不够全面、偏间歇性等问题，提出加强闽台人才市场衔接与合作、促进闽台政府间合作、增进闽台教育的交流与互补、重视闽台科技产业对接人才、拓展闽台人才交流与合作平台、优化闽台人才开发合作的公共服务体系等改进思路与建议。

2.5　基于博弈论与生态管理理论闽台创新型人才开发合作研究

首先，闽台创新型人才开发合作博弈分析。研究认为闽台创新型人才开发合作取得了初步成效，培养了一部分创新型人才并推动了闽台创新产业发展，但是闽台双方一直以来由于合作观念不强、合作机制不完善、合作利益分配不均等问题，使得闽台创新型人才开发合作稍显落后。本文基于合作博弈理论的视角，通过闽台创新型人才开发合作静态博弈模型和讨价还价模型分析，进一步确定两地合作博弈的互惠战略与对策，通过内外机制联合确保闽台合作博弈演化，实现双方创新型人才资源共享、利益共分、成本共担、风险共承的健康稳定局面。其次，基于生态管理理论的闽台创新型人才开发研究。研究通过对影响闽台创新型人才开发的生态因子分析，构建了以闽台创新型人才战略合作为基础，在内生态和外生态环境共同作用下的创新型人才开发系统。并充分借鉴生态管理理论的整体观、合作观、可持续发展观等内核，提出了加大引才力度、充分发挥教育育才的作用、完善人才开发的保障机制等配套措施。

2.6 美国创新型人才开发对闽台的启示

研究认为美国强大的经济实力源于创新型人才的开发。通过对美国创新型人才开发历程的分析，发现美国创新型人才的成功开发源于政府主导作用的充分发挥，教育体系的重要贡献以及实施的引才计划等。当前闽台面临创新型人才开发合作机制不完善、人才储备实力不强、人才配置不合理等问题，借鉴美国创新型人才开发经验，提出闽台政府应发挥在人才开发中的主导作用，重视教育培养人才的作用以及加强区域内人才合作与区域外人才引进等建议。

2.7 研究两岸协同构建适应创新驱动需要的科技人才发展机制

研究认为，目前大陆和港澳已经建立了相对完备的科技合作机制，大陆也提出与台湾签订科技合作协议，但两岸四地协同构建适应创新驱动的科技人才发展机制还存在如何有效弥合经济基础，科技人才培养机制，公共科技服务体系以及协同意愿上的差异。而四地存在较大的经济依存度，均有发展高科技的需求，大陆政府一直积极推动四地间的协同，这是四地

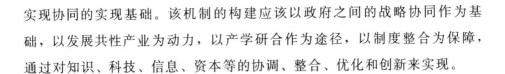

实现协同的实现基础。该机制的构建应该以政府之间的战略协同作为基础，以发展共性产业为动力，以产学研合作为途径，以制度整合为保障，通过对知识、科技、信息、资本等的协调、整合、优化和创新来实现。

3 研究的主要创新

3.1 闽台创新型人才开发合作的关键点和对接点研究

寻找大三通、ECFA 以及《福建中长期人才发展规划纲要（2010—2020 年）》下闽台创新型人才开发合作的关键点和对接点。分析闽台创新型人才开发的区别以及联合开发面临的困境，由此建议推动体制机制创新，优化社会、物质、人才交流环境，推进闽台产业升级转型，深化产业对接，构建多层次教育体系，促进产学研联合，以此推动闽台创新型人才的联合开发，实现闽台经济快速的发展。初步提出大三通、ECFA 以及《福建中长期人才发展规划纲要（2010—2020 年）》下闽台创新型人才开发合作的短、中、长期发展战略。

3.2 闽台创新型人才开发体系构建

在深入分析闽台创新型人才开发合作现状的条件下，确定闽台创新型人才开发合作的目标，通过对创新型人才相关素质特征的分析，提出闽台创新型人才开发培养体系，制定合作原则，利用人才内部素质的培养以及人才外部机制环境的相互作用，对闽台创新型人才进行全方位的开发和培训。

3.3 闽台创新型人才开发合作模式研究

充分考虑市场需求，按照知识、能力、情感、创新能力和创新精神五大元素的协调发展要求，构建以市场需求为导向、以企业为主体，以高校为依托的符合闽台两地实际情况的产学研创新型人才开发合作模式。

3.4　构建闽台创新型人才培育的协同创新机制与运行机制

通过构建创新型人才培育的协同创新机制，完善闽台两岸政府的人才交流政策、重视闽台两岸社会机构的信息服务作用、拓宽闽台两岸高校之间的师生互动渠道、建立闽台两岸企业之间的员工交流机制、开辟闽台两岸校企合作的人才培育路径，形成政府、社会机构、高校和企业四位一体的长效合作机制。构建高校、政府、企业、中间组织及个人作为主体对象的闽台创新型人才开发合作运行机制。

3.5　构建基于博弈论与生态管理理论闽台创新型人才开发合作模型

基于合作博弈理论的视角，通过闽台创新型人才开发合作静态博弈模型和讨价还价模型分析，进一步确定两地合作博弈的互惠战略与对策，通过内外机制联合确保闽台合作博弈演化，实现双方创新型人才资源共享、利益共分、成本共担、风险共承的健康稳定局面。对影响闽台创新型人才开发的生态因子分析，构建了以闽台创新型人才战略合作为基础，在内生态和外生态环境共同作用下的创新型人才开发系统。

3.6　美国成功经验的借鉴

充分借鉴美国人才培养和开发较为成功的经验，积极寻找值得闽台在大三通、ECFA 和《福建中长期人才发展规划刚要（2010—2020 年)》下进行创新型人才开发合作学习与借鉴的宝贵经验。

3.7　构建两岸协同构建适应创新驱动需要的科技人才发展机制

该机制的构建应该以政府之间的战略协同作为基础，以发展共性产业为动力，以产学研合作为途径，以制度整合为保障，通过对知识、科技、信息、资本等的协调、整合、优化和创新来实现。

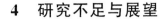

4 研究不足与展望

第一，闽台创新型人才开发合作是一个综合、复杂、多层次、动态的系统，而研究虽具有一定代表性，但可能不够深入，而且研究对于动态系统考虑有待于进一步加强；第二，由于相关统计资料的缺失和难以获取，本研究闽台创新型人才开发合作主要考虑闽台区域内相关人才作为研究对象，实际上人才流量与存量不断发生变化，且没有对区域外江西、浙江、广东相关各省创新型人才开发合作、协调程度进行具体考量比较。另外，受篇幅所限，并没有将研究纳入更广的视野中，缺少与国内先进地区的创新型人才开发横向比较，使研究结论全面性受限；总之，本研究仍存在许多不完备之处，将在今后研究中加强完善。

后　记

　　加强区域经济合作越来越成为突出的趋势，截至 2018 年 1 月，WTO 认可的 Regional Trade Agreement 就达 669 个。中国台湾福建"地缘近、血缘亲、文缘深、商缘广、法缘久"，近年来，中国大陆积极支持福建加快建设海峡西岸经济区、21 世纪海上丝绸之路核心区，通过深化闽台交流合作促进核心区建设，通过核心区建设提升闽台交流合作水平，加强台湾祖地文化、民间文化交流，弘扬中华文化，构建两岸直接往来主通道，进一步方便人员往来，特别鼓励福建在两岸交流合作中全方位先行先试。1995 年，台湾开始实施"亚太营运中心"战略，计划建成"制造中心、海运转运中心、航空转运中心、金融中心、电信中心及媒体中心"六大功能性中心在内的区域营运中心。近年，台湾又积极推动建设全球创新中心、亚太经贸枢纽、台商营运中心。2010 年两岸签订海峡两岸经济合作框架协议（Economic Cooperation Framework Agreement，简称 ECFA；台湾称海峡两岸经济合作架构协议），为闽台进一步合作创造更为难得机会，闽台若能在 ECFA 框架下加强合作，积极推进区域经济一体化，将优先实现台湾海峡经济区全面共同繁荣。未来，台湾海峡经济区将衔接长三角和珠三角两大经济区，逐步形成从环渤海湾到珠三角整个沿海一线的完整发展布局，对促进东部率先发展、东中西部良性互动的大中华区经济发展格局的实现，具有重要意义。

　　人才是经济社会发展最核心的生产要素，闽台合作的关键在于人才合的精心策划、宝贵支持与帮助。真诚感谢泉州水利水电总公司颜建东先生及全体同仁，使我及家人有机会从社会、从自然界之中寻找"上善若水"境象，他们都是我学习的榜样！

非常感谢我尊敬的导师孙锐教授、姚培生老师、曾繁英教授、郑文智教授、沈剑云教授、杨默如教授、薛秀军教授、缑锦教授、关一凡老师、吴季怀教授、曾路教授、彭霭教授、杨存泉老师、朱琦环老师、张禹东教授、陈鸿儒教授、陈金龙教授、衣长军教授、池进教授、张旭老师、王秀勇研究员、何纯正研究员、赵昕东教授、陈巧玲老师、侯志强教授、苏天恩教授、陈克明教授、郭东强教授、林峰教授、郑向敏教授、王士斌教授、黄种杰博士、江开勇教授、曾志兴教授、陈海蛟教授、周永恒老师、王丽霞教授、林传声老师、胡日东教授、庄培章教授、吕少蓬研究员、林俊国教授、庄天山教授、林继志老师、詹朝曦教授、徐磊老师、李雪芬老师、李作杰老师、隋昌鹏老师、周春燕老师、钱三平博士、刘金雄博士、陈建山老师、陈颖老师、张丽萍博士、贺芬博士、陈星老师、吴晗冰老师、庄蕾博士、陈永煌老师、黄奕红老师、张华博士、万文海博士、陈初昇博士、卢冰博士、黄丽薇博士、董燕博士、胡三嫚博士、马占杰博士、申传刚博士、陈良勇博士、李淑娴老师等！特别感谢华侨大学华商管理研究文库对我研究团队研究长期的给力资助！"滴水之恩，当涌泉相报"，我一定争取成为一位优秀的教师，为母校、为社会贡献自己一份力量；我愿倾诚报答所有关心我的领导、老师和同学们；倾诚报答亲爱的家人，我一定让他们过得比我好！感谢我的孩子张世昌，他是个善于讲故事的高手，总是不经意间给我灵感的启发，激发生活的乐趣！无论如何，我都将不断刻苦学习，努力工作，只有这样我才有能力报答所有帮过我的人们或所有我力所能及帮助的人们。

特别感谢尊敬的导师董成雄博士、张平军老师一直主动帮助研究团队将研究成果转化为政策建议，供各级领导参阅，这对研究者是积极鼓励与支持！

本书由银丽萍、罗兴鹏、林玮、李金荣、林剑、徐秋韵等同志协助我编撰，本书摘要与目录的英文翻译由代毓芳同志协助完成，是他们无私的帮助与宝贵支持，才使本书顺利交稿出版！在此向他们的辛勤劳动表示衷心感谢！在写作过程中，我们还参考和引用了国内外 Wheeler B D.、李明欢、张建红、周朝鸿等著名专家学者大量的著作，因限于篇幅，未能一一详细注明，在此向著作者深表谢忱。

由于本人学术水平有限和时间仓促，错误和不足之处一定不少，敬请专家、学者、政治家、企业家和广大读者批评指正。

张退之

2018 年 2 月 3 日于

国立华侨大学上善斋

http：//weibo. com/1301670507/profile

E-mail：xqzhang1998@163. com